나두공
9급공무원 직업상담·심리학개론
써머리

나두공
직렬별 써머리 동영상 강의
5만원 가격파괴

국어+영어+한국사	국어+영어+한국사	국어+영어+한국사
행정법총론+행정학개론	행정법총론+교육학개론	행정법총론+노동법개론
일반행정직(5만원)	교육행정직(5만원)	고용노동직(5만원)
국어+영어+한국사	국어+영어+한국사	국어+영어+한국사
노동법개론+직업상담심리학개론	교정학개론+형사소송법개론	행정법총론+사회복지학개론
직업상담직(5만원)	교정직(5만원)	사회복지직(5만원)

구성 및 특징

핵심이론

시험에 출제되는 핵심 내용만을 모아 효율적인 학습이 가능하도록 구성하였습니다. 반드시 알아야 할 내용에 대한 충실한 이해와 체계적 정리가 가능합니다.

빈출개념

시험에서 자주 출제되는 개념들을 표시하여 중요한 부분을 한눈에 들어올 수 있도록 하였습니다. 합격에 필요한 핵심이론을 깔끔하게 학습하시기 바랍니다.

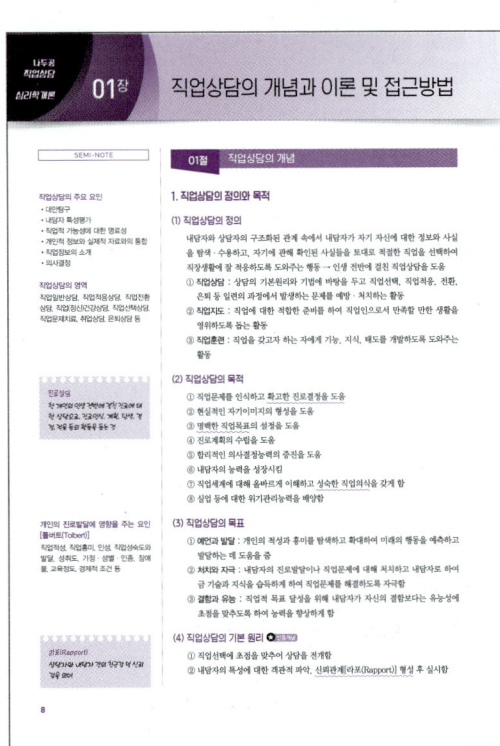

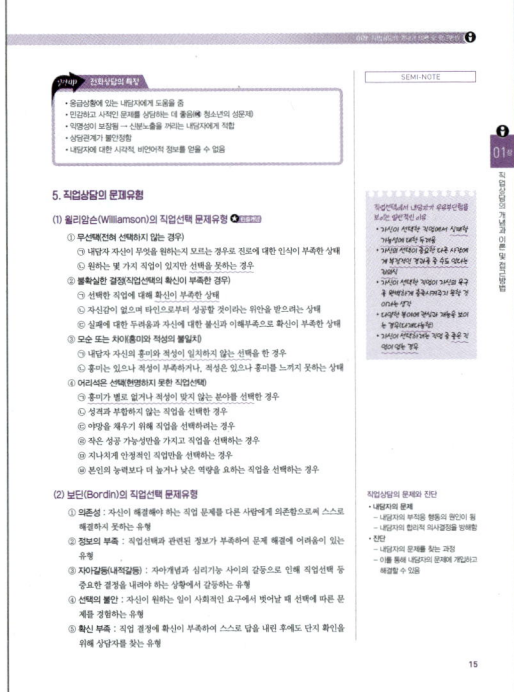

한눈에 쏙~

흐름이나 중요 개념들이 한눈에 쏙 들어올 수 있도록 도표로 정리하여 수록하였습니다. 한눈에 키워드와 흐름을 파악하여 수험에 도움이 되도록 하였습니다.

실력 up

더 알아두면 좋을 내용을 실력 up에 배치하고, 보조단에는 SEMI-NOTE를 배치하여 본문에 관련된 내용이나 중요한 개념들을 수록하였습니다.

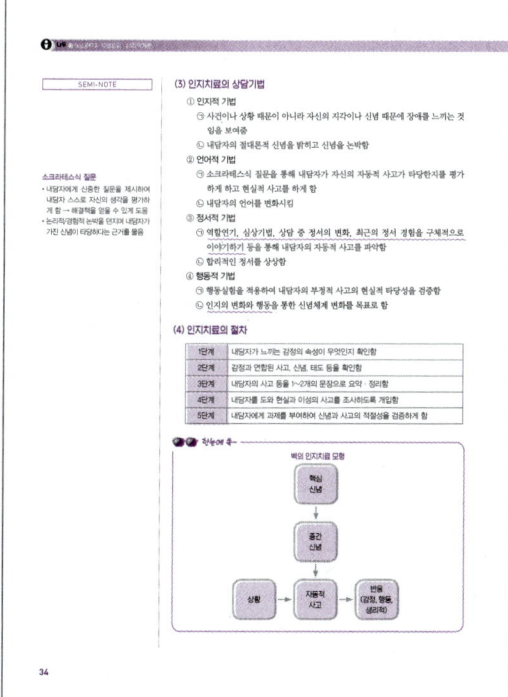

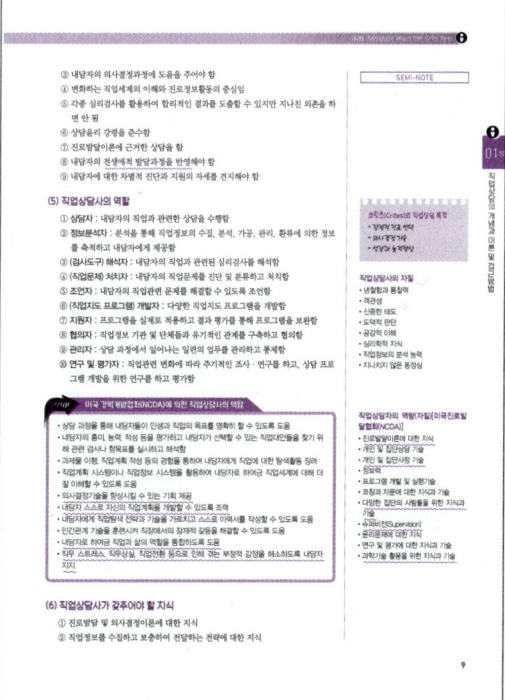

목 차

01장 직업상담의 개념과 이론 및 접근방법
- 01절 직업상담의 개념 ········· 8
- 02절 여러 가지 상담이론 ········· 16
- 03절 직업상담의 접근방법 ········· 36

02장 직업상담의 기법
- 01절 초기면담 ········· 48
- 02절 직업상담의 기초기법 ········· 52
- 03절 구조화된 면담법 ········· 57
- 04절 내담자 사정 ········· 62
- 05절 목표설정 및 진로시간전망 ········· 67
- 06절 내담자의 인지적 명확성 사정 ········· 70
- 07절 대안개발과 의사결정 ········· 77

03장 직업상담사의 윤리
- 01절 상담 윤리강령 ········· 84
- 02절 윤리강령의 내용 ········· 85

04장 직업선택 및 발달이론
- 01절 학자별 이론 ········· 106
- 02절 새로운 진로 발달이론 ········· 126

05장 직업심리검사

- **01절** 직업심리검사의 이해 …………………………………… 136
- **02절** 규준과 점수해석 …………………………………………… 141
- **03절** 신뢰도와 타당도 …………………………………………… 145
- **04절** 심리검사의 개발과 활용 ………………………………… 152
- **05절** 주요 심리검사 ……………………………………………… 154

06장 직무분석 및 경력개발과 직업전환

- **01절** 직무분석 ……………………………………………………… 172
- **02절** 경력개발 ……………………………………………………… 178
- **03절** 직업전환과 직업지도 및 진로지도 ………………… 182

9급공무원

직업상담 · 심리학개론

나두공

01장 직업상담의 개념과 이론 및 접근방법

01절 직업상담의 개념
02절 여러 가지 상담이론
03절 직업상담의 접근방법

01장 직업상담의 개념과 이론 및 접근방법

SEMI-NOTE

직업상담의 주요 요인
- 대안탐구
- 내담자 특성평가
- 직업적 가능성에 대한 명료성
- 개인적 정보와 실제적 자료와의 통합
- 직업정보의 소개
- 의사결정

직업상담의 영역
직업일반상담, 직업적응상담, 직업전환상담, 직업(정신)건강상담, 직업선택상담, 직업문제치료, 취업상담, 은퇴상담 등

진로상담
한 개인의 인생 전반에 걸친 진로에 대한 상담으로, 진로인식, 계획, 탐색, 결정, 적응 등의 활동을 돕는 것

개인의 진로발달에 영향을 주는 요인 [톨버트(Tolbert)]
직업적성, 직업흥미, 인성, 직업성숙도와 발달, 성취도, 가정·성별·인종, 장애물, 교육정도, 경제적 조건 등

라포(Rapport)
상담자와 내담자 간의 친근감 및 신뢰감을 의미

01절 직업상담의 개념

1. 직업상담의 정의와 목적

(1) 직업상담의 정의
내담자와 상담자의 구조화된 관계 속에서 내담자가 자기 자신에 대한 정보와 사실을 탐색·수용하고, 자기에 관해 확인된 사실들을 토대로 적절한 직업을 선택하여 직장생활에 잘 적응하도록 도와주는 행동 → 인생 전반에 걸친 직업상담을 도움

① **직업상담** : 상담의 기본원리와 기법에 바탕을 두고 직업선택, 직업적응, 전환, 은퇴 등 일련의 과정에서 발생하는 문제를 예방·처치하는 활동
② **직업지도** : 직업에 대한 적합한 준비를 하여 직업인으로서 만족할 만한 생활을 영위하도록 돕는 활동
③ **직업훈련** : 직업을 갖고자 하는 자에게 기능, 지식, 태도를 개발하도록 도와주는 활동

(2) 직업상담의 목적
① 직업문제를 인식하고 확고한 진로결정을 도움
② 현실적인 자기이미지의 형성을 도움
③ 명백한 직업목표의 설정을 도움
④ 진로계획의 수립을 도움
⑤ 합리적인 의사결정능력의 증진을 도움
⑥ 내담자의 능력을 성장시킴
⑦ 직업세계에 대해 올바르게 이해하고 성숙한 직업의식을 갖게 함
⑧ 실업 등에 대한 위기관리능력을 배양함

(3) 직업상담의 목표
① **예언과 발달** : 개인의 적성과 흥미를 탐색하고 확대하여 미래의 행동을 예측하고 발달하는 데 도움을 줌
② **처치와 자극** : 내담자의 진로발달이나 직업문제에 대해 처치하고 내담자로 하여금 기술과 지식을 습득하게 하여 직업문제를 해결하도록 자극함
③ **결함과 유능** : 직업적 목표 달성을 위해 내담자가 자신의 결함보다는 유능성에 초점을 맞추도록 하여 능력을 향상하게 함

(4) 직업상담의 기본 원리 ★ 빈출개념
① 직업선택에 초점을 맞추어 상담을 전개함
② 내담자의 특성에 대한 객관적 파악, 신뢰관계[라포(Rapport)] 형성 후 실시함

③ 내담자의 의사결정과정에 도움을 주어야 함
④ 변화하는 직업세계의 이해와 진로정보활동의 중심임
⑤ 각종 심리검사를 활용하여 합리적인 결과를 도출할 수 있지만 지나친 의존을 하면 안 됨
⑥ 상담윤리 강령을 준수함
⑦ 진로발달이론에 근거한 상담을 함
⑧ 내담자의 전생애적 발달과정을 반영해야 함
⑨ 내담자에 대한 차별적 진단과 지원의 자세를 견지해야 함

(5) 직업상담사의 역할

① 상담자 : 내담자의 직업과 관련한 상담을 수행함
② 정보분석자 : 분석을 통해 직업정보의 수집, 분석, 가공, 관리, 환류에 의한 정보를 축적하고 내담자에게 제공함
③ (검사도구) 해석자 : 내담자의 직업과 관련된 심리검사를 해석함
④ (직업문제) 처치자 : 내담자의 직업문제를 진단 및 분류하고 처치함
⑤ 조언자 : 내담자의 직업관련 문제를 해결할 수 있도록 조언함
⑥ (직업지도 프로그램) 개발자 : 다양한 직업지도 프로그램을 개발함
⑦ 지원자 : 프로그램을 실제로 적용하고 결과 평가를 통해 프로그램을 보완함
⑧ 협의자 : 직업정보 기관 및 단체들과 유기적인 관계를 구축하고 협의함
⑨ 관리자 : 상담 과정에서 일어나는 일련의 업무를 관리하고 통제함
⑩ 연구 및 평가자 : 직업관련 변화에 따라 주기적인 조사·연구를 하고, 상담 프로그램 개발을 위한 연구를 하고 평가함

실력up 미국 경력개발협회(NCDA)에 의한 직업상담사의 역할

- 상담 과정을 통해 내담자들이 인생과 직업의 목표를 명확히 할 수 있도록 도움
- 내담자의 흥미, 능력, 적성 등을 평가하고 내담자가 선택할 수 있는 직업대안들을 찾기 위해 관련 검사나 항목표를 실시하고 해석함
- 과제물 이행, 직업계획 작성 등의 경험을 통하여 내담자에게 직업에 대한 탐색활동 장려
- 직업계획 시스템이나 직업정보 시스템을 활용하여 내담자로 하여금 직업세계에 대해 더 잘 이해할 수 있도록 도움
- 의사결정기술을 향상시킬 수 있는 기회 제공
- 내담자 스스로 자신의 직업계획을 개발할 수 있도록 조력
- 내담자에게 직업탐색 전략과 기술을 가르치고 스스로 이력서를 작성할 수 있도록 도움
- 인간관계 기술을 훈련시켜 직장에서의 잠재적 갈등을 해결할 수 있도록 도움
- 내담자로 하여금 직업과 삶의 역할을 통합하도록 도움
- 직무 스트레스, 직무상실, 직업전환 등으로 인해 겪는 부정적 감정을 해소하도록 내담자 지지

(6) 직업상담사가 갖추어야 할 지식

① 진로발달 및 의사결정이론에 대한 지식
② 직업정보를 수집하고 보충하여 전달하는 전략에 대한 지식

SEMI-NOTE

크릿츠(Crites)의 직업상담 목적
- 잠정적 진료 선택
- 의사결정 기술
- 성장과 능력향상

직업상담사의 자질
- 냉철함과 통찰력
- 객관성
- 신중한 태도
- 도덕적 판단
- 공감적 이해
- 심리학적 지식
- 직업정보의 분석 능력
- 지나치지 않은 동정심

직업상담자의 역량(자질)[미국진로발달협회(NCDA)]
- 진로발달이론에 대한 지식
- 개인 및 집단상담 기술
- 개인 및 집단사정 기술
- 정보력
- 프로그램 개발 및 실행기술
- 코칭과 자문에 대한 지식과 기술
- 다양한 집단의 사람들을 위한 지식과 기술
- 슈퍼비전(Supervision)
- 윤리문제에 대한 지식
- 연구 및 평가에 대한 지식과 기술
- 과학기술 활용을 위한 지식과 기술

SEMI-NOTE

직업상담사에게 요구되는 기술영역
[미국국립직업지도협회(NVGA)]
- 일반상담능력
- 정보분석과 적용능력
- 개인 및 집단검사 실시능력
- 관리능력
- 실행능력
- 조언능력

직업상담사의 직무영역 및 업무
- 직업상담과 직업지도 업무의 기획 및 평가
- 구인·구직·직업적응·경력개발 등 직업관련 상담
- 직업지도 프로그램 운영
- 직업관련 심리검사(적성검사, 흥미검사 등) 실시 및 해석
- 노동시장, 직업세계 등과 관련된 직업정보의 수집·분석·가공·제공 등

③ 변화하는 남녀의 역할, 일, 가족, 여가의 관련성에 대한 지식
④ 상담기술, 직업상담 연구 및 평가능력, 직업상담에 대한 기본 지식
⑤ 교육, 국가정책, 노동시장, 인구구조 등에 대한 지식

> **실력up 직업상담사가 갖추어야 할 지식과 능력(김병숙)**
> - 상담의 의미, 상담이론, 상담기술, 직업상담기법, 의사결정방법 등에 대한 기초적 지식과 상담 수행 능력
> - 인간의 진로발달, 적성·흥미·가치·성격 등에 대한 이해와 측정도구의 사용 및 해석능력
> - 직업문제를 갖고 있는 내담자에 대한 심리치료 능력
> - 직업의 종류, 일의 성격, 직무수준, 작업조건 및 안전, 요구되는 정신적·신체적 특질, 자격요건 등 직업에 관한 지식
> - 국가 정책, 인구구조 변화, 인력수급 추계, 산업발전 추세, 미래사회 특징 등에 관한 지식
> - 조직 문화와 특징, 노동시장 행태 등에 관한 지식
> - 우리나라 직업발달에 관한 역사적 지식
> - 직업관, 직업윤리, 직업태도 등에 관한 지식
> - 직업정보를 계획적·체계적으로 수용·가공·관리하는 지식 및 능력
> - 직업상담을 위한 프로그램 개발 및 수행 능력
> - 상담실과 관련된 관리능력
> - 직업상담의 연구 및 평가능력

(7) 직업상담사의 직무내용[헤어(Herr)]

① 상담의 목적 및 상담사와 내담자의 역할을 확인
② 특수한 상담기법을 통해서 내담자가 문제를 확인하도록 함
③ 직업선택이 근본적인 관심이라면 직업상담 실시를 확정
④ 의사결정 틀을 설명
⑤ 좋은 결정을 가져오기 위한 예비행동을 설명
⑥ 내담자가 충분한 동기를 가지고 있는가를 확인
⑦ 내담자에게 가능한 모든 대안을 확인하도록 함
⑧ 내담자가 원하고 윤리적으로 적절한 부가적 대안을 확인
⑨ 내담자에 관한 모든 정보를 종합
⑩ 내담자에 관한 부가적 정보를 종합
⑪ 가능한 직업결정과 관련하여 내담자에 관한 정보를 제시
⑫ 확인된 대안에 대한 장·단점을 내담자에게 설명하도록 함
⑬ 내담자의 마음속에 일어나는 부가적 장·단점을 확인
⑭ 내담자가 대안을 평가하도록 함
⑮ 내담자에게서 가장 가망 있는 대안에 대한 부가적 정보를 얻음
⑯ 내담자가 가장 가망 있는 대안을 실행하도록 함
⑰ 선택한 대안이 만족스러운지를 확인
⑱ 상담관계를 종결

2. 직업상담의 구조화와 단계

(1) 상담의 구조화
① 상담자는 내담자와 상담의 기본을 맞추어가며 내담자의 상담에 대한 불안감을 감소시킬 수 있음
② 상담자는 내담자에게 상담 주기와 시간, 상담 내용과 비밀 보장 등에 대해 설명함
③ 상담자는 내담자에게 상담의 성격, 상담자의 역할과 한계, 내담자의 태도 등을 설명하고 인식시킴
④ 상담자는 내담자에게 검사도구의 기능과 한계에 대해 설명함
⑤ 상담자는 내담자가 상담내용을 잘 이행할 것을 기대하고 있음을 분명히 함

(2) 라포(Rapport) 형성
① 상담자와 내담자 간 친근감을 의미
② 상담초기에 이루어짐
③ 신뢰와 존경을 바탕으로 하는 감정의 교류에서 이루어지는 인간관계임
④ 상담자와 내담자 간의 상호책임을 전제로 함
⑤ 실직자의 불안감 등을 해소하기 위해 우선으로 고려해야 함

(3) 일반적인 직업상담의 과정1
① 관계형성과 구조화
  ㉠ 내담자와 상담자 간 상호존중과 라포를 형성
  ㉡ 이해와 존중의 자세를 취하며 구조화 작업이 이루어지도록 함
② 진단과 측정
  ㉠ 직업문제와 심리검사를 통해 내담자의 특성 파악
  ㉡ 표준화된 심리검사도구를 이용하여 개인의 흥미, 적성, 가치 등을 측정함으로써 내담자가 자신의 문제를 진단할 수 있도록 도움
③ 목표설정 : 진단을 통해 내담자가 바라는 목표를 함께 설정
④ 개입과 중재 : 내담자가 목표를 달성할 수 있도록 개입 또는 중재
⑤ 평가 : 상담자의 중재가 얼마나 효과적으로 적용되었는지 평가

(4) 일반적인 직업상담의 과정2
① 관계수립 및 문제의 평가
  ㉠ 상담자는 내담자에 대한 수용, 공감적 반영, 진실성을 통해 허용적인 분위기에서 상담이 이루어지도록 하며 촉진적인 상담관계를 수립함
  ㉡ 내담자의 문제를 평가
② 상담목표의 설정 : 상담자는 내담자의 상황 및 직업선택 등에 따라 상담의 목표 설정
③ 문제해결을 위한 개입 : 직업정보의 수집, 과제물 부여, 의사결정 촉진, 보유기술의 파악 등의 적극적인 개입을 통해 내담자의 목표달성을 도움

SEMI-NOTE

상담의 구조화를 위한 요소
- 상담의 목표 및 절차와 수단
- 상담의 성격
- 상담자의 역할 및 책임
- 내담자의 역할 및 책임
- 상담주기와 시간 및 장소
- 상담비용

라포(Rapport) 형성을 위한 요소
- 자연스러운 분위기 조성
- 인간존중의 가치관을 가지고 내담자를 대함
- 은혜를 베푼다는 인상을 주지 않고 동등한 입장을 취해야 함
- 내담자의 말에 공감하며 내담자를 있는 그대로 수용해야 함
- 내담자를 비판하지 않으며, 적극적이고 친절해야 함

직업상담의 과정
직업상담 과정은 한 가지 유형으로 정해진 것이 아니라 다양하기 때문에 하나를 기준으로 다른 여러 가지 유형을 유추해야 함

상담과정 시 유의사항
- 내담자가 갖는 문제의 정서적, 인지적인 요인에도 신경을 써야 함
- 적절한 의사소통과 상담기법을 사용해야 함
- 적절한 자기 노출로 상담 관계를 강화해야 함
- 즉각 반응으로 상담 관계를 강화하고 문제를 명확화해야 함

SEMI-NOTE

④ 훈습 : 개입의 연장선으로, 내담자의 진로탐색 및 직업준비 등이 효율적으로 실천될 수 있도록 확인 및 점검
⑤ 종결 및 추수지도
  ㉠ 목표가 충분히 이루어졌는지 확인하고, 앞으로의 문제를 예측하여 대비
  ㉡ 내담자의 진로선택 및 의사결정에 대한 만족도를 파악하고 필요한 조치를 취함

직업상담의 8단계

한눈에 쏙~

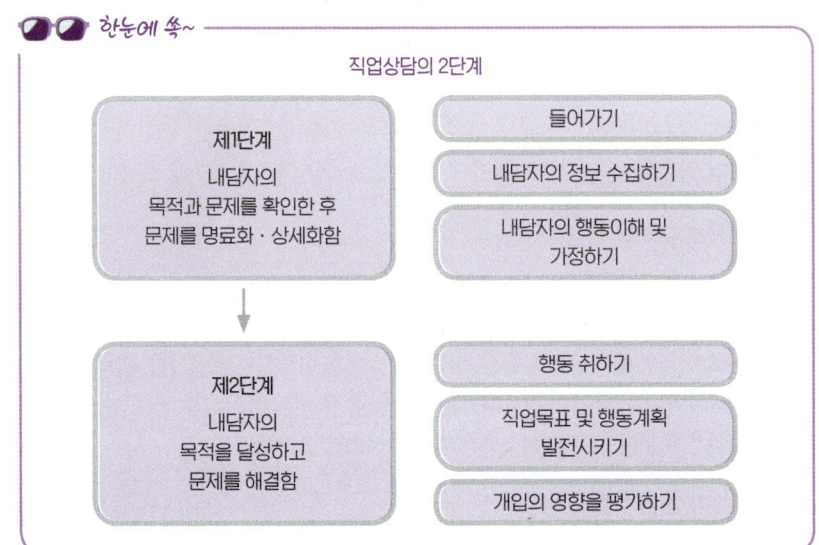

상담목표 설정 시 주의사항

- 행동보다는 결과적·성취적 목표로 설정해야 함
- 목표는 검증이 가능하며 구체적인 행동으로 이어질 수 있어야 함
- 목표는 내담자의 능력을 고려한 현실적인 것이어야 함
- 목표 달성을 위한 현실적인 기간설정이 되어야 함
- 내담자의 가치에 알맞은 목표를 세워야 함

(5) 직업상담의 과정에 따른 고려사항

초기	내용	• 앞으로 나아갈 방향과 목표를 설정하고 확인 • 상담자와 내담자 간 라포(Rapport) 형성
	고려사항	• 상담관계(라포) 형성 • 심리적인 문제 파악 • 목표 설정과 전략 수립 • 상담의 구조화
중기	내용	• 상담의 개입이 적극적으로 이루어짐 • 대안을 탐색하고 해결을 시도함
	고려사항	• 문제해결을 위한 구체적 시도 • 내담자의 저항 해결
종결	내용	• 종결에 따른 평가 • 목표 달성의 확인과 지속적인 지도를 통해 변화를 유지
	고려사항	• 합의한 목표 달성 평가 • 종결 문제 다루기 • 이별 감정 다루기

3. 집단직업상담

(1) 집단직업상담의 의의
① 상담자는 적은 시간에 많은 내담자를 상담할 수 있음
② 내담자 간 감정을 공유하고 서로 피드백을 할 수 있음
③ 타인의 노력을 학습하는 등 내담자 간 상호관계를 형성할 수 있음
④ 협력을 기대하는 등 내담자의 공동체의식을 함양시키고 자기이해를 향상시킬 수 있음

(2) 집단상담자의 자질
① **자기수용** : 자기를 있는 그대로 받아들이고 인정하는 것 → 내면에 대한 반성과 성찰을 전제로 함. 사소한 실수에 낙심하지 않으며 집단 구성원에게 자신의 약한 부분과 한계를 기꺼이 드러냄
② **개방적 소양(개방적 태도)** : 새로운 경험이나 자신과 다른 삶의 방식과 가치를 기꺼이 수용하는 자세
③ **공감적 이해 능력** : 상대의 감정을 함께 경험하고 나누는 것 → 동정·동일시와는 다름
④ **타인의 복지에 대한 관심** : 다른 사람의 복지에 대해 관심을 갖는 것 → 타인을 배려하고 기꺼이 보살피는 행동
⑤ **기타** : 자발적 모범, 새로운 경험 추구, 유머 감각, 심리적 에너지, 객관성, 창의성, 호의, 배려, 인내, 정직 등

(3) 상담 시 고려사항
① 구성
  ㉠ 내담자의 성격과 배경, 연령 등을 고려해야 함
  ㉡ 구성원이 이질적이면 다양한 자극을 받을 수 있으나, 갈등이 생길 수 있음
  ㉢ 구성원이 동질적이면 서로를 이해하는 데 도움이 되나, 새로이 변화하는 데 어려움이 있을 수 있음
  ㉣ 집단 내 집단상담자는 리더 1명이며, 보조진행자를 두기도 함
② 크기 : 한 상담자에게 6~10명 정도의 인원이 적절
③ 횟수 : 상담은 가능한 최소화하는 것이 좋음(주에 한두 번이 적절)
④ 환경 : 외부의 방해를 받지 않으면서 신체활동이 자유로운 공간이 좋음
⑤ 기타
  ㉠ 집단발달과정을 촉진하기 위해 게임을 활용할 수 있음
  ㉡ 회기가 끝난 후 각자 경험보고서를 쓰게 할 수 있음

SEMI-NOTE

집단직업상담의 요소(Tolbert)
목표, 과정, 비밀유지, 집단구성, 리더, 일정 등

톨버트(Tolbert)가 제시한 집단직업상담 활동
- **자기탐색** : 구성원들은 상호 수용적으로 자신의 가치와 태도 등을 탐색
- **상호작용** : 구성원들은 자신의 계획과 목표에 대해 서로 피드백
- **개인정보의 검토 및 목표의 연결** : 구성원들은 피드백을 통해 개인정보를 검토하고 목표와 연결
- **직업정보의 획득과 검토** : 목표를 이루기 위해 자신의 관심 직업정보를 획득하고 구성원들과 함께 자료를 검토
- **의사결정** : 개인정보와 직업정보를 토대로 구체적인 실행을 위한 의사결정

SEMI-NOTE

부처(Butcher)가 제시한 집단직업상담 3단계 모델
- **탐색단계** : 자신의 흥미, 적성에 대한 탐색과 탐색결과에 대한 피드백
- **전환단계** : 집단구성원들은 자기 지식을 직업세계와 연결하고 가치관의 변화를 시도하여, 자신의 가치와 피드백 간의 불일치를 해결
- **행동단계** : 목표를 설정하고 목표달성을 위해 정보를 수집, 공유하여 행동으로 옮김

(4) 집단상담의 장단점

장점	단점
• 시간적 · 경제적으로 효율적임 • 일대일 상담보다 부담이 적고 상호 영향을 받기 때문에 더 쉽게 받아들임 • 내담자의 성장을 촉진함 • 서로 관찰하고 피드백을 주고받을 수 있음 • 피드백을 받아 자신에 대한 통찰력이 생김 • 성숙도가 낮은 내담자에게 적합 • 대인관계능력과 사회성을 키울 수 있음 • 소속감을 느낄 수 있음	• 개인에게 신경 쓸 수 있는 시간이 적어져 개인적인 문제를 충분히 다룰 수 없음 • 비밀유지가 어려움 • 구성원 모두를 만족시킬 수 없음 • 압력으로 피드백을 강요받을 수 있음 • 개인의 개성이 사라질 수 있음 • 목적에 맞는 집단을 구성하기 어려움 • 상담자의 역량에 따라 집단상담의 운영이 어려울 수 있음

실력 up 집단상담에 적합하지 않은 내담자
- 내담자가 위기에 처한 경우
- 내담자의 보호를 위해 비밀이 보장되어야 하는 경우
- 내담자의 대인관계기술이 현저히 떨어지는 경우
- 내담자가 자신의 감정, 사고 등에 대한 인식이 매우 부족한 경우
- 일탈적인 성적 행동의 가능성이 있거나 과거력이 있는 경우

4. 사이버 직업상담

(1) 사이버 직업상담기법의 필요성

① 인터넷을 통한 상담으로 경제적이고 효율적임
② 익명성이 보장되어 심리적 부담이 적고 솔직한 상담이 가능함
③ 자료를 쉽게 찾아볼 수 있음
④ 가명을 사용하여 상담사례를 소개하고 대처방안을 제시할 수 있음
⑤ 시간적 여유가 생기므로 내담자 주도에 의한 자기성찰 능력이 향상됨

사이버 상담기법의 단계
- 주요 진로논점 파악하기
- ▼
- 핵심 진로논점 분석하기
- ▼
- 진로논점 유형 정하기
- ▼
- 답변내용 구상하기
- ▼
- 직업정보 가공하기
- ▼
- 답변 작성하기

(2) 사이버 상담의 장단점

장점	단점
• 개인의 신상을 공개하지 않아도 되므로 전달 내용 자체에 귀를 기울일 수 있음 • 대면상담에 비해 내담자의 자발적 참여가 높아 문제해결에 대한 동기가 높아짐 • 얼굴을 직접 마주하지 않으므로 자신의 행동이나 감정에 대한 즉각적인 판단이나 비판을 신경 쓰지 않아도 됨 • 대면 상담에 비해 비용이 저렴함 • 상담 내용의 저장, 검색, 재검토 등이 용이함	• 내담자가 자신의 정보를 선택적으로 공개할 수 있어 정보가 제한됨 • 내담자가 언제든 상담을 종료할 수 있음 • 대면상담에 비해 깊이 있는 소통이 어려움 • 상담자가 내담자의 상담 내용을 신뢰하기 어려움 • 네트워크 시스템의 불안정에 따른 문제가 생길 수 있음 • 익명성에 따른 부적절한 대화가 문제될 수 있음 • 습관적으로 상담을 요청할 수 있음

사이버 상담의 특징
단회성, 신속성, 익명성, 개방성, 경제성, 문자 중심의 상호작용, 자발성 · 주도성, 시 · 공간의 초월성, 자기성찰 기회 제공

실력UP 전화상담의 특징

- 응급상황에 있는 내담자에게 도움을 줌
- 민감하고 사적인 문제를 상담하는 데 좋음(예 청소년의 성문제)
- 익명성이 보장됨 → 신분노출을 꺼리는 내담자에게 적합
- 상담관계가 불안정함
- 내담자에 대한 시각적, 비언어적 정보를 얻을 수 없음

5. 직업상담의 문제유형

(1) 윌리암슨(Williamson)의 직업선택 문제유형 ★ 빈출개념

① 무선택(전혀 선택하지 않는 경우)
  ㉠ 내담자 자신이 무엇을 원하는지 모르는 경우로 진로에 대한 인식이 부족한 상태
  ㉡ 원하는 몇 가지 직업이 있지만 선택을 못하는 경우
② 불확실한 결정(직업선택의 확신이 부족한 경우)
  ㉠ 선택한 직업에 대해 확신이 부족한 상태
  ㉡ 자신감이 없으며 타인으로부터 성공할 것이라는 위안을 받으려는 상태
  ㉢ 실패에 대한 두려움과 자신에 대한 불신과 이해부족으로 확신이 부족한 상태
③ 모순 또는 차이(흥미와 적성의 불일치)
  ㉠ 내담자 자신의 흥미와 적성이 일치하지 않는 선택을 한 경우
  ㉡ 흥미는 있으나 적성이 부족하거나, 적성은 있으나 흥미를 느끼지 못하는 상태
④ 어리석은 선택(현명하지 못한 직업선택)
  ㉠ 흥미가 별로 없거나 적성이 맞지 않는 분야를 선택한 경우
  ㉡ 성격과 부합하지 않는 직업을 선택한 경우
  ㉢ 야망을 채우기 위해 직업을 선택하려는 경우
  ㉣ 작은 성공 가능성만을 가지고 직업을 선택하는 경우
  ㉤ 지나치게 안정적인 직업만을 선택하는 경우
  ㉥ 본인의 능력보다 더 높거나 낮은 역량을 요하는 직업을 선택하는 경우

(2) 보딘(Bordin)의 직업선택 문제유형

① 의존성 : 자신이 해결해야 하는 직업 문제를 다른 사람에게 의존함으로써 스스로 해결하지 못하는 유형
② 정보의 부족 : 직업선택과 관련된 정보가 부족하여 문제 해결에 어려움이 있는 유형
③ 자아갈등(내적갈등) : 자아개념과 심리기능 사이의 갈등으로 인해 직업선택 등 중요한 결정을 내려야 하는 상황에서 갈등하는 유형
④ 선택의 불안 : 자신이 원하는 일이 사회적인 요구에서 벗어날 때 선택에 따른 문제를 경험하는 유형
⑤ 확신 부족 : 직업 결정에 확신이 부족하여 스스로 답을 내린 후에도 단지 확인을 위해 상담자를 찾는 유형

SEMI-NOTE

직업선택에서 내담자가 우유부단함을 보이는 일반적인 이유
- 자신이 선택한 직업에서 실패할 가능성에 대한 두려움
- 자신의 선택이 중요한 다른 사람에게 부정적인 결과를 줄 수도 있다는 죄의식
- 자신이 선택한 직업이 자신의 욕구를 완벽하게 충족시켜주지 못할 것이라는 생각
- 다양한 분야에 관심과 재능을 보이는 경우(다재다능함)
- 자신이 선택하려는 직업 중 좋은 직업이 없는 경우

직업상담의 문제와 진단
- 내담자의 문제
  - 내담자의 부적응 행동의 원인이 됨
  - 내담자의 합리적 의사결정을 방해함
- 진단
  - 내담자의 문제를 찾는 과정
  - 이를 통해 내담자의 문제에 개입하고 해결할 수 있음

(3) 크릿츠(Crites)의 직업선택 문제유형

① 적응 문제(적응성)
  ㉠ 적응형 : 흥미와 적성이 일치하는 유형
  ㉡ 부적응형 : 흥미가 일치하지 않거나 적성이 일치하지 않는 유형
② 결정 문제(결정성, 우유부단 문제)
  ㉠ 우유부단형 : 흥미와 적성에 관계없이 직업을 결정하지 못하는 유형
  ㉡ 다재다능형 : 재능이 많아 흥미와 적성 사이에서 직업을 갈등하는 유형
③ 현실 문제(현실성)
  ㉠ 불충족형 : 흥미를 느끼지만 자신의 적성보다 낮은 적성을 요구하는 직업을 선택하는 유형
  ㉡ 강압형 : 흥미는 없지만 적성에 따라 어쩔 수 없이 직업을 선택하는 유형
  ㉢ 비현실형 : 흥미를 느끼지만 적성이 없는 유형 또는 자신의 적성보다 높은 적성을 요구하는 직업을 선택하는 유형

> **실력UP 필립스(Phillips)의 진로문제 분류**
>
> - **자기탐색과 발견** : 자신의 능력이 어느 정도인지 어떤 진로를 원하는지 등 자기탐색과 발견이 필요한 경우에 초점
> - **선택을 위한 준비** : 흥미와 적성과 직업 간의 관계, 관심 있는 직업에 대한 정보 등이 필요한 경우에 초점
> - **의사결정 과정** : 진로선택 또는 직업선택 방법의 습득, 선택과 결정에의 장애요소 발견 등이 필요한 경우에 초점
> - **선택과 결정** : 진로를 선택해야만 하는 상황에서 만족할만한 결정이 필요한 경우에 초점
> - **실천** : 선택에 대한 만족 여부와 확신의 정도를 확인하는 경우에 초점

02절 여러 가지 상담이론

1. 정신분석 상담

(1) 개념

① 정의적 접근을 하는 상담이론들은 대부분 프로이트의 정신분석이론에서 출발했다고 볼 수 있음
② 프로이트의 정신분석학은 인간을 결정론적이며 욕망에 의해 동기화된 존재로 가정하였음
③ 통찰을 통해 현재의 문제를 이해하고 이를 해결하기 위해서 어린 시절 아동기의 경험과 무의식을 중요시함
④ 인간의 적응을 방해하는 요소를 억압된 충동으로 봄

프로이트의 결정론
인간의 행동은 우연히 일어나는 것이 아니라, 우리가 밝혀내고 이해할 통찰력만 가지고 있다면 모든 행동은 의미를 가지고 있다는 것

(2) 특징

① 인생 초기의 아동기 과정을 중요시하며, 문제의 근원을 과거 경험에서 찾음
② 심리성적결정론에 기초함
③ 내담자의 유아기적 갈등과 감정을 중요시함
④ 무의식을 의식적 수준으로 끌어올려 문제를 만들어낸 원인을 제거하고자 함
⑤ 내담자의 심리적 문제는 증상 형성에서 비롯됨
⑥ 무의식적 자료와 방어를 탐색하는 작업임
⑦ 자유연상, 꿈의 분석, 저항의 분석 등 직관적인 방법을 활용
⑧ 상담자의 '텅 빈 스크린(Blank – Screen)'으로서의 역할을 강조

(3) 성격의 구조

① 원초아(Id) : 인간의 무의식에 자리하고 있는 일종의 본능, 충동 → 쾌락을 따르며 현실의 여건을 고려하지 않고 즉각적인 즐거움을 얻는 것이 목적
② 자아(Ego) : 사고, 감정, 의지 등을 주관 → 현실적 여건을 고려하여 판단하며, 원시적 충동과 현실을 중재함
③ 초자아(Superego) : 도덕, 윤리 등 사회나 이상의 측면과 관련 → 도덕적 원리에 따라 옳고 그름을 판단, 죄책감에 의해 통제, 벌에 대한 두려움 등이 기준

(4) 상담기법

① 자유연상 : 내담자로 하여금 마음속에 떠오르는 생각과 감정 등을 의식을 거치지 않고 표현하도록 하는 것
② 전이의 분석
　㉠ 전이 : 내담자가 과거에 느꼈던 감정이나 생각을 상담자에게 옮기는 것
　㉡ 상담자는 전이를 분석하여 내담자의 무의식적인 갈등과 감정의 문제를 해소하도록 도움
③ 통찰 : 내담자의 문제행동의 원인과 해결방법을 이해하고 수용하는 과정으로 무의식 속에 있던 것들의 의미를 깨닫게 함
④ 저항의 분석
　㉠ 변화를 거부하고 현 상태를 유지하려는 의식적·무의식적 생각, 태도, 감정, 행동 등
　㉡ 저항을 분석함으로써 내담자가 무의식적으로 숨기고자 하는 것, 피하고자 하는 것 등을 파악할 수 있음 → 내담자가 무의식적으로 저항을 하는 이유, 의미를 인식하도록 도움
⑤ 해석
　㉠ 자유연상이나 꿈, 저항, 전이 등을 분석하고 그 속에 담긴 행동상의 의미를 내담자에게 지적하고 설명
　㉡ 해석을 통해 자유연상이 촉진됨

SEMI-NOTE

심리성적 발달단계

구강기 ▼ 항문기 ▼ 남근기 ▼ 잠복기 ▼ 생식기

의식의 수준
- 의식 : 현재 경험하여 느낄 수 있는 모든 감각과 행위, 감정, 경험 등
- 무의식 : 거의 의식되지 않는 본능이나 억압된 감정 등
- 전의식 : 현재 의식하고 있지는 않지만, 주의를 기울이게 되면 즉시 의식 수준으로 떠오를 수 있는 기억

SEMI-NOTE

불안의 3가지 유형(Freud)

- **도덕적 불안** : 원초아와 초자아 간 갈등에 의해 발생
- **신경증적 불안** : 자아가 본능적 충동인 원초아를 통제하지 못할 경우 발생할 수 있는 불상사에 대해 위협을 느낌으로써 나타남
- **현실적 불안** : 외부세계에서 실제적인 위협을 지각함으로써 발생. 객관적 불안이라고도 함

---

⑥ 꿈의 분석
  ㉠ 수면 중에는 방어가 약화되므로 억압된 욕망과 감정의 의식이 나타남 → 꿈은 무의식적 동기를 이해하는 데 중요한 수단이 됨
  ㉡ 상담자는 현재몽 속에 상징화되어 감추어진 잠재몽의 정체를 밝혀야 함 → 잠재몽은 현재몽에 대한 자유연상을 통해 더 쉽게 이해할 수 있음

⑦ 훈습
  ㉠ 내담자의 갈등과 방어를 탐색하고 이를 해석해 나가는 것
  ㉡ 반복, 정교화, 확대 등의 활동들로 이루어지며 이전에는 회피하였던 무의식적 자료를 이해하고 활용할 수 있을 때까지 반복
  ㉢ 바인셀(Weinshel)의 훈습 단계 : 내담자의 저항 → 상담자의 저항에 대한 해석 → 내담자의 해석에 대한 반응

> **실력UP 주요 방어기제**
>
> - **억압(Repression)** : 원초아를 자아가 억압하여 의식 밖으로(무의식으로) 추방하는 것 → 프로이트는 억압을 방어기제 중 가장 중요한 것으로 보았음
> - **반동형성(Reaction Formation)** : 나타내기 힘든 감정이나 행동을 정반대의 형태로 표현하는 것
> - **투사(Projection)** : 자기 마음속에 두면 불안하고 받아들일 수 없는 것으로 외부의 환경 탓으로 돌리는 것
> - **부정(Denial)** : 이별이나 질병 등 받아들이기 힘든 사실을 무의식으로 부정하는 것
> - **전위(Displacement)** : 어떤 대상에 대하여 느낀 감정을 다른 대상에게 표출하는 것
> - **퇴행(Regression)** : 성장이나 정지가 아니라 오히려 저급한 초기단계의 상태나 행동으로 후퇴하는 것
> - **주지화(Intellectualization)** : 감정적으로 부담스러운 일을 추상적·관념적으로 바꾸어 생각하는 것
> - **동일시(Identification)** : 타인의 특성을 받아들여 자신의 일부로 만드는 것
> - **대치(Substitution)** : 본능의 욕구 충족을 위한 최초의 본능적 선택대상이 장애 때문에 이루어질 수 없게 될 때 강한 억압이 없다면 새로운 대상 추구가 생김
> - **합리화(Rationalization)** : 실패에 대하여 그럴듯한 변명을 함으로써 긴장을 해소하려는 것 (신포도의 논리)
> - **승화(Sublimation)** : 본능적인 욕구나 원시적 에너지 등을 사회적으로 인정될 수 있는 행동방식으로 표출하는 것
> - **보상(Compensation)** : 다른 데서 과잉 충족하는 것
> - **격리(Isolation)** : 부정적인 감정을 의식으로부터 격리시켜 무의식 속에 억압하는 것

2. 개인주의 상담

(1) 개념

① 프로이트를 떠나 아들러(Adler)와 그의 후계자들에 의해 발달된 성격이론
② 인간에 대해 사회적으로 동기화된다고 보았음
③ 인간의 성장가능성과 잠재력을 중시함
④ 개인의 행동은 무의식에 지배되는 것이 아닌 의식에 의한 것으로 봄

개인주의 상담에서의 인간

- **사회적 존재** : 인간은 소속되고자 하는 욕구를 가지고 있으며 사회 속에 존재할 때 의미가 있음
- **총체적 존재** : 초기기억, 신념, 가치 등의 총체로 작용하며 통합적 의식을 가짐
- **열등감** : 열등감은 동기의 근원이 되며 자기완성을 위해서는 열등감을 극복해야 함
- **우월성의 추구** : 자아실현을 이루게 하며 열등감을 보상하려는 심리에서 나옴

(2) 특징

① 사회적 관계와 사회적 동기를 강조
② 내담자의 잘못된 가치와 목표수정을 도우며 행동수정보다는 동기수정에 초점을 둠
③ 내담자가 열등감을 극복할 수 있도록 도움
④ 내담자가 건전한 사회적 관심을 갖고 사회의 구성원으로 기여할 수 있도록 도움
⑤ 상담과정에서 주관적 해석을 중시함
⑥ 의식적인 선택과 책임, 삶의 의미 등을 강조함

실력UP 정신분석 상담과 개인주의 상담의 비교

정신분석 상담이론	개인주의 상담이론
• 생물학적 욕구와 초기 경험 중시 • 인간을 원초아, 자아, 초자아로 구분 • 결정론(인간의 행동은 결정되어 있음) • 인간은 무의식과 본능의 지배를 받는 존재이자 무기력한 존재 • 인간은 성적인 충동에 의해 동기화됨	• 과거에 대한 지각이 행동에 영향을 미침 • 인간의 성격은 통합적인 관점에서 분리될 수 없음 • 인간은 합리적인 결정과 목표를 지향하며 행동하고 변화하는 창조적인 존재 • 인간은 사회적인 충동에 의해 동기화됨

(3) 생활양식

① 개념 : 삶의 목적, 자아개념, 가치관 등을 포함한 삶을 살아가는 기본 태도로, 개인의 독특성에서 비롯됨
② 유형

구분	활동수준	사회적 관심	특징
지배형	높음	낮음	• 타인에게 지배적 • 독선적, 공격적임
획득형 (기생형)	중간	낮음	• 타인에게 의존적 • 기생적 방식으로 욕구 충족함
회피형	낮음	낮음	• 타인에게 회피적 • 자신감이 없고 부정적, 도피적임
사회형 (사회적 유용형)	높음	높음	• 타인과 협력하여 자신과 타인의 욕구를 동시에 충족 • 심리적으로 건강함

(4) 상담과정

① 상담관계 형성 : 내담자와 협력적, 우호적 관계를 형성하고 치료목표·치료과정을 구성함
② 개인의 역동성 탐색 : 생활양식, 가족환경, 개인적 신념, 부정적 감정 등을 파악하여 내담자의 역동성을 이해하고 이것이 현재 삶에 있어서 어떻게 기능하는지 파악

SEMI-NOTE

출생순서와 가족 구조
• 어린 시절의 가족 경험과 출생 순서가 성격형성에 영향을 미친다고 보았음
• 가족 내의 서열은 자신과 세상에 대한 관점 및 생활양식을 발달시키는 중요한 역할을 함

개인주의 상담의 목표
• 사회적 관심(관계)을 강조
• 패배감을 극복하고 열등감을 감소시킴
• 내담자의 잘못된 사회적 가치를 바꾸도록 함으로써 건전한 사회의 구성원으로 기여하도록 도움
• 내담자의 잘못된 가치, 목표, 동기를 수정하는 데 초점을 둠
• 상담자와 내담자 간의 상호계약과 협력을 중시하며, 내담자가 다른 사람과 동등한 감정을 갖도록 도움

③ **통찰** : 파악한 자료를 바탕으로 해석하고 내담자가 스스로 생활양식을 자각하고 통찰하도록 함
④ **재교육** : 내담자의 통찰이 실제 행동으로 전환되도록 도움

(5) 상담기법
① **초인종(단추) 누르기** : 내담자로 하여금 초인종을 눌러 행복한 상상, 우울한 상상을 떠올리게 요구함
② **수프에 침 뱉기** : 내담자가 바람직하지 못한 생각이나 행동을 할 때 자극을 주어 생각과 감정을 전환시킴
③ **격려하기** : 내담자를 존중하고 격려하여 용기를 북돋아 주고 믿음을 보여줌
④ **타인을 즐겁게 하기** : 타인을 위한 좋은 일을 하게 함으로써 공동체의식과 사회적 관심을 갖게 함

3. 실존주의 상담

(1) 개념
① 이론적 모델보다는 실존주의 철학을 적용한 것
② 인간은 자기인식능력이 있으며, 이를 통해 자신의 삶을 선택할 책임이 있음
③ 자유와 책임의 양면에 대한 자각을 중시함
④ 대면적 관계를 중시함

(2) 목표
① 내담자가 자신의 선택에 대해 책임질 수 있는 방법으로 행동하도록 도움
② 실질적인 치료 대신 내담자가 현재를 인식하고 피해자적 역할에서 벗어날 수 있도록 도움
③ 내담자가 자신의 가치를 판단할 수 있도록 하고, 인생에 대한 방향설정을 할 수 있도록 도움

(3) 인간 본성에 대한 가정
① 인간은 과거와 자기 자신을 초월할 수 있는 능력이 있음
② 인간은 정적인 존재가 아닌 변화 · 발전하는 계속적인 존재임
③ 인간은 언젠가 자신이 존재하지 않게 될 것이라는 것을 알며 그러한 유한성과 죽음에 대해 불안을 가짐
④ 인간은 자유를 가지고 선택하며 그에 대한 책임을 져야 함
⑤ 인간은 자각하는 능력을 가지고 있음

(4) 상담관계의 기본원리
① **비도구성의 원리** : 상담은 수단이나 도구가 아니므로 상담자와 내담자의 관계가 도구적 · 지시적이어서는 안 됨

SEMI-NOTE

인간의 궁극적 관심사
- **자유와 책임** : 인간은 선택할 능력과 책임을 가짐
- **삶의 의미성** : 삶이 무엇인가 하는 질문에 대한 내적 갈등으로 사람의 중요성과 목적을 향한 노력
- **죽음과 비존재** : 인간의 삶에 의미를 주는 가장 강력한 요인이 죽음과 비존재라는 것을 자각
- **진실성** : 진실적인 존재로 있다는 것은 우리의 삶을 긍정적으로 정의하고 생각하는 데 필수적인 요소임

얄롬(Yalom)이 제시한 인간의 궁극적 관심사
죽음, 자유, 소외, 무의미성

② **자아중심성의 원리** : 실존주의 상담에서는 내담자의 자아에 초점을 맞춤 → 개인의 자아세계와 내면의 심리적 실체인 자아중심성을 중심으로 상담이 이루어져야 함
③ **만남의 원리** : '여기 – 지금'에서의 상담자와 내담자의 만남을 중시함 → 만남을 통해 과거에는 알 수 없던 것을 현재 알 수 있게 됨
④ **치료할 수 없는 위기의 원리** : 실존주의 상담의 목적은 적응이나 치료가 아님 → 인간의 주체성과 인간 존재의 순정성 회복이 목표임

실력UP 내담자의 자기인식능력 증진을 위한 상담자의 치료원리

- 죽음의 실존적 상황에 직면하도록 격려
- 삶에 대한 자유와 책임을 자각하도록 촉진
- 자신의 인간관계 양식을 점검하도록 도움
- 삶의 의미를 발견하고 창조하도록 도움

4. 형태주의 상담

(1) 개념

① 펄스(Perls)에 의해 발전된 이론으로 '게슈탈트(Gestalt) 상담'이라고도 함
② 실존주의 철학과 인본주의 관점을 근거로 '여기 – 지금(Here and Now)'에서의 경험에 대한 자각과 개인의 책임을 강조함
③ 인간은 환경에 의해 결정되는 존재가 아니며, 현재의 감정, 사고, 행동 등의 통합을 추구하는 존재로 봄
④ 현재 상황에 대한 자각에 초점을 둠
⑤ 인간은 전체성과 통합을 추구하는 존재로 완성되려는 경향이 있다고 봄

(2) 주요 개념

① **여기 – 지금(Here and Now)**
   ㉠ 현재를 중시하고 개인의 자각을 강조
   ㉡ 현재를 온전히 음미하고 경험하는 학습을 강조 → 지금 여기에서 무엇을 어떻게 경험하느냐가 중요
② **신경증의 층** : 심리적으로 성숙해지기 위해서는 신경증의 층을 벗겨야 함

허위층	진실성 없이 거짓된 상태
공포층(연기층)	주위의 기대에 따라 역할을 수행하는 상태
곤경층(난국층)	역할연기를 자각하며 허탈감과 공포, 무력감을 체험하는 상태
내적파열층	그동안 억압되었던 욕구를 드러내지 못하고 안에서 억제하는 상태
외적파열층	욕구를 더 이상 억압하지 않고 외부로 표출하는 상태

SEMI-NOTE

실존주의 상담에 대한 평가
- 의의
  - 철학적 배경에서 인간의 삶의 의미와 방향성을 제시함
  - 자유와 책임을 강조하고, 보다 능동적인 삶을 제시함
  - 개인 주관성을 강조하고, 창조적인 삶 등 인간의 긍정적인 면을 이해함
- 한계
  - 철학적 측면에 치우쳐 체계적이지 못함
  - 이론이 추상적이며 구체적이지 못함

게슈탈트(Gestalt)
독일어로 전체 또는 형태를 의미. 부분이 전체로 통합되는 지각형태를 뜻하는 것으로 자신의 욕구나 감정 등을 전체로 조직하여 지각하는 것

형태주의 상담의 목표
- 자각에 의한 성숙과 통합을 성취하게 함
- 자유로운 선택을 하도록 돕고 그에 따른 책임감을 가지게 함
- 잠재력의 실현에 따른 변화와 성장을 도모하게 함

SEMI-NOTE

형태주의 상담의 특징
- 현재 상황에 대한 자각에 초점
- 지금 여기에서 무엇을 어떻게 경험하느냐와 각성을 중시
- 자신의 내부와 주변에서 일어나는 일들을 충분히 자각할 수 있다면 자신이 당면하는 삶의 문제들을 스스로 효과적으로 다룰 수 있다고 가정함
- 현재를 온전히 경험하는 학습 강조
- 개인의 발달 초기에서의 문제를 중요시한다는 점에서 정신분석적 상담과 유사
- 인간이 사고, 감정, 느낌, 행동의 전체성과 통합성을 추구하는 존재로 기능을 발휘할 수 있도록 함

형태주의 상담에 대한 평가
- 의의
  - 과거를 현재로 가져와 현재의 관점에서 재경험 하도록 도움
  - 개인의 성장에 도움을 주며 비교적 단시간에 자신을 각성하게 함
- 한계 : 인지적 요소는 무시되고 정서적 측면만 강조되는 경우가 생김

---

③ 미해결과제
  ㉠ 완성되지 않은 게슈탈트로, 표현하지 못한 감정을 포함
  ㉡ 미해결과제는 신체적 · 심리적 장애로 이어질 수 있음
④ 전경과 배경
  ㉠ 관심의 초점을 '전경', 관심 밖으로 밀려나는 부분을 '배경'이라고 함
  ㉡ 전경으로 떠올랐던 게슈탈트를 해소하면 전경은 배경이 되어 새로운 전경이 떠오르는 순환과정이 생김

(3) 접촉장애 유형
① 내사 : 외부로부터 무비판적으로 받아들이면서 발생
② 투사 : 개인의 생각이나 욕구 등을 타인의 것으로 생각
③ 반전 : 타인이 자신에게 해주기를 바라는 행동이나 자신이 타인에게 해주고 싶은 행동을 자기 자신에게 하는 것
④ 융합 : 밀접한 관계의 두 사람이 서로 동일하다고 느끼면서 발생
⑤ 편향 : 감당하기 힘든 자극에 노출될 때 압도당하지 않으려 자신의 감각을 둔화시켜 노출을 피하거나 약화시키는 것

(4) 상담기법
① 빈 의자 기법 : 현재 상담장면에 와 있지 않은 사람과 상호작용할 필요가 있을 때 사용하는 기법으로 두 개의 의자가 사용되는데 내담자는 두 의자에 번갈아 앉으며 상대방이 맞은 편 의자에 앉아 있다고 상상하며 대화를 나눔 → 상대방을 이해하고 자신이 감정을 자각하도록 하는 기법
② 직면 : 내담자의 진정한 동기를 직면시키는 기법
③ 역할연기 : 내담자에게 어떤 장면을 상상하여 실제로 연출해보이도록 하는 기법
④ 머물러있기 : 내담자에게 감정들을 회피하지 않고 견디도록 하는 기법
⑤ 반전(반대로 하기) : 내담자에게 평소와 반대로 행동을 해보도록 함으로써 통제해온 부분을 표출하도록 하는 기법
⑥ 꿈 작업 : 일상 속으로 꿈을 가지고 와 그것이 지금 일어난 것인 것처럼 재생시키는 것으로 꿈이 현재 사건인 것처럼 각 부분을 연기하게 하는 기법
⑦ 과장하기 : 행동이나 언어를 과장하여 표현함으로써 자신의 무의식적인 욕구나 감정 혹은 행동을 명료하게 자각하도록 돕는 기법
⑧ 욕구와 감정의 자각 : 지금 – 여기에서 일어나는 욕구와 감정을 자각하도록 하는 기법
⑨ 환경자각 : 내담자로 하여금 환경을 자각하도록 함으로써 새로운 관심과 흥미를 유발하는 기법
⑩ 언어자각 : 내담자의 말에서 행동의 책임소재가 불명확한 경우 자신의 감정과 동기에 책임을 지는 문장으로 말하도록 함
⑪ 신체자각 : 자신의 신체감각에 대해 자각하도록 함으로써 자신의 욕구나 감정 혹은 무의식적인 생각을 알아차리도록 함

⑫ 자기 부분들 간의 대화 : 내담자가 자신 안에 있는 상반된 자아와 대화를 하도록 유도하는 기법

5. 행동주의 상담

(1) 개념
① 인간의 행동은 학습에 의한 것이며 환경과 학습을 통해 변화시킬 수 있다고 가정함
② 의식은 관찰과 측정이 불가하나 행동은 가능함
③ 파블로프(Pavlov)의 고전적 조건형성, 스키너(Skinner)의 조작적 조건형성, 반두라(Bandura)의 사회학습이론으로 발전함

(2) 기본 가정
① 인간은 환경에 의해 통제되는 수동적인 입장임
② 환경과 상호작용하는 경험, 환경의 변화 등은 인간의 행동에 영향을 줌
③ 인간의 행동은 수정이 가능함

(3) 파블로프(Pavlov)의 고전적 조건형성
① 개념
  ㉠ 파블로프에 의해 연구된 것으로, 개에게 종소리를 들려준 후 먹이를 주는 행동을 반복하니 이후에는 종소리만 들어도 개가 침을 흘리는 실험에서 비롯됨 → 특정 자극에 반응유발능력을 주어 조건자극이 되게 하고, 반응적 행동을 유발함
  ㉡ 무조건 자극(먹이) → 무조건 반응(먹이로 인한 침), 조건 자극(조건화 된 후의 종소리) → 조건 반응(종소리로 인한 침)
② 변별자극과 자극의 일반화
  ㉠ 변별자극 : 유사한 자극에서 나타나는 차이에 따라 서로 다른 반응을 하도록 유도하는 학습기법 → 어떤 행동을 해야 좋은 결과를 얻을 수 있을 것인지를 알 수 있게 함
  ㉡ 자극의 일반화 : 특정 조건 자극에 대해 조건 반응이 성립되면 그와 비슷한 다른 자극을 받았을 때 다시 같은 반응을 보임

(4) 스키너(Skinner)의 조작적 조건형성
① 개념
  ㉠ 스키너가 조건적 조건형성을 발전시킨 것으로, 스키너 상자 실험을 통해 구체화됨
  ㉡ 행동의 원인과 결과를 통해 원인(자극)을 조정함으로써 결과(반응)를 통제할 수 있음 → 어떤 행동에 대한 결과가 다음 행동의 원인이 되며 행동은 결과에 의해 유지 또는 통제됨

SEMI-NOTE

행동주의 상담의 특징
- 실험에 기초한 과학적(귀납적) 접근방법에 의하며 행동은 통제와 자료의 계량화가 가능하다고 봄
- 인간의 행동을 '자극 – 반응'의 과정으로 설명함
- 상담자의 지시적 · 능동적인 역할을 강조함

행동주의 상담의 목적
- 인간의 행동은 학습을 통해 획득된 것이므로 적응 행동(바람직함)과 부적응 행동(바람직하지 않음)으로 구분하고 보다 바람직한 행동을 학습하도록 함
- 바람직하고 효과적인 행동의 학습에 도움이 되는 조건을 찾아내고 이를 조성하기 위해 노력함

SEMI-NOTE

강화계획
- 계속적 강화계획 : 원하는 반응이 나타날 때까지 반응의 빈도에 관계없이 강화를 부여
- 간헐적 강화계획 : 시간과 강도에 변화를 주어 강화를 부여하여 원하는 반응에 대한 빈도를 증가시킬 수 있음

② 강화와 처벌
　㉠ 강화 : 반응 행동의 빈도수를 강화시킴
　㉡ 처벌 : 반응 행동의 빈도수를 약화시킴

정적 강화	유쾌한 자극을 부여하여 바람직한 반응의 확률을 높임 예) 숙제를 잘 해온 학생에게 상을 줌	
부적 강화	불쾌한 자극을 제거하여 바람직한 반응의 확률을 높임 예) 숙제를 잘 해온 학생에게 청소를 면제해 줌	
정적 처벌	불쾌한 자극을 부여하여 바람직하지 못한 반응의 확률을 낮춤 예) 숙제를 안 해온 학생에게 벌청소를 시킴	
부적 처벌	유쾌한 자극을 제거하여 바람직하지 못한 반응의 확률을 낮춤 예) 숙제를 안 해온 학생에게 자유시간을 금지함	

③ 강화계획(강화스케줄)

고정간격 강화계획	일정 시간이 경과하면 강화를 부여 예) 월급, 주급, 일당 등
변동간격 강화계획	불규칙한 시간으로 강화를 부여 예) 비정기적 포상 등
고정비율 강화계획	일정한 횟수의 원하는 반응이 나타난 다음 강화를 부여 예) 성과급 등
변동비율 강화계획	변동적인 비율을 적용하여 불규칙한 횟수의 원하는 행동이 나타난 다음 강화를 부여 예) 슬롯머신, 복권 등

(5) 반두라(Bandura)의 사회학습이론

① 개념
　㉠ 인간은 환경적 자극에 의해서가 아니라 타인의 행동을 관찰·모방함으로써 학습하게 된다는 이론
　㉡ 강화나 보상은 인간의 행동을 절대적으로 통제하지는 못하며 학습을 위해서 실질적 행동을 반드시 수행할 필요는 없다고 봄

② 주요 개념
　㉠ 모델링 : 타인의 행동을 관찰하면서 자극을 받고 이를 모방함
　㉡ 대리학습 : 자신이 직접 경험하는 것이 아니라 타인의 경험을 관찰하여 간접적 강화를 받음
　㉢ 자기조절 : 자신의 행동을 스스로 평가·감독함
　㉣ 자기강화 : 자신이 통제 가능한 보상을 스스로에게 주며 행동을 유지·변화시킴
　㉤ 자기효능감 : 자신이 어떤 행동을 성공적으로 수행할 수 있다는 신념
　㉥ 상호결정론 : 인간의 성격은 개인·행동·환경의 상호작용에 의한 것임

반두라의 인과적 모형
- 개인적 요인 : 개인과 신체적 속성(신체적 특성, 인지적 능력, 성격, 신념, 태도 등)
- 환경적 변수 : 외부 환경(물리적 환경, 가족과 친구, 기타 사회적 영향 등)
- 행동적 변수 : 외형적 행동(운동 반응, 언어 반응, 정서적 반응, 사회적 상호작용 등)

(6) 상담기법

① 체계적 둔감법(체계적 둔감화)
  ㉠ 특정한 상황에서 형성된 불안에 대해 자극을 단계적으로 높여감으로써 내담자의 불안반응을 경감 또는 제거함
  ㉡ 병존할 수 없는 새로운 반응을 통해 부적응적 반응을 제지하는 상호제지의 원리를 사용
② 스트레스 접종 : 예상되는 신체적·정신적 긴장을 약화시켜 내담자가 충분히 자신의 문제를 다룰 수 있도록 준비시킴
③ 인지적 재구조화 : 부정적 사고 대신 긍정적인 자기적응적 사고를 가지도록 함
④ 자기주장훈련 : 대인관계에 있어 불안을 해소하기 위한 방법으로, 불안 이외의 감정을 표현하도록 하여 대인관계에서의 불안을 제거함
⑤ 토큰경제 : 목적행동을 할 때마다(바람직한 행동이 이루어졌을 때) 보상으로 토큰을 제공하고 이를 내담자가 원하는 물건으로 교환할 수 있도록 함
⑥ 자기관리프로그램 : 내담자가 자기지시적인 삶을 영위하고 상담자에게 의존하지 않도록 상담자가 내담자와 지식을 공유하며 자기강화기법을 적극적으로 활용함
⑦ 모델링 : 내담자가 다른 사람의 바람직한 행동을 관찰해서 학습한 것을 수행하도록 하여 문제행동을 수정하거나 학습을 촉진시킴
⑧ 행동조성 : 목표에 도달하기 위한 하위과정의 행동들을 단계적으로 학습
⑨ 타임아웃 : 부적절한 행동 시 모든 정적 강화를 차단하여 바람직하지 못한 행동을 없앰
⑩ 사고정지(사고중지) : 내담자가 부정적인 인지를 억압하거나 제거함으로써 비생산적이고 자기패배적인 사고와 심상을 통제하도록 도우며, 불안제거에 사용함
⑪ 행동계약 : 외적인 행동변화 촉진기법으로 두 사람이나 그 이상의 사람들이 정해진 기간 내에 각자가 해야 할 행동을 분명하게 정해놓은 후, 그 내용을 서로가 지키기로 계약을 맺음
⑫ 혐오치료 : 부적절한 행동에 대해 혐오자극을 제시하여 바람직하지 못한 행동을 억제시킴
⑬ 과잉교정 : 문제행동에 대한 대안행동이 거의 없거나 효과적인 강화인자가 없을 때 유용한 기법으로서 파괴적이고 폭력적인 행동을 수정하는 데 효과적임
⑭ 역할연기 : 행동적 심리극, 행동시연 등으로 실제 생활에서 구체적인 행동이 어려운 장면에 대해 역할 행동을 해보도록 하여 부적절한 행동을 수정하게 함
⑮ (근육) 이완훈련 : 근육과 정신의 이완을 통해 일상의 스트레스나 불안과 관련된 문제를 해결함
⑯ 정서적 상상 : 내담자에게 실제장면이나 행동에 대한 정서적인 느낌이나 감정을 마음속으로 상상해보도록 하여 공포나 불안을 제거함

SEMI-NOTE

체계적 둔감화의 3단계
- 1단계(근육이완훈련) : 근육이완 상태에서는 불안이 일어나지 않는다는 원리에 따라 내담자가 자유자재로 근육의 긴장을 이완시킬 수 있도록 훈련시킴(예 명상법, 호흡법 등)
- 2단계(불안위계목록 작성) : 불안의 유발상황에 대한 위계목록을 낮은 수준의 자극에서 높은 수준의 자극으로 10~20개 정도 작성함
- 3단계(둔감화) : 이완상태에서 목록 중 가장 약한 정도에서 출발하여 가장 강한 자극으로 상상하면서 불안이 완전하게 사라질 때까지 반복하여 실시하고 불안이 사라지면 마침(상상하기 – 이완하기 – 자극 강도 높이기 – 마침)

모델링
- 인지적 모델링 : 상담자가 내담자에게 먼저 시범을 보이고 내담자가 반복적으로 수행하게 함
- 내적 모델링 : 상담자가 내담자에게 지시에 따라 행동을 수행하는 모델을 상상하게 함

행동주의 상담에 대한 평가
- 의의
  - 구체적이고 다양한 상담기법, 행동기법을 제공·발전시킴
  - 인간의 구체적 행동 변화를 조장함
- 한계
  - 기법과 현재 문제에 지나치게 집중하여 문제행동에 대한 근본적인 치료는 어려움
  - 감정과 정서를 경시함

SEMI-NOTE

실력up 행동변화기법의 구분

내적	외적
• 사고정지 • 정서적 상상 • 체계적 둔감법 • (근육)이완훈련 • 인지적 재구조화 • 스트레스 접종 • 인지적 모델링	• 토큰경제 • 모델링 • 혐오치료 • 행동계약 • 타임아웃 • 역할연기 • 자기주장훈련 • 자기관리프로그램

6. 교류분석 상담

(1) 개념

① 번(Bern)은 과거의 결정의 변화 가능성과 현재 새로운 결정을 내릴 수 있는 개인의 능력을 강조함
② 대부분의 다른 이론들과 달리 계약적이고 의사결정적임
③ 내담자의 삶에 방향에 대한 새로운 의사결정을 도와주며, 어린 시절 결정된 부적절한 방식에 대한 대안 학습을 격려함
④ 인간의 성격을 '부모자아', '성인자아', '어린이자아'로 구분

(2) 성격구조

① 부모자아(어버이 자아, P ; Parent)
  ㉠ 5세 이전에 부모로부터 받은 영향을 그대로 재현하는 자아
  ㉡ '비판적 부모 자아'와 '양육적 부모 자아'로 구분

비판적 부모 자아 (CP ; Critical Parent)	• 너무 엄격, 비판적, 강한 편견, 독선적 • 도덕적, 윤리적, 이상을 추구
양육적 부모 자아 (NP ; Nurturing Parent)	• 지나친 간섭, 과보호, 타협적, 지나친 참견 • 상냥함, 보호, 도움을 주려 애씀, 공감적, 지지적, 따뜻함

② 성인자아(어른자아, A ; Adult)
  ㉠ 정상적으로 기능하는 자아로, 합리적이고 현실적이며 적절한 해결책을 찾음
  ㉡ 부모자아와 어린이 자아의 갈등을 중재
③ 어린이자아(아동자아, C ; Child)
  ㉠ 어린아이처럼 행동하는 자아
  ㉡ '자유로운 어린이자아', '순응적 어린이자아', '어린이 교수자아'로 구분

자유로운 어린이자아 (FC ; Free Child)	• 제멋대로, 충동적, 본능적, 자기중심적 • 명랑, 활발, 열정, 창조성, 호기심 풍부

교류분석 상담의 특징

• 개인 간, 개인 내부의 자아 간 상호작용을 분석하기 위한 구조를 제공
• 인간을 자율적인 존재, 자유로운 존재, 선택할 수 있는 존재, 책임질 수 있는 존재로 봄
• 자아상태 분석을 함

순응적 어린이자아 (AC ; Adapted Child)	• 규칙과 상식에 얽매임, 남의 평가에 신경 씀, 위축, 자신감 부족 • 기대에 부응하려 노력, 규율과 상식 이해, 협력을 잘함
어린이 교수자아 (LP ; Little Professor)	• 어른자아의 축소판 • 탐구적, 창조적

(3) 주요 분석

① 구조분석
  ㉠ 부모자아, 성인자아, 어린이자아를 구분하고 이해와 적절한 활용을 도움
  ㉡ 오염과 배제의 문제가 발생

② 교류분석
  ㉠ 상보교류 : 상호교류하고 있어 상대방에게 기대한 대로 반응이 오는 경우 → 자아가 서로 지지하고 있는 상호보완적 교류

  > 예 A : 우리 같이 놀이터에 놀러 가자.
  >   B : 응, 그래 같이 가자.

  ㉡ 교차교류 : 두 사람의 교류가 기대한 대로 반응이 오지 않는 경우 → 자아가 서로 일치하지 못하여 갈등과 단절이 유발될 수 있음

  > 예 A : 우리 같이 놀이터에 놀러 가자.
  >   B : 곧 비가 올 것 같은데 무슨 놀이터니?

  ㉢ 이면교류 : 두 사람의 교류가 표면상 의미와 숨어 있는 의미를 동반하는 경우 → 두 가지 종류의 메시지가 전달되며 숨어 있는 의사를 교류

  > 예 〈표면적 교류〉
  >   A : 우리 같이 놀이터에 놀러 가자.
  >   B : 응, 그래 비가 오면 옷이 젖더라도 젖은 흙을 가지고 놀자.
  >
  >   〈암시적 교류(잠재적 교류)〉
  >   A : 우리 같이 놀이터에 놀러 가자.
  >   B : 비가 올 것 같은데 젖은 놀이터에서 놀기 싫어.

③ 게임분석
  ㉠ 이면교류를 정형화한 것 → 무의식적이고 반복적으로 이루어지는 게임은 좋지 않은 결과 초래
  ㉡ 애정이나 인정 자극(Stroke)을 얻기 위해 게임을 함 → 대부분 좋지 않은 결과로 끝남

④ 각본분석(생활각본분석)
  ㉠ 각본신념을 깨닫고 '여기 – 지금'의 인생유형을 확인

SEMI-NOTE

오염과 배제
• 오염 : 다른 자아를 침범하는 것
• 배제 : 자아 간 폐쇄적인 상태교환 또는 두 가지의 자아를 제대로 사용하지 못하는 것

게임과 라켓, 스트로크
• 게임 : 라켓 감정을 유발하는 이면교류
• 라켓
  – 자신의 진실된 감정이 아닌 부모가 허용한 감정
  – 자신의 각본분석과 결정을 정당화하기 위한 여러 가지 감정
• 스트로크
  – 감정, 태도, 언어 등 여러 형태의 행동으로 상대방에 대한 반응을 알리는 단위
  – 양육자로부터의 스트로크는 개인의 성격형성에 영향을 줌
  – 긍정적 스트로크 : "참 잘했어요."
  – 부정적 스트로크 : "실망스럽네요."

> SEMI-NOTE

ⓒ 인생각본은 어린 시절 사고, 행동을 반복하는 것으로 이를 변화시키는 과정
  → 부적응적 사고를 효율적으로 변화시킴
ⓒ 각본분석을 통해 내담자의 각본 형성 과정과 함께 각본에 따른 삶의 양상과 각본을 정당화시키기 위해 사용하는 라켓감정과 게임을 밝힐 수 있음
㉣ 내담자가 생애 초기에 경험한 것들에서 비롯한 초기결정을 토대로 함

⑤ 생활자세

자기긍정, 타인긍정 (I'm OK, You're OK)	• 타인을 있는 그대로 수용 • 생산적인 인간관계 → 자신과 타인에 대한 긍정적인 삶의 태도를 가짐
자기긍정, 타인부정 (I'm OK, You're not OK)	• 타인의 열등성 비난 • 공격적 인간관계 → 자신의 우월성 강조, 타인에 대해서는 불신, 증오, 비난 등의 태도를 가짐
자기부정, 타인긍정 (I'm not OK, You're OK)	• 타인이 자신보다 우월하다 여김 • 피해자적 인간관계 → 자신과 타인을 비교하며 자기비하적 태도를 보임
자기부정, 타인부정 (I'm not OK, You're not OK)	• 인생의 희망, 삶의 의미를 상실함 • 파괴적 인간관계 → 자포자기, 극단적 태도를 보임

> 교류분석 상담에 대한 평가
> • 의의
>   - 개인치료뿐만 아니라 집단치료에도 적합함
>   - 의사소통의 질을 개선할 수 있는 구체적 방안 제시
>   - 계약과 내담자의 결단을 중시하여 자유와 책임을 갖게 함
> • 한계
>   - 창의적인 면이 있긴 하나 추상적이어서 실제 적용에 어려움이 있음
>   - 지능이 낮은 내담자에게는 부적절할 수 있음
>   - 실증적 연구가 있긴 하나 과학적 증거로 보긴 어려움

한눈에 쏙~

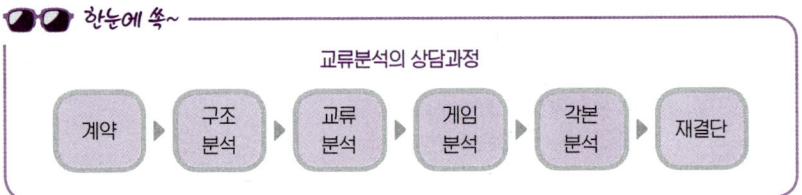

교류분석의 상담과정: 계약 ▶ 구조분석 ▶ 교류분석 ▶ 게임분석 ▶ 각본분석 ▶ 재결단

7. 인지·정서·행동적 상담(REBT)

(1) 개념

① 엘리스(Ellis)에 의해 개발된 이론으로서 인지이론과 행동주의적 요소를 결합한 것
② 인간이 합리적인 사고는 할 수 있지만 비합리적인 사고도 할 수 있다고 봄
③ 내담자의 비합리적인 사고에 대한 합리적인 논박을 통해 사고를 변화시키고자 함
④ 상담자의 교육적 접근을 강조하며, 비합리적이거나 비논리적인 내담자에게 효율적임
⑤ 과학적 사고를 통해 구체적으로 행동함
⑥ 인간의 심리 중에서 인지를 가장 중요한 요소로 봄
⑦ 역기능적 사고는 정서장애의 중요한 결정요인임
⑧ 과거보다는 현재에 초점을 둠
⑨ 문제에 초점을 두고 교육적 접근을 강조함

> 인지·정서·행동적 상담의 목표
> • 내담자의 비합리적·비논리적인 신념을 합리적인 신념으로 전환하려 함
> • 내담자의 행동적·정서적 문제를 해결하고자 함
> • 내담자로 하여금 자기책임감을 갖게 하고 문제에 직면하게 함
> • 내담자에게 현실적이고 관대한 철학을 갖게 함

(2) ABCDE(ABCDEF) 모델

① A ; Activating Event(선행사건) : 내담자의 정서적 혼란을 가져오게 되는 사건
② B ; Belief System(신념체계) : 선행사건에 의해 경험하게 되는 내담자의 비합리적 신념체계
③ C ; Consequence(결과) : 비합리적 신념을 통해 사건을 해석함으로써 불안, 초조, 분노 등 정서적·행동적 결과가 나타나는 것
④ D ; Dispute(논박) : 비합리적 신념의 결과를 논리적·현실적인 원리를 제시하여 반박하는 것
⑤ E ; Effect(효과) : 논박의 결과로 내담자의 비합리적 신념의 결과가 해소되며, 합리적 신념으로 전환되는 것
⑥ F ; Feeling(감정) : 논박의 효과로 인한 합리적인 신념에서 비롯된 수용적이고 긍정적인 태도, 감정

한눈에 쏙~

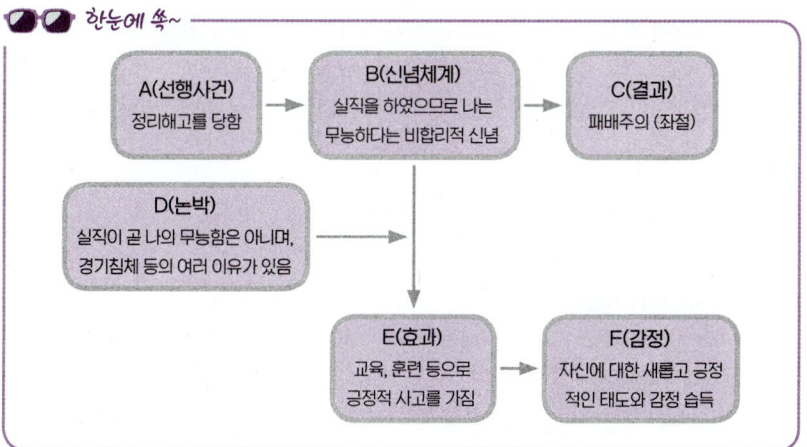

(3) 비합리적 신념의 유형

① 우리는 주위의 모든 사람들에게 항상 사랑과 인정을 받아야 함
② 우리는 모든 영역에서 뛰어나고 성취적이어야 함
③ 어떤 사람은 악하고 나쁘고 야비하므로 그에 대한 저주와 처벌을 받아야 함
④ 내가 바라는 대로 일이 되지 않는 것은 끔찍한 파멸임
⑤ 인간의 불행은 외부환경 때문이며 인간의 힘으로는 통제불가함
⑥ 위험하거나 두려운 일은 언제든 일어날 수 있으므로 항상 가능성을 생각해야 함
⑦ 인생에서 난관이나 책임을 직면하는 것보다 회피하는 것이 더 쉬움
⑧ 우리는 타인에게 의지해야 하고 내가 의지할 만한 더 강한 누군가가 있어야 함
⑨ 우리의 현재 행동은 과거의 경험이나 사건에 의해 결정되며 과거의 영향에서 벗어날 수 없음

SEMI-NOTE

비합리적 신념의 당위성

- **자신에 대한 당위성** : 나는 반드시 어떤 사람이 되어야 한다는 신념(예 나는 반드시 일을 훌륭하게 수행해야 한다.)
- **타인에 대한 당위성** : 타인에 대한 당위적 신념(예 부모니까 나를 사랑해 주어야 한다.)
- **세상(조건)에 대한 당위성** : 상황이나 환경이 내가 원하는 대로 돌아가야 한다는 신념(예 나는 항상 공정한 세상에서 살아가야 한다.)

> SEMI-NOTE

⑩ 우리는 주변인물에게 어려움이 닥쳤을 때 당황할 수밖에 없음
⑪ 모든 문제에는 완벽한 해결책이 있고, 그것을 찾지 못하는 것은 유감스러운 일임
⑫ 세상은 반드시 공평해야 하며 정의는 반드시 승리해야 함
⑬ 항상 고통 없이 편안해야 함
⑭ 나는 아마 미쳐가고 있는지도 모르지만 그것을 견딜 수 없기 때문에 미쳐서는 안 됨

8. 내담자중심 상담(인간중심 상담)

(1) 개념

① 로저스(Rogers)의 상담이론에서 시작되어 인간중심 상담 또는 비지시적 상담으로 불림
② 인간의 본능적인 욕구를 강조하며 인본주의를 기반으로 하는 비지시적 접근방법 강조
③ 내담자가 가진 문제해결능력, 잠재력, 자기성장능력 등을 활용하도록 유도함 → 내담자 스스로 성장할 수 있게 도움
④ 개인이 나아갈 삶의 방향을 찾고 의미 있는 변화를 이끌 수 있다고 봄

내담자중심 상담의 기본가정
- 인간의 개별성과 독자성을 존중함
- 치료적 관계 그 자체가 성장의 경험임
- 인간은 성장, 건강, 적응을 이루려는 기본적 충동과 자기실현을 이루려는 경향을 가지고 있음
- 적응의 지적 측면보다 정서적 측면을 강조함
- 유년기의 외상적 경험보다 현재의 직접적인 장면(경험)을 강조함

(2) 특징

① 인간의 주관적 경험인 자기인식을 강조함
② 상담자중심이 아닌 내담자중심 상담을 중시함
③ 기법보다는 태도를 강조함
④ 상담자와 내담자 사이의 관계형성과 허용적 분위기를 강조함 → 조력관계를 통해 내담자의 성장을 촉진함
⑤ 상담자와 내담자는 동등한 관계라는 입장을 고수함
⑥ 내담자가 자신의 감정을 깨닫게 돕고 존중받고 있음을 느끼게 함
⑦ 동일한 상담 원리를 정상적인 상태에 있는 사람이나 정신적으로 부적응 상태에 있는 사람 모두에게 적용함
⑧ 상담은 모든 건설적인 대인관계의 실제 사례 중 하나에 불과함
⑨ 상담의 과정과 그 결과에 대한 연구조사를 통해 개발되어 왔음
⑩ 내담자를 3가지 자아 간의 불일치 때문에 불안을 경험한 사람으로 봄

내담자중심 상담의 3자아
- 현실적 자아
- 이상적 자아
- 타인이 본 자아

(3) 목표

① 내담자들이 경험에 개방적이 되도록 도움
② 내적 기준에 대한 신뢰를 증가시킴
③ 지속적인 성장 경향성을 촉진시켜줌

(4) 상담자가 갖추어야 할 태도

진실성 (일치성)	• 내담자로 하여금 개방적 자기탐색을 촉진하여 '지금 – 여기'에서 경험하는 감정을 자각하도록 하고, 상담자는 자신의 감정이나 태도를 솔직하게 표현하는 태도 • 내담자와의 관계에서 상담자의 감정이나 생각을 있는 그대로 인정하고 일치화 시키되 있는 그대로 솔직하게 표현하는 것
공감적 이해	• 내담자의 감정과 경험을 마치 상담자 자신의 경험인 것처럼 이해하고자 하는 태도 • 상담기간 동안 상호작용을 통해 나타나는 내담자의 경험과 감정을 민감하고 정확하게 이해하는 것
무조건적 수용	• 내담자의 말을 비판하거나 평가하지 않고 그대로 수용함으로써 내담자를 존중하는 상담자의 태도 • 내담자의 감정이나 생각, 행위의 좋고 나쁨의 평가와 판단에 의해 영향을 받지 않는다는 점에서 무조건적임

(5) 현상학적 장

① 경험적 세계 또는 주관적 경험을 의미(어떤 순간에 개인이 지각하고 경험하는 모든 것을 의미)
② 개인에게 있어 현상학적 장은 즉 현실 세계이며, '여기 – 지금'에서의 주관적 경험을 의미함
③ 동일한 경험을 한 두 사람도 각각 다르게 행동할 수 있음 → 모든 개인은 서로 다른 독특한 특성을 보임
④ 과거경험에 관해 현재 어떻게 해석하는지 여부가 현재의 행동을 결정함

(6) 실현화 경향성

① 인간뿐 아니라 모든 유기체에서 공통적으로 드러나는 경향으로 단순에서 복잡으로, 의존에서 독립으로, 경직성에서 유연성으로 변화하고자 하는 경향성을 의미
② 유기체의 성장과 발달, 향상을 촉진하고 지지함
③ 유기체를 향상시키는 활동으로부터 도출된 기쁨과 만족을 강조
④ 성장의 모든 국면에 영향을 줌

(7) 완전히 기능하는 사람

자신의 잠재력을 인식하고 능력을 충분히 발휘하여 자기실현을 이루어 나가는 사람을 의미함
① 경험에 개방적임
② 실존적인 삶을 살아감
③ 자신을 신뢰함
④ 창조적으로 살아감
⑤ 자유로움

SEMI-NOTE

내담자중심 상담기법
• 특정 기법을 사용하기보다는 상담자와 내담자 간 안전하고 허용적인 관계를 중시함
• 적극적 경청, 감정의 반영, 명료화, 공감적 이해 등이 사용됨

자아실현의 경향성
• 자아를 유지하고 발전하여 잠재력을 발휘하려는 경향성
• 이를 통해 인간은 삶의 의미를 찾을 수 있음

실현화 경향성에서의 유기체
로저스(Rogers)는 인간중심상담의 주요 개념을 말하면서 모든 유기체는 자신을 유지하고 실현하며 향상시키려는 하나의 기본적인 경향성(실현화 경향성)을 가지고 있다고 설명하였음. 즉, 실현화 경향성은 사람뿐 아니라 동물을 비롯한 살아있는 모든 유기체에게서 찾아볼 수 있음

SEMI-NOTE

내담자중심 상담에 대한 평가
- 의의
  - 상담자의 태도와 상담자 – 내담자 간의 관계를 중시함
  - 내담자가 능동적으로 상담에 참여하게 하였음
- 한계 : 지적 측면이 무시됨

(8) 상담으로 기대할 수 있는 결과

① 내담자는 불일치의 경험이 감소됨
② 내담자는 문제해결에 있어 보다 더 능률적이게 됨
③ 자아 지각의 정도가 높아지며 현실적·객관적이게 됨
④ 현실적이게 되면서 상담목표의 성취 가능성이 높아짐
⑤ 타인을 더 잘 수용하게 됨

9. 인지치료

(1) 개념

① 벡(Beck)에 의한 인지행동 상담기술로서 정보처리 과정상의 인지적 왜곡에 초점을 둠
② 내담자의 역기능적이고 자동적인 사고, 스키마, 신념, 가정의 대인관계 행동에서 영향력을 강조하며, 이를 수정하여 내담자의 정서나 행동을 변화시키는 데 역점을 둠
③ 단기적이고 구조화된 치료로서 상담자는 '여기 – 지금' 내담자가 가진 문제를 파악하고 내담자에 대해 보다 적극적이고 교육적인 치료를 함
④ 인간의 사고와 행동은 서로 밀접한 연관이 있다고 봄
⑤ 개인이 정보를 수용하여 처리하고 반응하기 위한 지적 능력을 개발하는 데 몰두함

(2) 인지적 오류(왜곡)의 주요 유형

① 선택적 추상
  ㉠ 중요한 부분은 무시한 채 사소한 부분에 초점을 맞춤으로써 부정적인 일부 세부사항에 근거하여 결론을 내리고 전체를 이해하는 것
  ㉡ 상황의 긍정적인 양상을 여과하고 극단적으로 부정적인 세부사항에 머무름
    ㉮ 자신이 한 요리에 대해 칭찬은 듣지 않고 부정적인 반응에만 신경 쓰는 경우
② 임의적 추론(자의적 추론)
  ㉠ 어떤 결론을 지지하는 증거가 없음에도 임의적으로 그와 같은 결론을 내리는 것
  ㉡ 대체로 확실한 근거도 없이 어떠한 상황을 부정적으로 해석함
    ㉮ 상대방이 바빠서 자신의 전화를 받지 않자 자신을 미워하여 일부러 피한다고 판단하는 경우
③ 긍정 격하
  ㉠ 자신의 긍정적 경험이나 능력을 객관적으로 평가하지 않고 격하시켜 평가하는 것
  ㉡ 부정적인 경험으로 전환하거나 자신의 능력을 낮추어 봄
    ㉮ 상대방이 자신에게 칭찬을 하자 그 사람이 착해서 누구에게나 칭찬을 한다고 치부하는 경우

④ 과도한 일반화(과잉일반화)
  ㉠ 한두 사건에 근거하여 일반적인 결론을 내리고, 관계없는 상황에도 그 결론을 적용시키는 것
  ㉡ 어떠한 사건의 결과를 이와 무관한 상황에 적용해 일반화함
    ㉮ 수학시험을 망쳤으니 이번 시험 전체도 망칠 것이라고 생각하는 경우
⑤ 잘못된 명명
  ㉠ 과도한 일반화의 극단적인 형태
  ㉡ 한두 사건에 기초하여 자신을 완전히 부정적으로 상상함
    ㉮ 이번 시험에서 실수를 하나 했다고 실수쟁이라는 별명을 붙이는 경우
⑥ 흑백논리(이분법적 사고)
  ㉠ 모든 경험을 한두 개의 범주로만 이해하고 흑백논리로만 현실을 파악하는 것
  ㉡ 사고의 판단과정을 단순히 이분법화하여 중간이 없는 경우
    ㉮ 상대방이 나를 사랑한다고 하지 않았으니 나를 증오한다고 생각하는 경우
⑦ 개인화
  ㉠ 실제 자신과 관련 없는 문제임에도 불구하고 자신이 직접적인 원인제공을 했다고 여기는 것
  ㉡ 자신과 관련이 없는 상황임에도 자신과 관련지음
    ㉮ 옆집 사람이 이사를 간 것이 이웃인 내가 마음에 들지 않아서라고 생각하는 경우
⑧ 의미의 확대와 축소
  ㉠ 어떤 사건을 실제 중요성과는 무관하게 과장하거나 축소하는 것
  ㉡ 자신의 실수 또는 다른 사람의 성공은 과장하고 자신의 성공 또는 다른 사람의 실수는 축소하여 열등감을 가짐
    ㉮ 자신이 이번 시험에서 100점을 맞은 것은 이번 시험이 유난히 쉬웠기 때문이라고 생각하는 경우
⑨ 정서적 추론
  ㉠ 객관적 사실보다는 느낌을 토대로 그 자신, 세계 또는 미래에 관해 추론하는 것
  ㉡ 자신의 정서적 경험이 실제를 반영하는 것으로 간주하여 미래를 그릇되게 추리함
    ㉮ 시험에서 떨어진 후 우울감에 빠져 나는 뭘 해도 안 될 것이라고 단정하는 경우
⑩ 재앙화(파국화)
  ㉠ 개인이 걱정하는 한 사건에 대해서 지나치게 과장하며 두려워하는 것
  ㉡ 항상 최악을 생각하며 두려워함
    ㉮ 졸업을 했는데 곧바로 취직하지 못했으므로 굶어 죽을 것이라고 생각하는 경우

SEMI-NOTE

SEMI-NOTE

소크라테스식 질문
- 내담자에게 신중한 질문을 제시하여 내담자 스스로 자신의 생각을 평가하게 함 → 해결책을 얻을 수 있게 도움
- 논리적/경험적 논박을 던지며 내담자가 가진 신념이 타당하다는 근거를 물음

(3) 인지치료의 상담기법

① 인지적 기법
  ㉠ 사건이나 상황 때문이 아니라 자신의 지각이나 신념 때문에 장애를 느끼는 것임을 보여줌
  ㉡ 내담자의 절대론적 신념을 밝히고 신념을 논박함

② 언어적 기법
  ㉠ 소크라테스식 질문을 통해 내담자가 자신의 자동적 사고가 타당한지를 평가하게 하고 현실적 사고를 하게 함
  ㉡ 내담자의 언어를 변화시킴

③ 정서적 기법
  ㉠ 역할연기, 심상기법, 상담 중 정서의 변화, 최근의 정서 경험을 구체적으로 이야기하기 등을 통해 내담자의 자동적 사고를 파악함
  ㉡ 합리적인 정서를 상상함

④ 행동적 기법
  ㉠ 행동실험을 적용하여 내담자의 부정적 사고의 현실적 타당성을 검증함
  ㉡ 인지의 변화와 행동을 통한 신념체계 변화를 목표로 함

(4) 인지치료의 절차

1단계	내담자가 느끼는 감정의 속성이 무엇인지 확인함
2단계	감정과 연합된 사고, 신념, 태도 등을 확인함
3단계	내담자의 사고 등을 1~2개의 문장으로 요약·정리함
4단계	내담자를 도와 현실과 이성의 사고를 조사하도록 개입함
5단계	내담자에게 과제를 부여하여 신념과 사고의 적절성을 검증하게 함

한눈에 쏙~

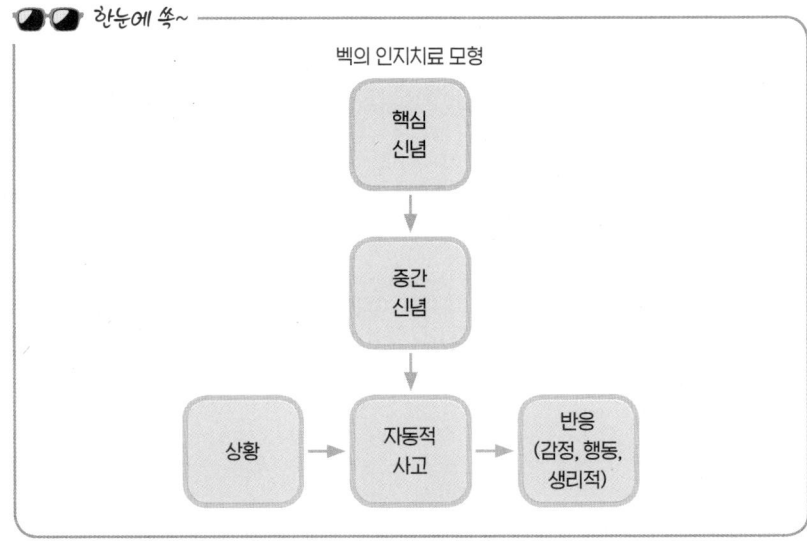

10. 현실치료(현실주의 상담)

(1) 개념
① 글래서(Glasser)가 현실치료모델을 토대로 정신분석의 결정론적 입장에 반대하여 개발함
② 인간은 자신의 욕구충족을 위해 행동하며 이는 인간이 스스로 선택하고 결정한 것임을 강조함
③ 인간은 5가지 기본적인 욕구를 가지고 있음
④ 인간은 자유롭고 자신을 둘러싼 환경을 통제할 수 있으므로 책임감 있는 행동을 해야 함
⑤ 내담자로 하여금 계획을 세우고 수행할 수 있도록 하며 결과에 대해 책임질 것을 강조함

> **글래서(Glasser)의 인간의 5가지 기본적인 욕구**
> - 생존의 욕구
> - 소속의 욕구
> - 힘(성취감, 존중, 인정 등)에 대한 욕구
> - 자유에 대한 욕구
> - 즐거움에 대한 욕구

(2) 특징
① 과거·미래보다 현재에 중점을 둠
② 내담자가 현실적이고 책임감 있는 행동을 하도록 강조함
③ 책임감과 자율성을 획득하게 하여 성공적인 정체감을 이루도록 함
④ 개입의 초점을 문제의 행동에 맞춤
⑤ 내담자의 책임감 없는 행동이나 변명, 합리화를 금지함

(3) WDEP 체계

W (Want 욕구)	내담자가 충족시키길 원하는 욕구 및 바람 등 특정 욕구를 명확히 파악함(예 당신이 지금 원하는 것은 무엇입니까?)
D (Doing 행동)	내담자의 욕구를 충족하기 위한 현재의 행동에 초점을 맞추고 행동양식에 대해 알아봄(예 당신은 지금 무엇을 하고 있습니까?)
E (Evaluation 평가)	내담자로 하여금 자신의 행동을 평가하도록 하고, 현재의 행동양식을 평가함(예 당신이 지금 하는 행동은 당신에게 도움이 됩니까?)
P (Planning 계획)	계획과 행동, 계획에 따른 행동으로 좀 더 효과적인 행동양식을 갖게 하기 위한 계획을 세움(예 당신이 오늘 당장 실천할 수 있는 일은 무엇입니까?)

SEMI-NOTE

현실주의 상담의 3R
- 현실(Reality)
- 책임(Responsibility)
- 옳고 그름(Right and Wrong)

매슬로우(Maslow)의 욕구 5단계
- 생리 욕구
- 안전의 욕구
- 애정과 소속의 욕구
- 자기존경의 욕구
- 자아실현의 욕구

현실치료의 목표
- 내담자가 현실적이고 책임질 수 있는 행동을 하도록 함
- 자율성을 획득하도록 함
- 행동에 대한 가치판단과 자기결정을 할 수 있게 함

SEMI-NOTE

우볼딩(Wubbolding)의 실천계획의 효율적 달성을 위한 계획의 구성요소 (SAMIC3) ★빈출개념
- 계획은 단순해야 함(Simple)
- 달성 가능해야 함(Attainable)
- 측정 가능해야 함(Measurable)
- 즉시 할 수 있어야 함(Immediate)
- 계획자에 의해 통제돼야 함(Controlled)
- 일관성이 있어야 함(Consistent)
- 이행에 대한 언약이 있어야 함(Committed)
- 이상의 모든 계획은 계획자의 책임에 달려있음(Planner)

특성 – 요인 직업상담에서의 인간
- 인간은 선한 존재이기도 하고 악한 존재이기도 함
- 인간은 타인의 도움을 필요로 함
- 인간은 누구나 자신의 독특한 세계관을 가짐
- 인간의 선한 생활을 결정하는 것은 자기 자신임
- 선의 본질은 자아의 완전한 실현임

특성 – 요인 직업상담의 목표
- 내담자가 자신의 문제를 해결하도록 함
- 내담자가 자신의 가능성을 확인하고 그것을 활용하게 함
- 내담자가 자신이 필요로 하는 정보를 수집, 분석, 종합하도록 함
- 합리적인 과정을 통해 올바른 직업을 선택하도록 함

(4) 치료기법
① 질문
   ㉠ 내담자의 욕구와 바람이 무엇인지 등을 알기 위해 숙련된 질문을 사용함
   ㉡ '당신의 욕구와 바람은 무엇입니까?', '당신의 욕구를 충족하기 위하여 무엇을 하고 있습니까?', '당신이 세운 계획은 얼마나 현실성이 있습니까?' 등
② 유머
   ㉠ 상담과정에서 관계의 형성과 긴장해소를 위해 적절한 유머를 사용함
   ㉡ 내담자의 비합리적 행동을 지적하거나 상담자의 실수로 인한 긴장감 등을 풀어주는 데도 도움이 됨
③ 역설적 기법
   ㉠ 상담자가 기대하는 것과는 반대되는 방향을 제시하여줌
   ㉡ 강한 저항을 논박하기 위하여 사용함
④ 직면
   ㉠ 내담자의 행동에 대해 책임을 지도록 하기 위한 방법
   ㉡ 내담자가 현실적 책임과 모순을 보일 때(책임을 회피하려 할 때) 질문을 던져 본인의 선택에 대한 책임을 지게 하며 변화를 촉진함
⑤ 토의와 논쟁 : 내담자의 답변이 현실성이 없거나 합리성이 결여되어 있음을 알려줄 때 사용함

03절 직업상담의 접근방법

1. 특성 – 요인 직업상담

(1) 개념
① 윌리암슨(Williamson)이 발전시킨 상담으로 파슨스(Parsons)의 직업이론모델에 기초함
② 개인, 직업 그리고 개인과 직업 사이의 관계성을 연결하는 것에 초점
③ 특성 : 적성, 흥미, 가치관 등 검사에 의해 측정 가능한 개인의 특징
④ 요인 : 직업에서 요구하는 성실성, 책임감 등의 특징

(2) 특징
① 내담자에 대한 객관적 이해에 중점을 둠
② 개개인은 신뢰할 만하고 타당하게 측정될 수 있는 고유한 특성의 집합이라고 봄
③ 상담자중심의 상담으로서, 상담자는 교육자로서 내담자의 인지적 측면에 주로 관여하며 주도적인 역할을 수행함
④ 과학적이고 객관적인 자료를 중시하고 합리적인 문제해결 방법을 따름
⑤ 직업과 사람을 연결시키는 심리학적 관점을 토대로 함

⑥ 사례나 사례연구를 중요한 자료로 삼으며 심리검사나 객관적 수단을 통해 개인적 흥미나 능력을 밝혀냄
⑦ 직업의 선택은 직선적인 과정이며, 매칭이 가능함

> **실력UP 특성 – 요인 이론의 쟁점**
> - Tryon&Anastasi : 특성 – 요인이론이 가정하는 특성의 안정성과 지속성에 대해 의문을 제기하면서 특성은 학습된 것이며 특정 상황에 대해서만 타당한 것으로 간주하였음
> - Herr&Crammer : 특성 – 요인적 접근이 통계적인 정교함과 검사의 세련화에도 불구하고 특정 직업에서의 개인의 성공을 예언하는 데 있어 부정확하다고 주장하였음

(3) 윌리암슨(Williamson)의 상담과정

분석	• 내담자의 현재 상태 및 미래의 가능성을 종합적으로 이해하기 위해 정보와 자료를 수집하는 단계 • 적성·흥미·동기 등의 요소들과 관련된 심리검사가 주로 사용됨
종합	• 내담자의 적응·부적응, 장단점 등을 분석하기 위해 자료를 요약하고 체계적으로 정리하는 단계 • 내담자의 성격, 장단점, 욕구, 태도 등에 대한 정보를 수집하고 종합함
진단	• 내담자의 반응과 논리적 결과를 검토하여 객관적이고 주관적인 자료에 기초한 해결 방안을 검토하는 단계 • 내담자의 직업문제에 대한 원인을 탐색하며 이에 대한 해결책을 검토함
예측(예후) 또는 처치와 처방	가능한 선택을 기초로 하여 미래와 관련된 것으로 대안적 조치의 성공 가능성과 중점사항을 예측하는 단계
상담 또는 치료	내담자의 바람직한 적응을 위해 상담에서 배운 학습을 모든 문제 상황에 적용할 수 있도록 도우며 재교육하는 단계
추수지도 (사후지도)	상담에서 학습했던 것을 일상생활에 적용할 때 바람직한 행동계획을 실행하도록 도우며 재평가하고 점검하는 단계

(4) 윌리암슨(Williamson)의 상담기법

① 직접충고
  ㉠ 검사결과를 토대로 상담자가 느끼는 솔직한 견해를 직접적으로 전달하는 기법
  ㉡ 내담자가 상담자에게 지나치게 솔직한 의견을 요구하거나 실패와 좌절을 가져올 직업선택을 강요해 줄 것을 요구할 경우 상담자는 직접적인 충고를 함

② 설득
  ㉠ 상담자가 검사자료와 수집한 정보를 분석하여 합리적 의사결정을 하도록 설득하는 기법
  ㉡ 상담자는 내담자에게 합리적이고 논리적인 방법으로 검사자료를 제공하며 내담자에게 진단과 경과의 의미를 이해하도록 설득함

SEMI-NOTE

특성 – 요인 이론의 3가지 요소[파슨스(Parsons)]
- **내담자 분석** : 면담을 통해 자신의 적성, 흥미, 성격, 가치관, 능력 등에 대해 이해할 수 있게 도움
- **직업세계 분석** : 직업세계에 대한 다양한 정보(보수, 승진제도, 변화양상 등)를 제공함
- **과학적 조언을 통한 매칭** : 과학적이고 합리적인 의사결정을 통해 자신과 직업의 합리적 연결이 가능하게 함

Brayfield의 직업정보의 기능
- **정보적 기능** : 정보를 제공함으로써 내담자의 직업선택 지식 증가
- **재조정 기능** : 내담자의 직업선택 점검 기초 마련
- **동기화 기능** : 의사결정과정에의 적극적 참여를 위해 동기화시킴

SEMI-NOTE
Darley의 상담자의 상담원칙 • 내담자를 가르치려는 거만한 자세는 삼가야 함 • 상담초기에는 정보제공의 범위를 좁힘 • 정보를 제공하기 전에 내담자가 그것을 정말 알고 싶어하는지 확인함

상담자가 갖추어야 할 태도
- 일치성과 진실성
- 공감적 이해
- 무조건적 수용

③ 설명
  ㉠ 검사자료 및 정보에 대해서 상담자가 내담자에게 이해할 수 있도록 설명하는 기법
  ㉡ 상담자는 검사자료뿐만 아니라 내담자에 대한 다양한 자료들을 해석함으로써 내담자가 가능한 직업선택을 할 수 있도록 설명하는 것으로 윌리암슨은 설명을 가장 완전하고 만족스러운 방법으로 보았음

(5) 윌리암슨(Williamson)의 상담기술
① 촉진적 관계형성 : 내담자와 신뢰관계를 형성함
② 자기이해의 신장 : 특징들에 대한 문제해결의 통찰력
③ 행동계획의 설계 : 내담자의 특성을 고려하여 실제적인 행동계획을 설계하도록 도움
④ 계획의 수행 : 직업선택에 도움이 되는 제안을 하여 내담자의 선택을 도움
⑤ 위임 : 합리적인 문제해결을 위해 다른 상담자도 만나보도록 권유

2. 내담자중심 직업상담

(1) 개념
① 로저스(Rogers)의 내담자중심 상담이론에 뿌리를 두고 있음
② 내담자들은 선천적인 잠재력과 자기실현 경향성을 가지고 있다고 봄
③ 내담자들은 스스로 문제를 해결하고 의사결정을 할 수 있다고 봄
④ 특성 - 요인 직업상담과 반대의 입장을 취함 → 비지시적, 내담자 주도, 개별적, 현상적

실력 up 특성 - 요인 직업상담과 내담자중심 직업상담의 비교

특성 - 요인 직업상담	내담자중심 직업상담
내담자는 문제를 스스로 해결할 수 없는 나약한 존재임	내담자는 문제를 스스로 해결할 수 있는 능력이 있음
상담자중심	내담자중심(상담자는 보조)
관계 형성이 중요	공감과 라포 형성이 중요
지시적, 충고와 설득	비지시적, 수용적 분위기
내담자의 감정적 측면을 소홀히 하는 경향	객관적 자료의 중요성을 간과하는 경향
개인의 과거경험을 중시	개인의 현재상태를 중시
문제를 중시	개인을 중시
상담 전 심리진단이 필요	상담 전 심리진단이 필요하지 않음

(2) 특징

① 비지시적 상담이 원칙
② 자기와 직업에 대한 경험의 부족 또는 정보의 왜곡으로 인해 의사결정에 어려움이 있다고 봄
③ 내담자는 자기와 경험의 불일치로 인해 어려움이 있으므로 직업문제를 진단하는 것은 불필요하며 개인이 경험한 세계에 초점을 맞춤
④ 내담자의 내적 기준에 대한 신뢰를 향상시키도록 도움
⑤ 몇몇 내담자중심 상담사들은 일반적 적응과 직업적 적응 사이에 관련성이 크지 않다고 봄
⑥ 경험에 대해 개방적이 되도록 돕고 성장을 촉진시킴
⑦ 일치성 회복을 위해 내담자의 불안을 줄이고 자기의 책임을 수용하도록 도움
⑧ 일치성의 정도에 따라 내담자중심 직업상담의 결과가 달림

(3) 반응의 범주화

① 안내를 수반하는 범주
  ㉠ 상담자가 내담자로 하여금 이야기해야 할 것이 무엇인지 제시
  ㉡ 면접의 방향을 결정짓는 범주
② 감정에 대한 비지시적 반응범주 : 해석이나 충고, 비평이나 제안 없이 내담자가 표현하는 감정을 재진술하게 하는 범주
③ 감정에 대한 준지시적 반응범주
  ㉠ 내담자의 감정에 대해 해석하는 범주
  ㉡ 내담자의 정서나 반응에 대한 상담자의 의미부여 또는 해석 등의 반응이 포함됨
④ 지시적 상담범주 : 상담자가 내담자의 생각을 변화시키려 시도하거나 내담자의 생각에 상담자의 가치를 주입하려 하는 범주

(4) 검사의 사용과 해석

① 상담자는 심리검사의 장단점과 제한점을 알고 있어야 함
② 검사결과 해석에 내담자가 참여하도록 함
③ 내담자가 알고자 하는 정보와 관련된 검사의 가치와 제한점을 설명함
④ 검사결과를 입증하기 위한 더 많은 자료가 수집될 때까지는 시험적인 태도로 조심스럽게 제시되어야 함
⑤ 내담자의 요청이 있을 시 내담자에게 필요한 정보를 제공하기 위해 사용함
⑥ 결과를 전할 때 평가적인 말투를 사용해서는 안 됨
⑦ 직업정보 제공 시 내담자에게 영향을 주거나 내담자를 조작하기 위해 사용하지 않음

(5) 직업정보 활용의 원리[패터슨(Patterson)]

① 내담자의 입장에서 필요할 때에만 제공되어야 함
② 내담자에게 영향을 주거나 내담자를 조작하기 위해 사용해서는 안 됨

SEMI-NOTE

반응의 범주화
스나이더(Snyder)는 상담자가 내담자중심 직업상담을 하는 동안 보일 수 있는 반응을 구분하고, 그에 따라 어떤 반응 범주를 사용할지에 대한 체계를 개발함

로저스와 패터슨
로저스(Rogers)는 상담 전 심리검사가 필요하지 않다고 보았지만, 패터슨(Patterson) 등 몇몇 내담자중심 직업상담자들은 내담자에 대한 객관적 이해가 목적이 아닌 내담자의 자기명료화를 위해 필요하다고 제안하였음

패터슨의 직업정보 활용의 원리
패터슨은 내담자중심 직업상담에서 직업정보 활용의 원리와 검사 해석의 원리는 동일하다고 하였음

SEMI-NOTE

③ 내담자의 자발성을 유도하여 내담자 스스로 얻도록 격려함
④ 직업과 일에 대한 내담자의 감정과 태도가 자유롭게 표현되어야 함

3. 정신역동적 직업상담

(1) 개념
① 정신분석학과 특성 – 요인 이론 및 직업상담의 개념을 통합한 것으로 보딘(Bordin)에 의해 발전됨
② 정신분석학에 뿌리를 두고 내담자중심 직업상담에 영향을 받음
③ 심리학적 요인을 중시하는 이론으로서 내담자의 욕구와 발달과정에 초점을 두며, 욕구를 직업선택의 주요 요인으로 간주
④ 내담자의 내적세계와 직업선택에 미치는 내적 요인의 영향을 강조
⑤ 특성 – 요인 이론과 마찬가지로 개인과 직업 사이의 관계성을 연결하는 것에 초점

검사결과의 활용
• 내담자에 대한 진단적 정보로 활용
• 내담자가 직업상담에 대해 현실적 기대감을 가지도록 도움
• 내담자가 평가자료에 대해 거부감을 갖지 않도록 도움
• 내담자가 깊이 있는 자기탐색을 할 수 있도록 도움

(2) 보딘(Bordin)의 직업상담 과정
① 탐색과 계약 설정의 단계
  ㉠ 상담전략에 대한 합의가 이루어지는 단계
  ㉡ 충고보다는 온정적 관심을 보여야 함
② 핵심결정의 단계
  ㉠ 내담자의 목표를 성격 변화 등으로 확대할 것인지 고민하는 단계
  ㉡ 개인의 성격에 맞추어 직업을 변경할 것인지, 직업에 맞추어 성격을 변화할 것인지 결정
③ 변화를 위한 노력의 단계
  ㉠ 내담자가 선택한 부분에 대하여 지속적인 변화를 모색하고 자아인식 및 자아이해를 확대해나가는 단계
  ㉡ 내담자가 어느 정도 인성 변화를 일으키게 될 것이라 가정

상담자의 반응범주(보딘)
• 명료화
• 비교
• 소망 – 방어체계에 대한 해석

(3) 보딘의 직업상담 기법 ★빈출개념
① 명료화
  ㉠ 직업문제와 관련된 내담자의 생각이 어떤 것인지에 초점을 두고 요약
  ㉡ 상담자는 개방형 질문, 부드러운 명령, 단순화된 진술 등의 형태를 취함
② 비교
  ㉠ 두 가지 이상의 주제들에 우선순위를 두어 내담자의 현재 문제와 과거의 역동적 현상들 사이의 유사성이나 차이점들을 보다 분명하게 부각시키기 위해 대비시킴
  ㉡ 개인의 발달과 진로 발달의 상호관계를 설명할 때뿐만 아니라 새로운 방향을 찾기 위해 내담자의 과거 행동과 현재 행동을 비교할 수도 있어 직업상담의 중간 단계에서 많이 사용됨

③ 소망 – 방어체계에 대한 해석
- ㉠ 상담자는 내담자의 내적 동기 상태와 진로결정 과정 사이의 관계를 자각하도록 인식시킴
- ㉡ 내담자의 자기인식을 돕는 과정으로 다른 두 가지 기법에 비해 치료적인 목적을 가지고 있음

4. 발달적 직업상담

(1) 개념
① 내담자의 생애단계를 통한 진로발달의 측면을 중시
② 내담자의 개인적 및 사회적 발달이 촉진될 수 있도록 도움
③ 직업의사결정 문제와 직업성숙도 사이의 긴밀한 관계에 초점을 둠
④ 진로발달은 전 생애에 걸쳐 이루어지는 과정이므로 과거와 현재 그리고 미래까지 고려해야 한다고 봄
⑤ 진로발달은 행동의 변화 가능성을 전제로 하며, 진로발달을 개인과 환경의 상호작용에 의한 적응 과정이라고 봄
⑥ 진로선택의 과정을 개인의 발달과정 및 발달단계에 부합하는 과정 즉, 전체 발달과정의 일부로 봄
⑦ 수퍼는 내담자의 잠재력에도 중점을 두어 '문제의 평가', '개인의 평가', '예언평가'를 제시하였음

> **실력UP 내담자의 잠재력 3가지 평가유형(수퍼)**
>
> 수퍼는 내담자의 잠재력에 초점을 두어 다음 세 가지 평가유형을 제시하였음
> - **문제의 평가** : 내담자가 겪고 있는 어려움이나 직업상담에 대한 내담자의 기대를 평가
> - **개인의 평가** : 통계자료, 심리검사, 사례연구 등을 통한 내담자의 심리적·사회적·신체적 분석이 이루어짐
> - **예언평가** : 내담자의 문제와 직업적, 개인적 평가를 토대로 내담자가 성공하고 만족할 수 있는 것에 대한 예언이 이루어짐

(2) 발달적 직업상담에서 정보가 갖추어야 할 조건
① 부모와 개인의 직업적 수준과 그 차이, 그리고 그들의 적성, 흥미, 가치들 간의 관계
② 사회경제적 측면에서 수준별 직업의 유형 및 그러한 직업들의 특성
③ 직업의 이동 방향과 비율을 결정하는 요인에 대한 정보
④ 특정 직업분야의 접근가능성과 개인의 적성, 가치관, 성격특성 등의 요인들 간의 관계

SEMI-NOTE

발달적 직업상담을 설명한 학자
- 긴즈버그(Ginzberg), 수퍼(Super), 고트프레드슨(Gottfredson), 타이드만(Tiedeman), 터크맨(Tuckman) 등
- 수퍼의 이론을 좁은 의미의 발달적 직업상담으로 제시하기도 함

수퍼(Super)
수퍼는 '평가'라는 표현이 '진단'보다 더 포괄적이고 긍정적이기 때문에 '진단(Diagnosis)'이라는 표현 대신 '평가(Appraisal)'라는 용어를 사용하였음

SEMI-NOTE

발달적 직업상담의 기법
- **진로자서전** : 내담자가 과거에 어떤 진로의사 결정을 하였는지 알아보기 위해 학과 선택, 일상의 경험 등의 내용을 자유롭게 기술하게 함
- **의사결정일기** : 진로자서전의 보충역할로, 일상적인 자신의 의사결정에 대해 의사결정 방식을 작성해보도록 함

굿스타인(Goodstein)
굿스타인은 의사결정 문제의 원인으로 불안을 강조하고 내담자의 문제 유형을 우유부단과 무결단성으로 구분하였음

행동주의 상담과 행동주의 직업상담
행동주의 직업상담의 기법은 행동주의 상담의 기법을 따르는데, 상담기법 구분 방법에 차이가 있음
- **행동주의 상담**
  - 내적 행동변화 촉진
  - 외적 행동변화 촉진
- **행동주의 직업상담**
  - 불안감소기법
  - 학습촉진기법

(3) 수퍼(Super)의 발달적 직업상담의 6단계

1단계 문제 탐색 및 자아개념 묘사	비지시적 방법으로 문제를 탐색하고 자아개념을 묘사
2단계 심층적 탐색	지시적 방법으로 진로탐색을 위한 문제를 설정
3단계 자아 수용 및 통찰	비지시적 방법으로 사고와 감정을 명료화
4단계 현실 검증	지시적 방법으로 심리검사, 직업정보, 과외활동 경험 등을 통해 수집된 사실적 자료들을 탐색
5단계 태도, 감정의 탐색과 처리	비지시적인 방법으로 현실검증에서 얻은 태도, 감정을 탐색하고 처리
6단계 의사 결정	비지시적인 방법으로 의사결정을 위한 대안과 행동을 검토하고 직업을 결정

5. 행동주의 직업상담

(1) 개념
① 직업의사결정에 영향을 미치는 학습과정을 다룸
② 내담자의 부적응행동의 원인을 밝히고 바람직한 적응행동으로 대치시키는 데 초점을 둠
③ 의사결정문제의 원인이 되는 불안을 감소(제거)하고 새로운 적응행동을 학습시키며 직업결정기술을 습득하는 것을 목표로 함
④ 내담자의 진로문제와 부적응 행동을 학습된 것으로 봄

> **실력UP 굿스타인의 내담자 문제유형**
>
> - **우유부단**
>   - 진로발달이 미성숙하여 정보의 결핍이 원인임
>   - 정보를 제공하면 결정력이 상승함
>   - 불안은 우유부단의 결과
> - **무결단성**
>   - 직업선택에 있어 환경의 요구나 압력으로 인해 무력감을 경험하는 것
>   - 정보가 주어지고 상담이 끝나도 결정을 내리지 못함
>   - 불안은 무결단성의 선행요인이자 결과

(2) 불안감소기법
① 체계적 둔감법
  ㉠ 불안과 공포를 가진 환자의 자극에 대한 위계목록을 작성한 다음 낮은 수준의 자극에서 높은 수준의 자극으로 불안조건을 점차로 노출시켜 둔감화시킴
    • 1단계(근육이완훈련) : 근육이완 상태에서는 불안이 일어나지 않는다는 원

리에 따라 내담자가 자유자재로 근육의 긴장을 이완시킬 수 있도록 훈련시킴(예 명상법, 호흡법 등)
- 2단계(불안위계목록 작성) : 불안의 유발상황에 대한 위계목록을 낮은 수준의 자극에서 높은 수준의 자극으로 10~20개 정도 작성함
- 3단계(둔감화) : 이완상태에서 목록 중 가장 약한 정도에서 출발하여 가장 강한 자극으로 상상하면서 불안이 완전하게 사라질 때까지 반복하여 실시하여 불안이 사라지면 마침(상상하기 – 이완하기 – 자극 강도 높이기 – 마침)
  - ⓒ 널리 사용되고 있는 고전적 기법
- ② 금지조건형성 : 내담자에게 추가적 강화 없이 불안반응을 일으킬 만한 단서를 지속적으로 제시함으로써 불안감정을 점차적으로 소거
- ③ 주장훈련 : 대인관계에서 오는 불안을 해소하는 방법으로서 내담자로 하여금 불안 이외의 감정을 표현하도록 하여 불안을 제거
- ④ 홍수법 : 불안과 공포를 가진 환자에게 단번에 강한 공포자극을 지속적으로 노출시켜 불안을 제거
- ⑤ 혐오치료 : 내담자의 바람직하지 못한 행동에 대해 혐오자극을 줌으로써 부적응적인 행동을 제거

(3) 학습촉진기법

① 행동조성
  - ㉠ 행동을 세분화하여 단계별로 구분한 후 각 단계마다 강화를 제공
  - ㉡ 원하지 않는 행동에 대해서는 강화를 받지 못하도록 하기 때문에 결국 원하는 행동을 할 수 있게 됨
② 변별학습
  - ㉠ 둘 이상의 자극을 서로 구별하는 것
  - ㉡ 자신의 능력과 태도 등을 변별하고 비교하게 하는 방법
③ 토큰경제 : 널리 사용되고 있는 방법으로 바람직한 행동이 일어날 때 보상을 하는 방법
④ 강화 : 내담자의 행동에 따라 긍정적 반응이나 부정적 반응을 보임으로써 내담자의 바람직한 행동을 유도
⑤ 모델링
  - ㉠ 다른 사람의 행동이나 결과를 관찰하고 모방하게 함으로써 내담자가 직업결정 행동을 학습하게 하는 방법
  - ㉡ 주로 집단상담에서 쓰임

6. 포괄적 직업상담

(1) 개념

① 크릿츠(Crites)가 제시한 것으로 특성 – 요인이론, 정신분석이론, 행동주의이론, 인간중심이론 등 다양한 상담이론을 절충하고 통합하였음

SEMI-NOTE

특정 공포를 치료하는 방법
- 체계적 둔감법 : 불안반응을 증대시켜 둔감하게 함
- 이완훈련 : 신체의 이완을 통해 둔감하게 함
- 노출치료 : 실제적 노출법, 심상적 노출법, 점진적 노출법, 홍수법 등으로 둔감하게 함

행동주의 직업상담에 대한 평가
- 의의
  - 내담자의 불안을 감소시키고 바람직한 행동을 촉진하는 데에는 효과적
  - 정보획득 부족으로 인한 우유부단함 치료에 효과적
- 한계 : 직업결정 문제의 원인으로 인한 불안에 대한 이해와 불안을 규명하는 방법이 결여되어 있음

포괄적 직업상담에서의 직업상담 과정

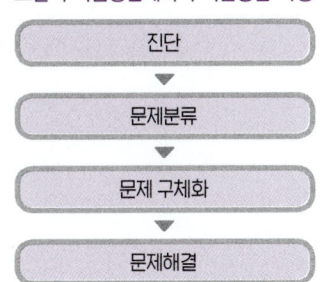

② 논리적인 것과 경험적인 것을 절충시킨 모형
③ 진단은 변별적이고 역동적인 성격을 가지고 있음
④ 검사의 역할을 중시하며 검사를 효율적으로 사용함
⑤ 직업적성검사, 직업흥미검사 등을 활용하여 내담자의 문제를 분류함
⑥ 진로성숙도검사(CMI ; Career Maturity Inventory)와 같은 도구를 이용하여 내담자의 직업선택에 대한 능력과 태도를 검토
⑦ '진로선택', '의사결정기술의 습득', '일반적 적응의 고양' 등이 목적임
⑧ '면담', '검사해석', '직업정보' 등의 과정을 통해 목적을 달성함

(2) 상담과정

1단계 진단	• 내담자의 진로문제를 진단하기 위한 단계 • 내담자에 대한 검사자료와 상담을 통해 자료를 수집
2단계 명료화 또는 해석	• 내담자의 문제를 분류하고 명료화하는 단계 • 직업심리검사를 통해 내담자의 의사결정과정을 방해하는 행동을 확인하고 명료화함 • 상담자와 내담자가 협력해서 대안을 탐색
3단계 문제해결	• 문제해결을 위해 취해야 할 행동을 적극적으로 참여하여 결정하는 단계 • 도구적 학습에 초점을 둠 • 상담자는 얻어진 자료를 바탕으로 직업문제 해결을 위해 직업정보를 제공할 수 있음

(3) 포괄적 직업상담의 기법(단계별 접근법)

① 초기단계 : 발달적 접근법과 내담자중심 접근법을 활용해 내담자의 문제 원인과 탐색을 촉진
② 중간단계 : 정신역동적 접근법을 활용해 문제의 원인이 되는 요인을 명료히 밝혀 제거
③ 마지막단계 : 특성 – 요인적 접근법과 행동주의적 접근법을 활용해 상담자는 능동적·지시적 태도로 내담자의 문제해결에 개입

실력up 진단검사의 유형

• **변별적 진단검사** : 직업성숙도검사, 직업적성검사, 직업흥미검사 등을 실시하여 직업상 문제를 찾음
• **역동적 진단검사** : 다양한 자료를 통해 심리측정 자료에 의한 통계적 오류를 보완
• **결정적 진단검사** : 직업선택과 의사결정과정에서 나타나는 문제를 체계적으로 분석

포괄적 직업상담에 대한 평가

• 의의
 - 다양한 직업상담방법의 단점을 보완하고 장점을 통합하였음
 - 여러 상담이론의 체계를 가져옴으로써 체계적인 진단이 가능함
 - 상담자로 하여금 다양한 내담자들의 문제에 대해 폭넓게 적용할 수 있음
• 한계 : 직업상담에는 적합하나 직업적응문제들을 깊이 있게 다루지는 못함

9급공무원
직업상담 · 심리학개론

나두공

02장 직업상담의 기법

01절 초기면담

02절 직업상담의 기초기법

03절 구조화된 면담법

04절 내담자 사정

05절 목표설정 및 진로시간전망

06절 내담자의 인지적 명확성 사정

07절 대안개발과 의사결정

02장 직업상담의 기법

SEMI-NOTE

초기면담
상담자와 내담자 간의 신뢰를 쌓고 친근한 관계형성이 이루어지기 때문에 매우 중요한 과정임

초기면담의 단계
관계형성
↓
내담자의 문제 파악
(심리적 문제 파악)
↓
상담목표 및 전략 수립
↓
상담의 구조화

상담자의 질문요령
- 단답형 답변을 끌어내는 질문보다는 개방형 질문이 바람직함
- 내담자를 고려하지 않고 질문공세를 퍼부으면 안 됨
- '왜?'라는 질문은 가급적 금지

01절 초기면담

1. 초기면담의 개념 및 유형

(1) 개념
① 직업상담에서 내담자와 상담자가 만난 초기에 실시하는 면담
② 상담자는 내담자의 문제를 이해하고 다룰 수 있을지 평가하며, 내담자는 상담자를 신뢰할 수 있을지 생각함

(2) 유형
① 내담자 대 상담자 솔선수범 면담
  ㉠ 내담자에 의해 시작된 면담 : 상담자는 내담자의 목적을 파악하기 위해 경청해야 함
  ㉡ 상담자에 의해 시작된 면담 : 상담자는 내담자에게 상담을 실시하는 이유를 설명하여 내담자의 불안과 긴장을 완화시켜야 함
② 정보지향적 면담
  ㉠ 초기면담이 목적이 정보수집에 있다면 상담자에게 초점을 맞추어 진행해야 함
  ㉡ 상담자는 탐색하기, 개방형 질문, 폐쇄형 질문을 사용할 수 있음

탐색하기	• '누가, 무엇을, 어디서, 어떻게'로 시작하는 질문 • '왜'라는 질문은 내담자를 방어적인 위치에 두기 때문에 삼가는 것이 좋음
개방형 질문	• 내담자에 말할 수 있는 시간을 충분히 부여하여 가능한 많은 대답을 얻음 • 심층적인 정보를 얻는 데 효과적이나, 질문에 익숙하지 않은 내담자에게는 부담을 줄 수 있음 예 어제 무슨 일이 있었습니까? 당신은 이 활동에서 무엇이 가장 흥미로웠습니까? 이 상황에 대해서 어떻게 생각하십니까?
폐쇄형 질문	• '예', '아니요'와 같이 제한된 응답을 요구 • 단시간에 많은 정보를 얻는 데 효과적이나 정교하고 구체적인 정보를 얻는 데 한계가 있음 예 당신은 직업을 갖고 싶은가요? 당신은 동생을 좋아하지요?

③ 관계지향적 면담
  ㉠ 재진술 : 내담자가 말한 내용을 재진술하는 것으로서 내담자의 메시지에 초점을 두고 적극적으로 듣고 있음을 알려줌 → 내담자에 대한 반사적 반응
  ㉡ 감정의 반향 : 내담자의 메시지 이면의 정서적 요소를 표현 → 여러 수준에서 이루어지며 공감을 전달함

실력UP 개방형 질문과 폐쇄형 질문

개방형 질문	폐쇄형 질문
• 질문의 범위가 포괄적이며 넓음 • 내담자로 하여금 모든 반응의 길을 열어 놓음 • 내담자의 시야를 보다 넓게 유도함 • 바람직한 촉진관계를 열어 놓음 • 내담자의 심층적 정보를 추출하는데 효과적임	• 질문의 범위가 한정적이며 좁음 • 내담자로 하여금 특정한 답변을 요구함 • 내담자의 시야를 좁게 함 • 바람직한 촉진 관계를 닫아 놓음 • 내담자의 정교화된 정보를 입수하기 어려움

2. 초기면담의 주요 요소

(1) 라포 형성(신뢰관계 형성)

① 상담자와 내담자 간의 친근감을 의미
② 이를 위해서는 자연스런 분위기 조성하고, 인간존중의 가치관을 가지고 내담자를 대해야 함
③ 내담자를 비판하지 않으며, 친절해야 함
④ 은혜를 베푼다는 인상을 주지 않고 동등한 입장을 취해야 함
⑤ 상담관계에 필요한 사항과 진행 방향에 대해 안내를 함으로써 내담자의 불안을 감소시키고 긴장감을 풀어주며 친밀감을 형성함

(2) 언어적 · 비언어적 행동

① 언어적 행동 : 내담자에게 중요한 것이 무엇인지 논의하거나 이해시키려는 열망을 보여주는 것(예 의사소통, 재진술, 이해 가능한 언어 사용, 적절한 호칭의 사용, 유머의 사용, 개방적 질문 사용 등)
② 비언어적 행동 : 상담자가 관심을 가지고 열린 상태가 되어 내담자를 끌어들이는 매우 효과적인 방법(예 미소, 몸짓, 기울임, 눈 맞춤, 끄덕임, 내담자와 유사한 언어 사용, 경청하는 태도 등)

실력UP 상담 시 도움이 되지 않는 행동

언어적 행동	비언어적 행동
타이르기, 비난하기, 권유하기, 충고하기, 달래기, 광범위한 질문, 과도한 해석, 지시하기, 요구하기, 생색내기, 내담자가 이해하지 못하는 단어 사용하기, 자신에 대해 많이 이야기하기 등	조소하기, 입을 꽉 다물기, 단호히 결단하기, 하품하기, 내담자를 멀리 쳐다보기, 언짢은 표정 짓기, 내담자로부터 돌아앉거나 떨어져 앉기, 손가락질하기 등

SEMI-NOTE

초기면담 수행 시 유의사항
• 면담 시작 전 가능한 모든 사례자료 검토
• 내담자와의 만남
• 내담자의 초기목표 명확화
• 내담자의 직업상담에 대한 기대 결정
• 내담자가 상담자의 기대를 얼마나 잘 수용하는지 관찰
• 비밀유지에 대한 설명
• 요약하기
• 과제물 부여하기
• 상담 시 필수질문 확인 등

초기면담 주요 요소
라포형성, 언어적·비언어적 행동, 감정이입, 즉시성, 직면, 계약, 상담자 노출하기, 기허성, 유머 등

(3) 감정이입

① 상담자가 길을 잃어버리지 않고 마치 자신이 내담자 세계에서의 경험을 하는 듯한 능력을 의미
② 내담자의 입장에서 공감을 가질 수 있으며 지각, 의미소통의 기법 등이 있음

(4) 즉시성

① 상담자가 자신의 바람은 물론 내담자의 느낌, 인상, 기대 등에 대해 깨닫고 대화를 나누는 것 → 이를 상담과정의 주제로 삼음
② 상담이 생산적으로 전개되도록 하는 상담자의 기술
③ 즉시성의 종류

관계 즉시성	상담자와 내담자 간 관계가 긴장되어 있는지, 지루한지, 생산적인지 등 그 관계의 질에 대해 내담자와 이야기를 나누는 상담자의 능력
지금 – 여기에서의 즉시성	• 현재 발생하고 있는 어느 특정 교류에 대해 의논하는 것 • 내담자는 특정 사실을 공개하거나 숨기고 있는 자신에 대해 상담자가 어떻게 생각하는지를 알고자 할 수 있음 → 상담자는 그 순간 내담자의 생각과 느낌을 탐색

④ 즉시성이 유용하게 사용되는 경우
  ㉠ 방향감이 없는 경우
  ㉡ 신뢰성에 문제가 제기될 경우
  ㉢ 상담자와 내담자 간 상당한 사회적 거리감이 있는 경우
  ㉣ 상담자와 내담자 간 친화력이 있는 경우
  ㉤ 내담자의 의존성이 있는 경우
  ㉥ 내담자의 역의존성이 있는 경우
  ㉦ 긴장감이 감도는 경우

(5) 직면(맞닥뜨림)

① 내담자로 하여금 행동의 특정 측면을 검토해 보고 수정하게 하며 통제하도록 도전하게 하는 것
② 내담자는 외부에 비친 자신의 모습을 되돌아보고, 현재 상황과 그 결과를 분명하게 알 수 있음
③ 통찰의 순간을 경험하게 되며 효율적인 생활과 타인과의 바람직한 관계형성을 위해 어떻게 변화하는지 각성할 수 있음
④ 약점보다는 강점을 직면시키는 것이 좋음
⑤ 적절한 직면은 내담자의 성장을 유도할 수 있으나 상담자가 직면에 실패하면 내담자에게 해로울 수 있음

(6) 계약

① 목표 달성에 포함된 과정과 최종결과에 초점을 두는 것
② 내담자의 행동, 사고 등의 변화를 촉진하는 계약이 강조
③ 상담자는 계약의 초점이 내담자의 변화에 있음을 강조해야 함

(7) 상담자 노출하기

① 자신의 사적인 정보를 드러내 보임으로써 자기 자신을 다른 사람이 알 수 있도록 하는 것
② 내담자의 측면에서는 성공적인 상담을 위해 유용한 반면, 상담자 측면에서는 꼭 필요한 것은 아니며, 언제 어느 정도로 노출할지 충분한 숙고가 필요함

(8) 리허설(연습)

① 내담자에게 선정된 행동을 연습하거나 실천하도록 함으로써 내담자가 계약을 실행하는 기회를 최대화하도록 도와주는 것
② 리허설의 유형

명시적 리허설	내담자가 하고자 하는 것을 말로 표현하거나 행위로 보이는 것
암시적 리허설	원하는 것을 상상하거나 숙고해보는 것

(9) 유머

상담과정에서의 긴장감을 없애고 내담자의 저항이나 심리적 고통을 경감하며, 내담자에게 상황을 분명하게 지각하도록 할 수 있음

3. 초기면담의 종결

(1) 종결과정에서 수행되어야 할 사항

① 상담과정에 필요한 과제물 부여
② 상담과정에 대한 비밀유지, 상호 동의 내용, 준수사항, 기대사항 등을 명확히 함
③ 상담자는 내담자에 대해 조급한 결론을 내리면 안 됨
④ 내면적 가정이 외면적 가정을 논박하지 못하도록 수행
⑤ 자료평가 방법을 결정
⑥ 상담자는 내담자에 대한 마음의 준비를 하고, 긍정적인 관계를 형성할 수 있도록 함

(2) 초기면담 종결 후 검토해야 할 사항

① 사전자료를 토대로 내렸던 내담자에 대한 결론은 얼마나 정확했는가?
② 상담에 대한 내담자의 기대와 상담자의 기대는 얼마나 일치했는가?
③ 내담자에 대하여 어떤 점들을 추가적으로 평가해야 할 것인가?
④ 다음 상담회기를 어떻게 시작할 것인가?

SEMI-NOTE

상담에서 대화의 의미
- 효과적인 직업상담을 위해 상담의 기본원리와 기법을 따라야 함
- 직업상담은 일상적인 대화가 아닌 내담자의 적응을 돕기 위한 목적이 있으므로 상담자와 내담자 간 일대일 관계를 통해 내담자를 심리적으로 돕는 생산적 관계가 되어야 함

공감적 이해
공감(내용+감정 반영)은 상대를 인정하는 것으로 시작하여 정서적으로 감정을 존중하는 것으로 마감됨

02절 직업상담의 기초기법

1. 효과적인 직업상담을 위한 기법

(1) 도움이 되는 상담자의 면담 태도
① 내담자를 편안하게 만드는 태도
② 내담자에게 공감하고 내담자를 이해하는 태도
③ 내담자의 말을 경청하는 태도
④ 내담자와 유사한 언어를 사용하는 태도
⑤ 분석하고 충고하려는 태도는 지양해야 함

(2) 도움이 되지 않는 상담자의 면담 태도
① 상담자 경험의 진술 : 상담자와 내담자가 똑같은 상황에서 똑같은 경험을 하기는 어려우므로 상담자가 자신의 경험을 진술하는 것은 좋지 않음
② 가르치기 : 상담자의 가르치기는 내담자의 의존적 태도나 방어적 태도를 유발하기 때문에 상담 시 내담자를 가르치듯이 대화를 하는 것은 좋지 않음
③ 너무 이른 조언 : 상담 초기에 내담자의 특성을 알지 못하는 상황에서 상담자의 조언은 부적합함
④ 지나친 질문 : 질문은 내담자를 수동적인 위치에 두게 하므로 가능한 한 줄이는 것이 좋음

2. 기본상담기법(기본 방법)

(1) 공감(공감적 이해)
① 상담자가 자신이 직접 경험하지 않고도 내담자의 감정을 거의 같은 수준으로 이해하는 능력
② 내담자가 전달하려는 내용에서 한 걸음 더 나아가 그 내면적 감정에 대해 반영하는 것
③ 상담자는 내담자의 세계를 상담자 자신의 세계인 것처럼 경험하지만 객관적 위치에서 벗어나면 안 됨
④ 지금 – 여기에서의 내담자의 감정과 경험을 정확하게 이해하는 것
⑤ 내담자의 자기 탐색과 수용을 촉진시킴

실력 UP 공감적 이해의 5가지 수준

수준	
수준 1	• 내담자의 언어 및 행동 표현에 대해 별다른 주의를 기울이지 않아 내담자가 표현한 내용으로부터 벗어났음 • 내담자가 명백하게 표현한 감정조차도 제대로 인식하지 못함 예) 네가 지난번에 처리했던 일이 아마 잘못 됐었지?
수준 2	• 내담자가 표현한 표면적인 감정에 반응하긴 하나 내담자의 의도와 관련된 중요한 감정이나 의사를 제외하고 소통을 함 • 내담자가 표현한 의미를 왜곡시키기 때문에 내담자가 표현한 것과 일치하지 않음 예) 네 기분이 나쁘더라도 상사의 지시대로 하는 게 좋을 것 같아.
수준 3	• 내담자가 표현한 것과 본질적으로 같은 정서와 의미를 표현하여 상호 교류함 • 대인관계 기능을 촉진하는 기초 수준의 공감 반응이나, 보다 내면적인 감정에는 반응하지 못함 예) 네가 알아서 할 일을 내가 부당하게 간섭한다고 생각하지 않았으면 좋겠어.
수준 4	• 내담자 스스로 표현한 것보다 더 내면적인 감정을 표현하면서 의사소통을 함 • 이전에는 표현할 수 없었던 감정을 더 표현하면서 경험하도록 독려함 예) 네 업무에 대해 이야기하는 것이 간섭받는다는 기분이 들어서 속이 상했구나.
수준 5	• 내담자의 표면적 감정은 물론 내면적인 감정에 대해 정확하게 반응함 • 이렇게 함으로써 내담자의 내면적인 자기탐색과 동일한 몰입 수준에서 의사소통이 가능하며, 이전에는 깨닫지 못했던 감정들을 명료하게 경험함 예) 믿고 맡겨준다면 잘 할 수 있을 것 같은데, 간섭받는다는 기분이 들어 불쾌했구나.

한눈에 쏙~

공감적 이해의 적용

A : 우리 집은 왜 그리 시끄러운지 모르겠어요. 집에서 영 공부할 마음이 없어요.

- 수준1 : 공부하기 싫으니까 핑계도 많구나.
- 수준2 : 시끄러워도 좀 참고 하지 그러니.
- 수준3 : 그래, 집이 시끄러우니까 공부하는데 많이 힘들지?
- 수준4 : 네가 공부할 때에는 식구들이 좀 조용히 해주면 좋을 것 같다는 말이구나.
- 수준5 : 식구들이 좀 더 조용히 해주면 공부를 더 잘 할 수 있을 것 같다는 말이구나.

SEMI-NOTE

불일치와 모순
불일치와 모순은 말 – 행동, 감정 – 행동, 행동 – 행동, 현실 – 이상 등에서 다양하게 나타남
- 예 "○○씨는 웃고 있지만 계속해서 손톱을 물어뜯고 있군요." → 행동 – 행동 불일치
- 예 "○○씨는 친구와 더는 친해지고 싶지 않다고 하면서 꾸준히 연락을 주고받는군요." → 감정 – 행동 불일치

요약의 종류
- **수집요약** : 언급된 내용을 종합
- **연결요약** : 다음 내용으로 자연스럽게 연결되도록 유도
- **전환요약** : 내용과 주제를 다른 것으로 바꿈

요약과 재진술vs명료화
'요약과 재진술'은 내담자가 말한 이야기의 요점을 그대로 재확인시키기 위한 것이며, '명료화'는 내담자가 말한 이야기의 요점을 더욱 분명하고 명확하게 부각시키기 위한 것임

---

(2) 직면

① 내담자가 모르고 있거나 인정하기를 거부하는 생각과 느낌에 대해 주목하게 함
② 상담자는 내담자의 말과 행동 사이의 불일치가 있는 경우나 말에 모순이 있는 경우 직접적으로 지적
③ 내담자의 문제를 있는 그대로 확인 시켜 주어 내담자가 자신의 문제를 회피하지 않고 현실적인 대처방안을 찾을 수 있도록 도전시킴
④ 내담자에 대해 평가하거나 비판하는 인상을 주어서는 안 되며, 내담자가 보인 객관적인 행동과 인상에 대해 서술적으로 표현하는 것이 바람직함

> **실력up 직면의 사례**
> 집단모임에서 여러 명의 집단원들로부터 부정적인 피드백을 받은 한 집단원에게 다른 집단원이 그의 느낌을 묻자 아무렇지도 않다고 하지만 그의 얼굴 표정이 몹시 굳어있을 때, 지도자가 이를 직면하고자 함
> → "○○씨는 아무렇지도 않다고 말하지만, 지금 얼굴이 아주 굳어있고 목소리가 떨리는군요. 내적으로 지금 어떤 불편한 감정이 있는 것 같은데, ○○씨의 반응이 궁금하군요."

(3) 요약과 재진술

① 내담자가 전달하는 이야기의 표면적 의미를 상담자가 다른 말로 바꾸어서 말하는 것
② 상담자는 내담자가 전달하려는 내용을 다른 말과 용어를 사용하여 내담자에게 되돌려 줌으로써 상담자가 내담자의 이야기에 귀를 기울이면서 그를 이해하려 노력하고 있음을 내담자에게 전달할 수 있음
③ 내담자의 이야기를 요약하고 재진술할 때에는 내용에 초점을 맞추어야 함

(4) 명료화

① 내담자의 말 속에 포함되어 있는 불분명한 측면을 상담자가 분명하게 밝혀 자기이해를 촉진시킴
② 어떤 문제의 밑바닥에 깔려 있는 혼란스러운 감정과 갈등을 가려내어 분명히 해주는 것
③ 내담자가 말한 내용 이상의 추가적인 의미를 부여하지 않는다는 점에서 '요약과 재진술'과 유사함

> **실력up 명료화 반응이 필요한 경우**
> - 내담자가 좀 더 구체적으로 말하도록 돕고자 할 경우
> - 내담자가 한 말을 정확하게 들었는지 확인하고자 할 경우
> - 모호하거나 혼동되는 말을 명확하게 하고자 할 경우
> - 상담자가 이해한 의미를 내담자에게 투사하는 것을 막고자 할 경우

(5) 수용(수용적 존중)

① 내담자의 이야기에 주의를 집중하고, 내담자를 인격적으로 존중하고 있음을 보여주는 것
② 내담자의 감정, 경험 및 한 인간으로서의 가치와 자유인으로서의 잠재력에 대해 긍정적인 존중과 관심을 전달하는 것

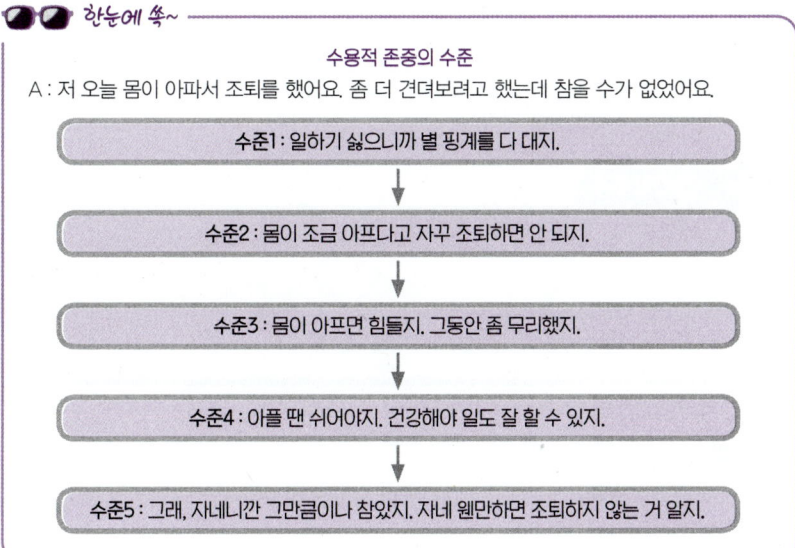

(6) 반영

① 내담자의 감정, 생각, 태도 말 등을 상담자가 다른 참신한 말로 부연하는 것
② 말로 표현된 내용 자체보다는 표현에 담긴 밑바탕에 흐르는 감정을 파악하여 그대로 되돌려 주는 것이 효과적
③ 내담자가 전달하고자 하는 의사의 본질을 스스로 볼 수 있음
④ 내담자의 태도를 거울에 비추어 주듯이 보여줌으로써 내담자의 자기 이해를 도와줄 뿐만 아니라 내담자로 하여금 자기가 이해받고 있다는 인식을 줄 수 있음
⑤ 내담자의 말뿐만 아니라 비언어적 행동인 자세, 몸짓, 목소리, 눈빛 등에서 나타나는 감정까지도 반영해야 함

(7) 해석

① 내담자가 직접 진술하지 않은 내용이나 개념을 그의 과거 경험이나 진술을 토대로 하여 추론해서 말하는 것
② 내담자가 자기의 문제를 새로운 각도에서 이해하도록 경험과 행동의 의미를 설명함
③ 내담자가 자신의 문제에 대한 통찰력을 갖게 하며 사건들을 스스로 해석하도록 도움

(8) 경청

① 내담자의 감정과 생각을 이해하기 위해 내담자의 말을 주의 깊게 듣는 것
② 내담자의 말과 행동에 비중을 두어야할 것을 선택하여 주목
③ 경청할 때 적극적으로 선택하여 듣는 것만이 중요한 것은 아니며, 상담자는 내담자의 말을 주목하여 듣고 있음을 전달할 필요가 있음
④ 적극적인 경청자세로 내담자는 상담자가 자신을 존중하고 있으며, 자신의 이야기에 관심이 있다고 느낄 수 있음
⑤ 내담자의 음조를 인식하며 일반화, 빠뜨린 내용, 왜곡 등을 경청함으로써 내담자의 표현의 불일치를 인식

> **실력up 경청의 종류**
> - **반영적 경청** : 내담자가 말하는 것을 조용히 들어 주는 것에서 더 나아가 상담자가 적절히 반응하는 것
> - **적극적 경청** : 내담자의 말은 물론 내담자의 심정까지 파악하는 것. 즉, 내담자가 표현하는 언어적인 의미 외에 비언어적인 의미까지 이해하는 것

(9) 질문

① 내담자의 생각을 구체화하고 내담자의 상황을 더 명확히 이해하기 위해 사용됨
② 내담자가 자기노출을 하도록 격려함
③ 상담자 개인의 호기심 충족이나 내담자에 대한 정보를 얻기 위함보다는 내담자의 감정을 이끌어내고 문제를 명료화하기 위함이어야 함
④ '예', '아니요'와 같이 제한된 응답을 요구하는 폐쇄형 질문보다는 많은 대답이 가능한 개방형 질문을 해야 함

> **실력up 질문하기의 유의점**
> - 상담자의 추측이 담겨 있거나 상담자 개인의 호기심이 담긴 질문은 자제해야 함
> - 한 번에 여러 개의 질문은 자제해야 함
> - 특정한 응답을 유도하는 질문은 자제해야 함
> - "왜?" 질문은 유의해야 함 → 내담자를 비난하는 것으로 느낄 수 있음
> - 내담자가 질문의 방향을 명확히 인지할 수 있도록 질문해야 함

(10) 침묵

① 내담자가 깊이 생각을 하거나 머릿속을 정리하는 과정에서 침묵이 발생할 수 있음 → 의미 있는 침묵이므로 침묵을 섣불리 깨려 하지 말고 인내심을 가지고 기다려야 함
② 상담자에 대한 적대감이나 저항, 불안 때문에 침묵이 발생할 수 있음 → 무조건 기다릴 것이 아니라 침묵의 원인이 되는 내담자의 감정과 태도를 다루어야 함
③ 상담 이전에 일어난 침묵은 보통 부정적이므로 거절의 형태로 해석할 수 있음

SEMI-NOTE

효과적인 경청지침
- 내담자의 음조 경청
- 언어적, 비언어적 반응을 수반
- 내담자에게 항상 세심하게 주목
- 내담자의 표현의 불일치나 왜곡에 주목

침묵의 원인
- 내담자의 사고 중단
- 내담자의 생각 정리
- 대화의 소재 부재
- 상담자에 대한 적대감, 저항

03절 구조화된 면담법

1. 생애진로사정(LCA ; Life Career Assessment)

(1) 생애진로사정의 개념과 특징
① 상담자와 내담자가 처음 만났을 때 이용할 수 있는 구조된 면접기법으로서 내담자의 정보나 행동을 이해하고 해석할 수 있는 질적인 평가절차
② 가장 기초적인 직업상담 정보를 얻을 수 있음 → 검사해석의 예비적 단계에서 특히 유용함
③ 아들러의 개인심리학에 기초를 둔 것으로 내담자와 환경과의 관계를 이해할 수 있는 정보를 제공함
④ 비교적 짧은 시간 내에 내담자에 대한 정보를 수집하는 단계
⑤ 작업자, 학습자, 개인의 역할 등을 포함한 다양한 생애역할에 대한 정보를 탐색
⑥ 직업상담의 주제와 관심을 표면화하는 데 덜 위험적인 방법의 단계로서 내담자와 긍정적인 관계를 형성하는 데 도움이 됨
⑦ 내담자 생애에 대한 근본적인 접근(태도, 신념, 가치관 등)을 통해 내담자 스스로 생애를 이해하도록 도움
⑧ 인쇄물이나 소책자, 지필도구 등 표준화된 진로사정 도구는 학교나 훈련기관에서의 부정적인 선입견을 가지고 있을 가능성이 있으므로 가급적 사용을 삼가야 함
⑨ '진로사정, 전형적인 하루, 강점과 장애, 요약'으로 이루어짐

(2) 생애진로사정의 구조
① 진로사정
  ㉠ 내담자가 일의 경험 또는 훈련이나 학습 과정에서 가장 좋았던 것과 싫었던 것에 대해 질문하며 여가시간의 활용, 우정관계 등을 탐색함
  ㉡ 내담자의 직업경험(시간제, 전임, 유·무보수), 교육, 훈련과정, 관심사, 여가활동 등에 대해 사정함

직업경험	• 이전 직업 • 가장 좋았던/싫었던 점
교육 또는 훈련과정과 관련된 문제	• 그간의 교육 및 훈련에 대한 평가 • 가장 좋았던/싫었던 점 • 지식, 기술, 기능 등의 수준
여가활동	• 여가시간 활용 • 사회활동 • 사랑과 우정 관계

② 전형적인 하루
  ㉠ 내담자가 생활을 어떻게 조직하는지를 시간의 흐름에 따라 체계적으로 기술

SEMI-NOTE

아들러의 세 가지 인생과제
아들러는 개인과 세계의 관계를 '일', '사회', '성(性)'의 세 가지 인생과제로 구분하였음

생애진로사정을 통해 얻을 수 있는 정보
• 내담자의 직업경험 및 교육수준의 객관적 정보
• 내담자의 가치관 및 자기인식의 정도
• 내담자의 기술과 유능성에 대한 자기평가 및 상담자의 평가 정보

ⓒ 내담자가 의존적인지 독립적인지, 자발적(임의적)인지 체계적인지 자신의 성격차원을 파악하도록 도움

의존적 – 독립적 차원	• 의존 강도 • 타인에게 의사결정 주장
자발적 – 체계적 차원	• 안정적이고 틀에 박힌 일 • 끈기 있고 주의 깊음

③ 강점과 장애
   ㉠ 내담자가 스스로 생각하는 3가지 주요 강점 및 장애에 대해 질문
   ㉡ 내담자가 직면하고 있는 문제나 환경적 장애를 탐구하며, 이를 극복하기 위해 가지고 있는 대처자원이나 잠재력을 탐구

주요 강점	• 내담자가 가지고 있는 자원 • 내담자에게 요구되는 자원
주요 장애	• 강점과 관련된 장애 • 주제와 관련된 장애

④ 요약
   ㉠ 내담자 스스로 자신에 대해 알게 된 내용을 요약해보도록 함으로써 자기 인식을 증진시킴
   ㉡ 내담자의 문제 해결과 장애 극복을 위해 목표달성계획을 세울 수 있도록 함

요약	• 생애주제에 동의 • 내담자 자신의 용어 사용 • 목표설정과 연결

(3) 생애진로주제

① 사람들이 자신과 타인, 세계관에 관한 생각, 태도 등을 나타내기 위해 사용하는 개념
② 내담자의 표상적 체계에 대한 이미지를 제공하고, 사고과정을 이해함으로써 내담자의 정보와 행동에서 통찰을 얻도록 도움
③ 생애역할을 확인, 분석하여야 함

> **합격 up** 내담자의 생애진로주제를 확인하는 데 도움이 되는 자료
>
> • 작업자 역할
>   – 자료 – 관념 – 사람 – 사물(프레디저)
>   – 직업적 성격 및 작업환경(홀랜드)
>   – 기술 확인(볼레스)
> • 학습자 역할
>   – 학습자 형태(콜브)
>   – 학습 형태(캔필드)
> • 개인 역할
>   – 생애 형태(아들러)
>   – 대뇌반구의 기능

SEMI-NOTE

생애진로주제의 유의사항
• 분류된 주제를 바탕으로 내담자를 속단하거나 절대적으로 분류하는 것은 삼가야 함
• 다양한 방법으로 내담자에 대한 각각의 정보를 구할 수 있음

(4) 생애진로주제의 역할모형

① 작업자 역할

　㉠ 자료 – 관념 – 사람 – 사물[프레디저(Prediger)]
　　• 작업영역을 '자료(Data), 관념(Idea), 사람(People), 사물(Thing)'의 4가지 대상으로 구분함
　　• '자료 – 관념', '사람 – 사물'로 구분되는 이차원적인 체계에 해당함

　㉡ 직업적 성격 및 작업환경[홀랜드(Holland)]
　　• 직업적 분류체계를 '현실형, 탐구형, 예술형, 사회형, 진취형, 관습형'의 6가지 모형으로 구분함
　　• 홀랜드 모형은 많은 흥미검사에서 사용됨

　㉢ 기술 확인[볼레스(Bolles)]
　　• 기술의 범주로 '자기관리 기술, 기능적·전환적 기술, 일의 내용 기술'의 3가지를 제시함

② 학습자 역할

　㉠ 학습자 형태[콜브(Kolb)]
　　• 개인에게 나타나는 학습형태는 유전의 결과, 과거생활 경험, 가족, 학교 등과 같은 현재 환경의 요구 등에 의해 결정된다고 봄
　　• 학습이 어떻게 지각되고 어떤 과정을 통해 전개되는가에 기초하여 학습모형을 개발하였음
　　• 학습형태검사(LSI ; Learning Style Inventory)라고 불리는 자기보고식 검사를 개발하고 다음의 학습유형을 제시하였음

집중형	• 추상적 개념화와 활동적 실험에 유용 • 생각을 실제적으로 적용하는 데 강점이 있음 • 비정서적이고 사람보다 사물을 다루는 것을 좋아함 예 기술자 등
확산형	• 확고한 경험과 사려 깊은 관찰에 유용 • 상상력과 다양한 관계의 구조화에 강점이 있음(집중형과 상반된 강점을 가짐) • 사람에 관심이 많고 정서적인 경향이 있음 예 상담자, 관리자 등
동화형	• 추상적 개념화와 사려 깊은 관찰에 유용 • 관찰을 통해 귀납적 이론을 이끌어내는 데 강점이 있음 • 사람에 대한 관심은 적고 추상적 개념에 관심이 많음 • 실제적 적용에 관한 응용과학보다는 기초과학과 수학에 더 적합 예 연구자, 기획자 등
적응형	• 확고한 경험과 활동적 실험에 유용 • 새로운 경험을 통해 실험과 계획을 이끌어내는 데 강점이 있음(동화형과 상반된 강점을 가짐) • 분석적 능력보다는 시행착오나 직관을 통해 문제를 해결하려는 경향이 있음 예 기업가, 판매자 등

SEMI-NOTE

작업자 역할모형
• 작업자 역할에서는 프레디저와 볼레스, 홀랜드가 서로의 모형들을 혼합하여 사용하기도 하였음
• 프레디저는 '자료 – 관념 – 사람 – 사물'과 홀랜드의 6가지 모형(직업분류체계)을 혼합하였음
• 볼레스는 기술분류 과정에 홀랜드의 6가지 모형(직업분류체계)을 혼합하였음

SEMI-NOTE

ⓒ 학습 형태[캔필드(Canfield)]
  • 조건, 내용, 양식, 기대를 학습 형태 분류변인으로 제시함

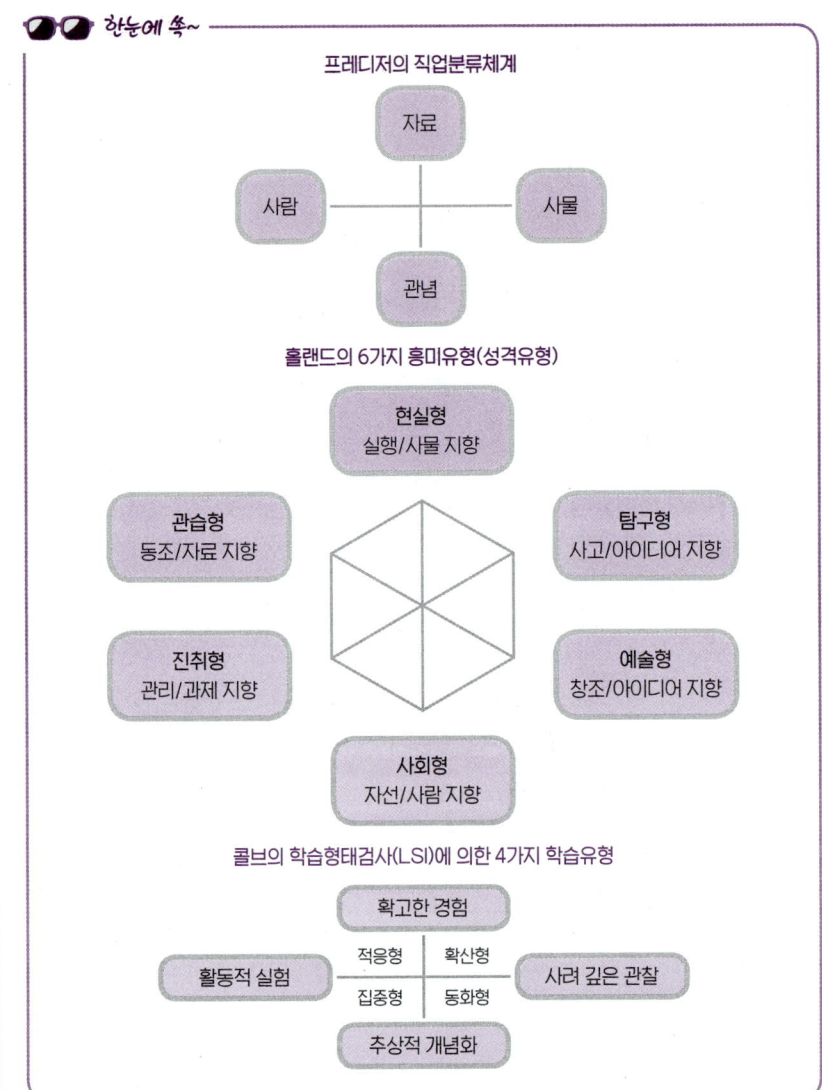

③ 개인 역할
  ㉠ 생애 형태[아들러(Adler)]
    • 세계와 개인의 관계에 관한 세 가지 인생과제로 일, 사회, 성(性)을 제시하고 개인은 인생과제에 반응해야 한다고 하였음
    • 개인이 사회적 환경에서 자신의 위치를 발견하기 위해 노력해야 함
    • 개인은 각자 주위환경을 다루기 위해 개인적 논리를 가지고 있다고 보았음
    • 한 가정에서 태어난 두 아이는 결코 동일한 상황에서 자라는 아이로 볼 수 없다고 하였음

ⓒ 대뇌반구의 기능
- 좌반구 : 언어를 구상하고 언어정보를 저장하며, 가치를 배우고 사회적 역량의 근원을 준비하는 것 등과 연결됨
- 우반구 : 공간과 지각형태, 방향적 지향성, 시각적 묘사 등을 포함한 비언어적 통합기능과 연결됨

2. 직업가계도(Genogram)

(1) 직업가계도의 개념 및 특징

① 직업과 관련된 내담자의 가족력을 알아보는 기법으로, 내담자의 가족 3대에 나타나는 직업특징을 파악하여 내담자의 직업의식, 직업선택, 직업태도에 대한 가족의 영향력을 분석하는 질적 평가기법
② 내담자의 가족이나 선조들의 직업 특징에 대한 시각적 표상을 얻기 위해 도표를 만듦
③ 개인에게 심리적인 압박으로 작용하는 가족의 미완성된 과제를 발견할 수 있음
④ 직업선택과 관련된 무의식적인 과정을 밝히는 데 도움을 받을 수 있음
⑤ 가족구조 역할이라는 폭넓은 시각에서 내담자의 정보를 이해하는 데 도움을 받을 수 있음
⑥ 오키쉬(Okishi)는 직업선택이 가족 간 상호작용의 영향을 받는다고 강조하였음
⑦ 주로 직업상담 초기과정에서 내담자에 대한 정보수집을 위해 사용됨

(2) 직업가계도의 활용

① 직업에 대한 고정관념을 알아볼 수 있음
② 직업적 가치와 흥미에 대한 근본적인 원인을 알아볼 수 있음
③ 내담자에게 영향을 미친 모델이 누구인지 탐색할 수 있음
④ 직업기회의 결과에 대한 기대를 알아볼 수 있음

(3) 직업가계도를 그릴 때 관심을 가져야 할 요인

① 3~4세대 가계에 있어서의 대표적 직업
② 여러 가족 구성원들의 직업에 전형적으로 두드러진 지위와 가치의 서열화
③ 가족 구성원들의 진로선택 형태와 방법
④ 가족의 경제적 기대와 압력
⑤ 가족의 일의 가치
⑥ 내담자가 성장할 때의 또래 집단 상황

SEMI-NOTE

직업가계도에서의 가족
가족은 개인이 직업을 선택하는 방식 또는 자신을 지각하는 데에 영향을 끼침

직업가계도 주의사항
3세대 내에 포함된 가족들이 가장 선호한 직업이 반드시 내담자에게도 무난한 직업이 될 것이라고 보는 것은 적절하지 않음

SEMI-NOTE

한눈에 쏙~

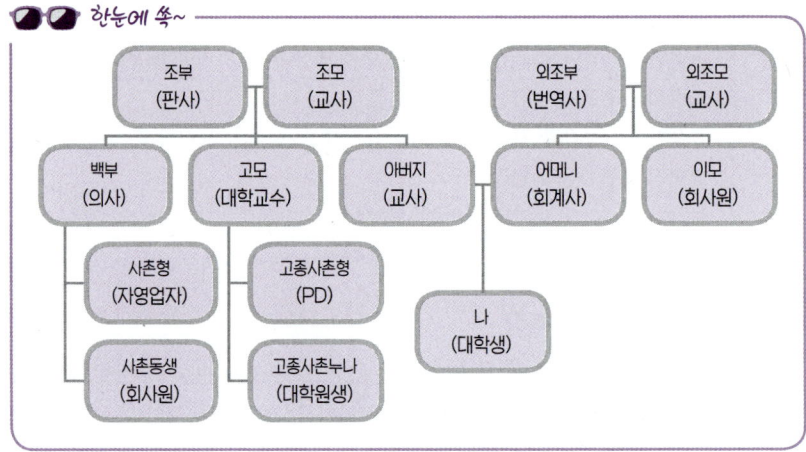

04절 내담자 사정

1. 동기사정 · 역할사정

(1) 동기사정 · 역할사정의 개요

① 동기와 역할을 사정하는 데 자기보고법이 가장 많이 사용됨
② 동기가 부족한 경우 인지적 명확성 부족이 많은 영향을 끼침
③ 자기보고법은 인지적 명확성이 있는 내담자에게 효과적이며, 인지적 명확성이 낮은 경우 개인상담을 실시한 후 직업상담으로 전환하는 것이 바람직함
④ 역할사정은 여러 가지 생애역할 중에서 어떤 역할들이 상호보완적이며, 보상적 혹은 상충적인지를 확인하는 것을 의미함

실력up 인지적 명확성 결여에 대한 사정

- 상황의 중요성 사정
- 자기효능감 기대
- 결과 기대
- 수행에 대한 기준

(2) 낮은 동기를 가지고 있을 때 대처방안

① 진로선택에 대한 중요성 증가시키기
② 좋은 선택이나 전환을 할 수 있는 자기효능감 증가시키기
③ 기대한 결과를 이끌어 낼 수 있는지에 대한 확신 증가시키기
④ 높은 수준의 수행을 강화시켜 수행기준의 필요성 인식시키기(내담자의 낮은 자기효능감 증진)

(3) 상호역할관계 사정

질문을 통해 사정하기	• 내담자가 개입하고 있는 생애역할 나열 • 내담자의 가치들을 이용해 순위 결정 • 각 역할에 소요되는 시간의 양 추정 • 상충적 · 보충적 · 보완적 역할 찾아내기
동그라미로 역할관계 그리기	• 내담자의 삶에서 여러 가지 역할관계상의 문제, 즉 가치갈등, 역할과부하 등을 파악 • 내담자의 가치순위에 따라 그 크기를 달리하여 그려보거나 이상적인 역할관계를 그려보도록 함으로써 이를 최소화 함
생애 – 계획연습으로 전환시키기	• 각 생애단계에서 내담자의 가치와 시간의 요구 간의 갈등이 발생하는지 탐색하고 이 경우 갈등의 속성은 무엇인지 탐색 • 내담자 또한 삶의 다양한 역할들 간의 관계를 파악할 수 있는지 탐색 • 마음속에 떠오르는 생애계획을 토대로 개선욕구를 알 수 있는지 탐색

실력UP 일반적인 상담 과정의 사정 단계 유형

단순형	• 1단계 : 인지적 명확성 – 있음 • 2단계 : 내담자의 동기 존재 – 있음 • 3단계 : 내담자의 자기진단 – 제공 • 4단계 : 내담자의 자기진단 탐색 – 확인
복잡형	• 1단계 : 자기진단의 제시 • 2단계 : 자기진단을 확인하지 못함 → 인지적 명확성을 문제점으로 진단 • 3단계 : 개인적 문제를 인식 • 4단계 : 내담자의 자기진단을 다시 제시 • 5단계 : 자기진단을 확인하지 못함 • 6단계 : 내담자가 상담자의 견해 수용

2. 가치사정

(1) 가치사정의 개요

① 가치란 사람의 기본 신념을 말함
② 가치는 환경에 의해 학습되는 경향이 있음
③ 가치는 동기의 원천이자 개인의 일상적인 만족의 근거가 됨
④ 전반적인 달성목표의 원천이나 개인의 수행기준이 되기도 함
⑤ 일반적으로 자기보고식 사정기법을 이용함
⑥ 자기보고식 가치사정기법에는 과거의 선택 회상하기, 자유시간과 금전의 사용, 존경하는 사람 기술하기, 백일몽 말하기, 절정경험 조사하기, 체크목록 가치에 순위 매기기가 있음

SEMI-NOTE

직업상담의 사정단계
• 1단계(인지적 명확성 존재) : 내담자에게 인지적 명확성이 있는가?
• 2단계(내담자의 동기 존재) : 내담자에게 동기가 있는가?
• 3단계(내담자의 자기진단) : 내담자가 자기진단을 통해 자신을 노출하고 있는가?
• 4단계(내담자의 자기진단 탐색) : 내담자가 자기진단을 확인했는가 안 했는가?

가치사정의 용도
• 자기인식 발견
• 현재의 직업적 불만족의 근거 탐색
• 역할갈등의 근거 확인
• 저수준의 동기 또는 성취의 근거 탐색
• 개인의 다른 측면(흥미, 성격 등)에 대한 예비사정 용도
• 진로선택 또는 직업전환의 기틀을 제시하기 위한 용도

SEMI-NOTE

(2) 자기보고식 가치사정법

과거의 선택 회상하기	직업선택, 여가선택 등 과거 선택에 있어서의 경험을 파악하며, 그것을 선택한 기준에 대해 조사
자유시간과 금전의 사용	자신에게 자유시간이 주어지는 경우 또는 예상치 못한 돈이 주어지는 경우 이를 어떠한 목적으로 어떻게 사용할 것인지 상상하도록 함
존경하는 사람 기술하기	자신이 존경하는 사람이 누구인지를 기술하게 함
백일몽 말하기	자신이 가지고 있는 개인적인 환상으로서의 백일몽을 이야기하도록 함
절정경험 조사하기	자신이 겪은 최고의 경험에 대해 회상 또는 상상하게 하고 그 과정에 대해 설명하도록 함
체크목록 가치에 순위 매기기	목록 중 중요하다고 생각되는 가치와 중요하지 않다고 생각되는 가치에 대해 +, - 표시를 하도록 하여 그 결과에 대해 순위를 매김

3. 흥미사정

(1) 흥미사정의 개요
① 흥미란 개인의 관심, 호기심 등을 일으키는 어떠한 것을 말함
② 흥미사정의 목적
  ㉠ 자기인식 발전시키기
  ㉡ 여가선호와 직업선호 구별하기
  ㉢ 직업대안 규명하기
  ㉣ 직업 · 교육상 불만족 원인 규명하기
  ㉤ 직업탐색 조장하기

(2) 흥미사정 기법[수퍼(Super)]
① 표현된 흥미
  ㉠ 내담자에게 직업에 대해 '좋다', '싫다'를 말하도록 묻는 질문을 통해 흥미를 파악하는 방법
  ㉡ 직업분야에 대해 어느 정도 좋아하는지 분류하거나 체크리스트 등을 통해 파악할 수 있음
② 조사된 흥미
  ㉠ 가장 많이 사용하는 방법으로 다양한 활동에 대해 좋고 싫음을 묻는 표준화된 심리검사를 통해 흥미를 파악하는 방법
  ㉡ 특정 직업에 종사하는 사람들의 흥미와 유사성의 정도를 비교함
③ 조작된 흥미
  ㉠ 개인의 흥미는 자신이 좋아하거나 즐기는 활동과 연관된다는 가정에 기초하였음

ⓛ 활동에 대해 질문을 하거나 활동에 참여하는 사람들이 어떻게 시간을 보내는지 관찰하는 방법
ⓒ 작업경험에 대한 분석을 통해 파악이 가능함

(3) 일반적인 흥미사정 기법

① **직업선호도검사** : 홀랜드의 6각형 이론(6가지 흥미유형)과 관련하여 내담자의 흥미를 사정하는 기법
② **작업경험의 분석** : 내담자의 가치, 기술, 생활방식 선호도, 인생의 진로 주제들 등을 규명하는 데 사용됨
③ **흥미평가기법** : 내담자에게 알파벳에 맞추어 흥밋거리를 기입하도록 하여 흥미를 사정하는 기법
④ **직업카드분류법**
　ⓘ 직업(진로)상담에서 동기, 가치, 흥미를 측정하기 위한 것
　ⓛ 직업카드를 내담자가 좋아하는 것, 관심 없는 것, 싫어하는 것으로 분류하도록 하고 이를 통해 직업적 흥미, 동기, 가치를 탐색하는 기법

> **실력up 직업카드분류법(OCS)**
>
> • 직업카드분류법의 목적
>   – 진로 및 직업탐색에 있어서 기초가 되는 동기, 흥미, 가치 등 자신의 특성을 질적으로 탐색하도록 함
>   – 진로 및 직업탐색에 흥미를 가지도록 하여 활동과정에 자발적으로 참여하도록 함
>   – 구체적으로 직업정보를 탐색하도록 함
>   – 직업의 다양성과 그 종류를 이해하도록 함
>   – 직업세계를 이해하기 위하여 중요한 요소들을 파악하도록 함
> • 직업카드분류법의 장점
>   – 내담자의 능동적인 참여가 가능함
>   – 즉각적인 피드백을 제공함
>   – 상담자가 내담자의 여러 특징에 대한 의미 있는 정보를 얻을 수 있음
>   – 표준화 검사는 내담자가 제한적으로 반응하도록 구성되어 있는데 비해 다양한 문화, 인종, 민족적 배경을 가진 사람들에게 적용할 수 있음
>   – 친밀한 관계 형성을 도움
>   – 복잡한 과제로 혼란스러워하는 내담자에게 한 단계 한 단계 접근할 수 있는 방법이 됨

4. 성격사정

(1) 성격사정의 개요

① 성격은 직업선택과 직업적응에서 핵심적인 설명변인임
② 성격사정의 목적
　ⓘ 자기인식 증진
　ⓛ 작업 불만족의 근원 확인
　ⓒ 좋아하는 일과 역할, 작업기능, 작업환경 등을 확인

SEMI-NOTE

작업경험의 분석 단계

내담자가 과거 경험해 본 직무를 확인함
↓
각 직무의 과제를 서술함
↓
내담자가 좋아하는/싫어하는 과제를 분류함
↓
직무만족에 대해 총정리함

직업카드분류 시 고려할 점
상담자가 직업카드 자료를 개발하려는 경우에는 홀랜드의 분류 체계, 한국직업사전 분류 체계, 교육적 수준을 균형있게 고려해야 함

SEMI-NOTE

홀랜드의 육각형 모델
홀랜드의 6가지 성격유형 혹은 흥미유형이라고도 함

(2) 홀랜드(Holland)의 유형

유형	성격	선호활동
현실형 (R)	솔직함, 실제적, 검소, 구체적, 말수가 적음	• 질서정연한 활동 • 기계를 조작하는 활동 • 신체적·기술적 활동
탐구형 (I)	분석적, 지적, 합리적, 소극적, 내성적, 호기심 많음	• 연구 활동 • 탐구 활동
예술형 (A)	직관적, 감성적, 개방적, 창조적, 개성적, 비순응적, 상상력이 풍부함	• 자유롭고 상징적인 활동 • 예술적 창조와 표현 활동
사회형 (S)	친절, 우호적, 관대, 외향적, 협동적, 이해심 많음	타인의 문제를 돕고 치료해주는 활동
진취형 (E)	모험적, 과시적, 외향적, 지배적, 지도력이 있음, 말을 잘함	• 타인을 지도, 계획, 통제, 관리하는 활동 • 인정받는 활동
관습형 (C)	정확, 빈틈없음, 질서정연, 순응적, 보수적, 상상력이 없음	정해진 원칙 속에서 계획, 정리, 조직하는 활동

(3) 마이어스 – 브릭스(Myers – Briggs)의 성격유형검사(MBTI)

① 융(Jung)의 성격유형이론(심리유형론)을 근거로 마이어스와 브릭스가 연구개발한 인간 성격 유형검사
② 세계적으로 널리 사용되고 있으며 가장 많이 연구되어 있는 객관적 자기보고식 성격검사
③ 내담자가 선호하는 작업역할, 기능환경을 찾는 데 유용함
④ 4가지 양극차원으로 분류하며, 검사 결과로 16가지 성격 유형을 제시하고 있음
⑤ MBTI 성격 유형 ★ 빈출개념
  ㉠ 외향형(E) – 내향형(I) : 에너지의 방향(세상에 대한 일반적인 태도)

외향형(E ; Extroversion)	내향형(I ; Introversion)
• 외부세계(사람, 사건 등)에 관심이 많음 • 폭넓은 대인관계 유지 • 사교적, 활동적, 열정적	• 내부세계(관념 등)에 관심이 많음 • 깊이 있는 대인관계 유지 • 신중함, 조용함, 집중력

  ㉡ 감각형(S) – 직관형(N) : 정보수집, 인식기능

감각형(S ; Sensing)	직관형(N ; Intuition)
• 오감을 통해 인식하고 실제 경험을 중시함 • 지금, 현재, 사실, 자료 등에 초점 • 정확하고 철저한 일처리	• 육감, 직감을 통해 인식하고 미래지향적임 • 미래, 가능성, 직관, 아이디어 등에 초점 • 신속하고 비약적인 일처리

MBTI의 구성 8요인
• 외향형 – 내향형
• 감각형 – 직관형
• 사고형 – 감정형
• 판단형 – 인식형

ⓒ 사고형(T) – 감정형(F) : 의사결정, 판단기능

사고형(T ; Thinking)	감정형(F ; Feeling)
• 논리와 이성에 따라 판단 • 진실, 사실, 객관적, 분석적, 원리원칙 • 맞다/틀리다	• 사람의 관계 및 가치에 따라 판단 • 사람, 관계, 의미, 영향, 상황, 포괄적 • 좋다/나쁘다

ⓔ 판단형(J) – 인식형(P) : 생활양식, 행동양식

판단형(J ; Judging)	인식형(P ; Perceiving)
• 분명한 목적과 방향을 계획적, 체계적으로 수행 • 정리정돈, 통제, 조정, 뚜렷한 기준 • 의지적 추진, 신속한 결론	• 상황에 따라 변하는 목적과 방향을 융통성 있게 수행 • 개방성, 융통성, 적응, 포용성 • 이해와 수용, 유유자적한 과정

실력UP 융(Jung)의 분석심리학

- **개념**
  - 성격발달 : 자기(self)를 실현하는 과정
  - 인생 전반기에는 자기의 방향이 외부로 지향(분화)되고 인생 후반기에는 자기의 방향이 내부로 지향(통합)됨 → 개성화
  - 의식 : 인식하고 알아차리는 정신의 부분으로, 의식의 중심에는 자아(Ego)가 있음
  - 개인 무의식 : 자아에 의해 인정받지 못한 경험, 감정 등으로 여기에 저장된 내용들이 연합하여 복합체를 이룬 것을 콤플렉스(complex)라고 함
  - 집단 무의식 : 역사, 문화, 종교 등을 통해 공유해 온 인류 보편적인 심리 성향
- **원형** : 경험을 자각하고 구성하는 방식
  - 페르소나 : 환경의 요구에 조화를 이루려는 적응의 원형, 개인이 가진 사회적 역할 및 배우가 연기하는 캐릭터로, 페르소나를 통해 타인과 관계하면서 좋은 인상을 남기거나 자신을 은폐하기도 함
  - 아니마 : 남자 안에 있는 여성 인물, 다정함, 감성적 정서, 상상·공상·놀이에 비중
  - 아니무스 : 여성 안에 있는 남성 인물, 논리, 합리성, 의식·권위·존경에 초점
  - 그림자 : 성격의 부정적인 부분 즉, 어둡거나 사악한 부분을 나타내는 원형, 이것은 완전히 없앨 수 있는 것이 아니며 그림자가 적절히 표현될 시 창조력, 영감의 원천이 되기도 하나 과도하게 억압할 시 불안과 긴장에 빠질 수 있음
  - 자기 : 의식과 무의식을 포함한 성격 전체의 중심이며 성격 전체를 포함하기도 함

SEMI-NOTE

융이 제안한 4단계 치료과정
- **고백 – 명료화 – 교육 – 변형**
- **고백단계** : 내담자의 강렬한 정서 방출과 상담적 관계를 형성
- **명료화단계** : 내담자는 명료화 과정을 통해 문제의 기원을 알게 됨
- **교육단계** : 내담자가 사회적 존재로서 부적응 혹은 불균형적 삶을 초래한 발달과정의 문제에 초점을 둠
- **변형단계** : 내담자와 상담자 간의 역동적인 상호작용을 통해 단순히 사회에 대한 적응을 넘어서 자아실현의 변화가 도모됨

05절 목표설정 및 진로시간전망

1. 목표설정

(1) 목표설정의 의의

① 상담전략의 선택이나 개입에 관한 상담의 방향을 제시함
② 내담자의 욕구에 의해 결정됨

SEMI-NOTE

상담의 목표설정 과정
- 전반적인 목표는 내담자의 욕구에 의해 결정됨
- 현존하는 문제를 평가하고 나서 목표설정 과정으로 들어가야 함
- 상담사는 목표설정에 개입하여 내담자가 명확하고 구체적인 목표를 설정할 수 있도록 도와야 함
- 내담자의 목표를 끌어내기 위해서 면접안내 기법을 사용함

③ 상담자와 내담자가 협조하여 함께 목표 실현 가능성을 탐색함
④ 상담자는 개입을 통해 내담자의 목표달성을 촉진하고 도와야 함

(2) 상담목표설정의 방향
① 구체적이어야 함 → 추상적인 목표를 세워서는 안 됨
② 내담자가 원하고 바라는 것이어야 함 → 내담자의 기대를 반영해야 하며 내담자가 바라는 긍정적인 변화를 목표로 설정함
③ 실현가능해야 함 → 가능한 현실적이어야 하며, 이상적 관점에서 목표를 세워서는 안 됨
④ 상담자의 기술과 양립 가능해야 함 → 상담자 능력 이상의 도움이 필요할 경우 다른 상담자에게 의뢰하는 것이 좋음

(3) 내담자의 목표설정 확인
① 현존하는 문제를 평가하고 나서 목표설정과정으로 들어감
② 내담자의 목표를 끌어내기 위한 기법으로 '면접안내'가 있음
③ 목표가 설정되면 상담자는 내담자와 함께 실현가능성을 탐색함
④ 하위목표에 대한 안내를 확립함
⑤ 목표에 대한 내담자의 몰입도를 평가함

(4) 내담자의 목표 몰입도 확인을 위한 질문
① 목표와 행위목표를 구체화할 수 있는가?
② 목표 성취에 대한 계획이 있는가?
③ 목표달성을 위해 상담자와 협응할 수 있는가?
④ 동기에 방해가 될 만한 요인은 무엇인가?

(5) 내담자의 목표 실현성 확인을 위한 질문
① 자신을 얼마나 통제할 수 있는가?
② 목표가 달성 가능한 것인가?
③ 목표를 달성하기 위해 해야 할 일은 무엇인가?
④ 목표를 성취하지 못하도록 방해하는 요인은 무엇인가?
⑤ 언제까지 목표를 성취해야 한다고 생각하는가?

> **실력up 면접안내를 위한 질문**
> - 상담의 결과물로 무엇을 원하는가?
> - 상담으로 무엇을 달성하고자 하는가?
> - 상담이 끝나면 어떻게 달라져 있을 것 같은가?

2. 진로시간전망

(1) 진로시간전망의 의의
① 진로에 관한 과거, 현재, 미래의 정신적인 상을 의미
② 미래에 대한 내담자의 관심을 증가시키고 현재의 행동을 미래의 목표에 연결시키며 미래에 초점을 맞추어 자신의 미래를 설계하는 것

(2) 진로시간전망 검사지의 사용 목적

미래 지향적 목적	• 미래의 방향 설정을 가능하게 함 • 미래에 대한 희망을 갖도록 함 • 미래가 실제인 것처럼 느끼게 함 • 현재의 행동을 미래의 결과와 연계시킴
계획기술 연습하기	• 진로계획에 대한 긍정적 태도를 강화함 • 진로계획의 기술을 연습시킴
목표설정 촉구하기	• 목표설정을 촉구함 • 진로의식을 높여줌

(3) 시간차원에 따른 진로결정
① 미래에 초점을 둠
  ㉠ 진로결정의 초점을 미래에 두어 현재나 과거에 무엇이 좋았는지보다는 미래에 무엇이 가장 좋을 것인지에 따라 진로를 선택하는 경향이 있음
  ㉡ 미래의 직업을 설계하기 위한 방법으로 직업상담을 하고자 함
② 과거에 초점을 둠
  ㉠ 진로결정의 초점을 과거에 두어 가족의 전통에 부합하는 직업을 찾기 위해 고심을 함
  ㉡ 다른 사람에 의해 자신의 역할이 결정되는 경우 스스로 그 역할을 수행함
  ㉢ 직업선택을 위한 직업상담을 하기보다는 세습된 목표를 성취하기 위해 직업상담을 하고자 함
③ 현재에 초점을 둠
  ㉠ 진로결정의 초점을 현재에 두어 미래보다는 당장 의식주의 해결이나 생존문제, 금전, 오락 등에 관심을 가짐
  ㉡ 지금 당장 직업이 필요하여 직업상담을 하고자 함

3. 원형검사 ★ 빈출개념

(1) 원형검사의 의미
① 코틀(Cottle)의 진로시간전망 검사방법
② 가장 효과적인 시간전망 개입도구

코틀의 원형검사
• 원: 과거, 현재, 미래
• 원의 크기: 시간차원에 대한 상대적 친밀감
• 원의 배치: 시간차원의 연관성

SEMI-NOTE

③ 과거, 현재, 미래를 뜻하는 세 개의 원을 이용하여 개개인의 시간전망을 어떤 시간차원이 지배하는지, 개개인이 어떻게 시간차원과 연관되는지 평가할 수 있음
④ 진로시간전망 개입은 시간에 대한 심리적 경험의 세 가지 측면으로 방향성, 변별성, 통합성을 제시함

(2) 진로시간전망 개입의 3가지 측면
① 방향성
  ㉠ 시간차원의 전망으로 과거, 현재, 미래에 대한 개념을 사용하며, 각각의 전망은 삶의 질에 대해 무엇인가 다른 측면에 기여한다는 원리를 기초로 함
  ㉡ 미래지향성을 증진시키기 위해 미래에 대한 낙관적인 입장을 구성하는 것을 목표로 함
② 변별성
  ㉠ 시간차원 내 사건의 강화와 확장의 원리를 기초로 함
  ㉡ 변별된 미래는 개인의 목표설정에 의미 있는 맥락을 제공함
  ㉢ 미래를 현실처럼 느끼도록 하고 미래 계획에 대한 긍정적 태도를 강화시키며 목표설정이 신속히 이루어지도록 하는 것을 목표로 함
③ 통합성
  ㉠ 시간차원의 관계성을 기초로 함
  ㉡ 현재 행동과 미래의 결과를 연결시키며, 계획한 기법의 실습을 통해 진로인식을 증진시키는 것을 목표로 함

(3) 원의 배치에 따른 시간관계성
① **시간차원의 고립** : 어떤 것도 서로 접해 있지 않은 원(분리)
② **시간차원의 연결** : 중복되지 않고 경계선에 접해 있는 원들(연계)
③ **시간차원의 연합** : 부분적으로 중첩된 원들(일부분 영향을 줌)
④ **시간차원의 통합** : 완전히 중첩된 원들(완전한 영향을 줌)

06절 내담자의 인지적 명확성 사정

1. 인지적 명확성의 이해

(1) 인지적 명확성의 의미
① 자신의 강점과 약점을 객관적으로 평가하고, 그 평가를 환경적 상황에 연결시킬 수 있는 능력
② 내담자에게 인지적 명확성이 없는 경우 → 개인상담 후 직업상담 실시
③ 인지적 명확성이 늦은 사람은 상대적으로 자기이해 능력이 부족하기 때문에 직업문제 인식 및 해결에 어려움을 겪을 수 있음

④ 내담자에게 인지적 명확성이 있는 경우 → 바로 직업상담 실시
⑤ 인지적 명확성이 높은 사람은 자기이해 능력이 높아 자기지식을 환경에 적용할 수 있음

(2) 인지적 명확성 사정 시 고려사항

① 심리적 문제로 인지적 명확성이 부족한 경우 진로문제에 대한 결정은 당분간 보류하는 것이 좋음
② 직장을 처음 구하는 사람, 직업전환을 하는 사람, 직업적응 중에 있는 사람의 직업상담에 관한 접근은 서로 다름
③ 내담자의 동기를 고려해야 함
④ 직장인으로서의 역할은 다른 생애 역할과 복잡하게 얽혀 있으므로 직업계획이나 재적응을 생각할 때 다른 생애 역할도 고려해야 함
⑤ 직장을 처음 구하는 사람에게 상담자는 가장 먼저 내담자의 자기인식 수준을 탐색해야 함

(3) 인지적 명확성에서의 사정단계

① 1단계
  ㉠ 인지적 명확성 존재
  ㉡ 인지적 명확성이 있는가?
② 2단계
  ㉠ 내담자의 동기 존재 여부
  ㉡ 동기가 있는가?
③ 3단계
  ㉠ 내담자의 자기진단
  ㉡ 자기진단을 통해 자신을 노출하고 있는가?
④ 4단계
  ㉠ 내담자의 자기진단 탐색
  ㉡ 자기진단을 확인했는가?

👓 한눈에 쏙~

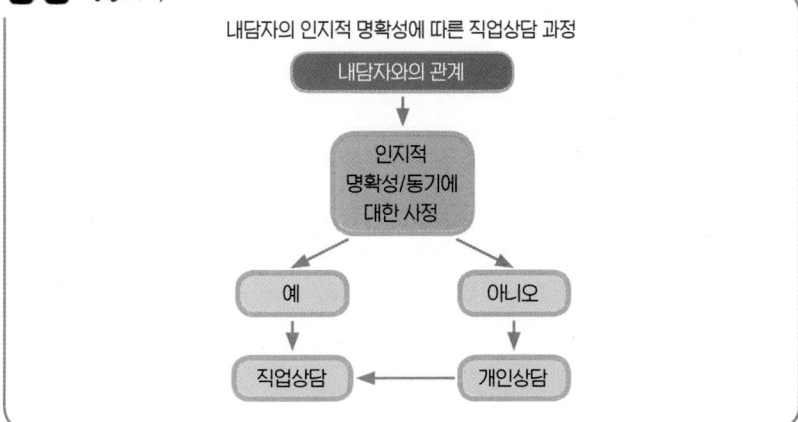

내담자의 인지적 명확성에 따른 직업상담 과정

SEMI-NOTE

(4) 인지적 명확성의 원인과 그에 따른 직업상담 과정

① 정보결핍 → 직업상담을 실시
  ㉠ 단순 지식의 부족
  ㉡ 읽기 문제나 학습장애 등 정보사용 불능에 의한 성장결핍
  ㉢ 필요정보와 불필요정보의 변별력 불능에 의한 과도한 정보
  ㉣ 정보능력이 부족하거나 왜곡된 정보에 집착하는 경우

② 경미한 정신건강 문제 → 다른 치료 후 직업상담을 실시
  ㉠ 낮은 효능감이 다른 선택사항에 대한 고려를 방해하는 경우
  ㉡ 잘못된 결정방식이 진지한 결정을 방해하는 경우
  ㉢ 비논리적 사고나 다른 배재적 사고유형에서 의사결정 방해가 나타나는 경우
  ㉣ 공포증, 말더듬 등의 문제가 직업 선택을 방해하는 경우

③ 심각한 정신건강 문제 → 다른 치료 후 직업상담을 실시
  ㉠ 정신증으로 인해 직업선택 능력이 심각하게 손상된 경우
  ㉡ 심각한 약물 남용 장애

④ 외적 요인 → 개인상담 후 직업상담 실시
  ㉠ 일시적 위기(사별, 불화 등)
  ㉡ 일시적 또는 장기적 스트레스(실업 등)

⑤ 고정관념 → 직업상담 실시
  ㉠ 경험부족
  ㉡ 가치관 고착 또는 심리적 문제에 따른 고정성
  ㉢ 의무감에 대한 집착

2. 인지적 명확성 부족의 유형과 면담기법

(1) 단순 오정보 → 정확한 정보 제공

> 내담자 : 그 대학은 강남권 학생에게 유리해요.
> 상담자 : 학생은 그 대학에 대해 부정적인 감정을 가지고 있군요. 그 대학 학생 중 강남 출신은 10% 밖에 안 되는데요. 과거에는 강남 출신이 많았는데 점차 바뀌고 있어요.

(2) 복잡한 오정보 → 논리적 분석

> 내담자 : 전 아직 결정을 못했어요. 그 대학에 다니는 3명의 학생들을 아는데 그들 모두 강남 출신인걸요.
> 상담자 : 학생이 말한 것을 논리적인 입장에서 생각해 봅시다. 그 대학의 전체 학생 수는 약 5,000명이에요. 학생은 그들 중 3명만 만나고는 그와 같은 결론을 내린 거예요. 사실에 근거해서 결정을 내리는 것이 중요해요.

(3) 구체성 결여 → 구체화시키기

> 내담자 : 사람들은 요즘 취직을 하기가 어렵다고들 해요.
> 상담자 : 어떠한 사람들을 이야기하시는지 짐작이 안 되네요.
> 내담자 : 모두 다예요. 제가 상의할 수 있는 상담자, 담당 교수님들, 심지어는 친척들까지도요. 정말 그런가요?
> 상담자 : 그래요? 그럼 사실이 어떤지 알아보도록 하죠.

(4) 가정된 불가능·불가피성 → 논리적 분석 및 격려

> 내담자 : 난 이번 시험에 합격할 수 없을 것 같아요.
> 상담자 : 그동안 학생은 공부를 매우 열심히 한 걸로 아는데요.
> 내담자 : 하지만 단념했어요. 내 친구는 시험이 어렵다고 했어요.
> 상담자 : 시험에 불합격할 것이라고 생각하고 있군요. 그 이유는 친구가 어렵다고 했기 때문이고요. 그러면 친구와 학생의 공통점을 알아보기로 하죠.

(5) 원인과 결과 착오 → 논리적 분석

> 내담자 : 난 사업을 할까 생각중이에요. 그런데 그 분야에서 일하는 여성들은 대부분 이혼을 한대요.
> 상담자 : 선생님은 사업을 하면 이혼을 할까봐 두려워하시는군요. 직장여성들의 이혼율과 다른 분야에 종사하는 여성들에 대한 통계를 알아보도록 하죠.

(6) 파행적 의사소통 → 저항에 초점 맞추기

> 상담자 : 제가 내준 과제인 진로일기를 작성하는 데 많은 어려움이 있다고 하셨지요. 지금 하는 일을 조절하도록 도와드리면 도움이 될 것 같네요.
> 내담자 : 그거 괜찮은 생각 같네요. 그런데 오늘 제가 새 컴퓨터를 사려고 봐둔 것이 있어요. 그 생각만 하면 즐거워요.
> 상담자 : 진로문제가 선생님의 주요 관심사 같은데요. 제가 그러한 것을 제안할 때마다 선생님께서는 회피하시는 것 같군요. 진로일기를 작성하고 나서 선생님의 진로문제가 해결되면 어떤 느낌이 들까요?

(7) 양면적 사고 → 역설적 사고

> 내담자 : 나는 기계공학 전공 말고는 아무것도 생각할 수 없어요. 그 외의 일을 한다는 것을 생각해 본적도 없어요.
> 상담자 : 학생이 기술자가 되지 못한다면 재앙이라도 일어날 것처럼 들리는군요. 그런데 학생은 기계공학을 하기에는 성적이 좋지 않군요.
> 내담자 : 그래서 미칠 것 같아요. 난 낙제할 것 같아요.
> 상담자 : 학생 인생에서 다른 대안을 생각해보지 않는다면 정말 문제가 되겠네요. 그렇다면 다음 주까지 "난 기계공학이 아니면 안 돼."라는 생각을 계속해 보는 거예요. 생각을 바꿀 필요가 있다고 동의했지만, 그렇게 하지 않도록 해 보는 거예요.

SEMI-NOTE

(8) 자기인식의 부족 → 은유 또는 비유 사용

> 내담자 : 난 호의를 가지고 사람들을 대하는데, 그들이 왜 그렇게 반응하는지 이해할 수 없어요.
> 상담자 : 사람들이 선생님의 기대에 부응하지 않을 때 화가 좀 나시겠어요.
> 내담자 : 네, 곧 우울해져요. 난 사무실에서 왕따예요.
> 상담자 : 사람들이 선생님을 어떻게 보는지에 대해서 이야기나 속담, 동화를 비유해서 말씀해 보시겠어요?
> 내담자 : 이건 좀 이상하게 들릴텐데요. 난 미운 오리새끼 같아요.
> 상담자 : 미운 오리새끼는 나중에 아름다운 백조가 되어 모두에게 환영받잖아요.

(9) 강박적 사고 → 인지 · 정서 · 행동기법(REBT)의 합리적 논박 사용

> 내담자 : 전 의사가 될 거예요. 저희 집안은 모두 의사들이거든요.
> 상담자 : 학생은 의사가 될 것으로 확신하고 있네요.
> 내담자 : 예. 물론이지요.
> 상담자 : 의사가 되지 못한다면 어떻게 되나요?
> 내담자 : 한 번도 그런 경우를 생각해 보지 못했습니다. 의사가 안 된다면 내 인생은 매우 끔찍할 것입니다.
> 상담자 : 학생은 학생이 하길 바라는 것을 하지 못했을 때 끔찍하게 느끼는군요. 그럼 ABCDE모형에 맞춰서 이야기를 해 보도록 하죠.

(10) 그 외의 명확성 사정을 위한 면담기술

① 걸러내기 → 재구조화
② 비난하기 → 직면, 논리적 분석
③ 잘못된 의사결정방식 → 의사결정 도움

3. 내담자의 정보 및 행동에 대한 이해기법

(1) 전이된 오류 정정하기

내담자가 가지고 있는 정보의 오류, 한계의 오류, 논리적 오류를 정정하는 것을 말하며, 직업상담에서는 전이된 오류가 자주 발생함

① 정보의 오류
  ㉠ 내담자가 실제 경험과 행동을 이야기함에 있어서 제대로 이야기하지 않을 때 나타남
  ㉡ 내담자가 직업세계에 대해 충분한 정보를 알고 있다고 잘못 생각하는 경우 상담자는 보충질문을 하거나 되물음으로써 잘못을 정확히 인식시켜주어야 함

이야기 삭제	내담자의 경험을 이야기함에 있어 중요한 부분이 빠졌을 경우 예 내 상사가 그러는데 나는 책임감이 없대요. → 무엇에 대한 책임감을 말하는 거죠?
불확실한 인물의 인용	내담자가 명사나 대명사를 잘못 사용했을 경우 예 사람들은 나를 미워해요. → 누가 그런다고 생각하나요?

SEMI-NOTE

내담자의 정보 및 행동에 대한 이해 개요
- 내담자가 자신의 목표와 문제에 적절히 대응하게 하기 위하여 어떻게 처방을 내릴지 파악
- 변덕이 심하거나 근거 없는 믿음을 가지고 있는 등의 문제에 맞서 직업상담이 순조롭게 이루어지도록 함

불분명한 동사의 사용	내담자가 모호한 동사를 사용했을 경우 예) 내 친구는 나를 우습게 봐요. → 어떤 점에서 그런 생각이 드나요?
참고자료의 불충분한 사용	내담자가 어떤 사람이나 장소, 사건을 구체적으로 이야기하지 않을 경우
제한된 어투의 사용	내담자가 자기 자신을 제한시키는 경우

② 한계의 오류
　㉠ 제한된 기회 및 선택에 대한 견해를 갖고 있는 내담자들이 스스로 자신의 견해를 제한하기 위해 사용함
　㉡ 내담자가 경험이나 느낌의 한정된 정보만을 노출시킬 때 일어남

예외 인정하지 않기	'항상, 절대로, 모두, 아무도' 등 사용
불가능을 가정하기	'할 수 없다, 안 된다, 해서는 안 된다' 등 사용
어쩔 수 없음을 가정하기	'해야만 한다, 선택의 여지가 없다' 등 사용

③ 논리적 오류
　㉠ 내담자가 논리적으로 맞지 않는 말을 진술함으로써 의사소통까지 방해하는 경우에 일어남
　㉡ 내담자가 상담과정을 왜곡되게 생각하고 있을 경우에 일어남

잘못된 인간관계 오류	자신이 선택이나 통제에 개입할 수 없으므로 책임감도 없다는 식으로 생각하는 경우
마음의 해석	다른 사람의 마음을 읽을 수 있다고 생각하는 경우
제한된 일반화	한 사람의 견해가 모든 사람들에게 공유된다는 개인적으로 생각하는 경우

(2) 가정 사용하기

① 내담자의 행동을 예측하기 위해 <u>내담자에게 그 행동이 존재했다는 것처럼 가정하고 이야기함</u>
② 가정에는 <u>단순한 지시</u>가 적절함
③ 내담자의 방어를 최소화하고 내담자의 행동을 추측할 수 있음
　예) 당신은 계획을 갖고 있나요? → 당신의 계획은 어떤 것인가요?(이미 계획이 존재한다고 가정함)

(3) 왜곡된 사고 확인하기

① 결론 도출, 재능에 대한 지각, 지적 및 정보의 부적절, 부분적인 일반화 그리고 관념 등에서 정보의 한 부분만을 보는 경우
② 여과하기, 정당화하기, 극단적인 생각, 과도한 일반화, 인격화, 인과응보의 오류, 마음 읽기 등에 의해 사고가 왜곡됨

(4) 의미 있는 질문 사용하기
① 질문은 강제적인 응답의 의지를 담기보다는 공손한 명령 형태를 띰
② 내담자의 주의를 요하는 질문들을 사용하며 대답의 범위를 열어 놓으며 내담자의 자유롭고 다양한 반응을 유도하여 대답하기 쉽게 느끼도록 함

(5) 저항감 재인식하기 및 다루기
① 내담자가 직설, 불신, 상담자의 능력과 방법 헐뜯기, 함축에 대한 도전, 책임에 대한 도전 등 다양한 전술로 의사소통을 고의로 방해할 경우 전략을 통해 내담자를 이해함
② 변형된 오류 수정하기, 내담자와 친숙해지기, 은유 사용하기, 대결하기 등의 전략이 있음

(6) 근거 없는 믿음 확인하기
① 확신을 갖고는 있지만 근거는 제시할 수 없는 경우
② 내담자에게 그 믿음이 근거가 없는 잘못된 것이라는 것을 알게 함으로써 다른 대안을 찾게 함
③ 거절에 대하여 상처를 받거나 두려워할 필요가 없음을 인지시키고 모든 사람이 각자 원하는 직업을 다 갖는 것은 아니며, 거절당한다는 것은 단지 특별한 직업을 갖지 못한다는 것임을 깨닫게 함

(7) 분류 및 재구성하기
① 내담자에게 자신의 세계를 다른 각도에서 볼 수 있도록 기회를 제공함
② 역설적 의도 기법은 내담자가 수행불안이나 예기불안이 있는 행동을 할 때 도움을 줄 수 있음
③ 역설적 의도 기법은 내담자의 표현을 분류하고 재구성하기 위해 사용함

실력UP 역설적 의도의 원칙

- 저항하기
- 시간 제한하기
- 변화 꾀하기
- 목표행동 정하기
- 변화전략 세우기
- 내담자 언어 재구성하기
- 이해하는 것 잊기
- 결정하기
- 증상 기록하기
- 재발 예견하기
- 지시이행의 동의 구하기

SEMI-NOTE

수행불안과 예기불안
- 수행불안 : 어떤 특별한 일을 수행할 때 몸이 긴장되고 불안해하는 것 (예) 대입면접
- 예기불안 : 자신에게 어떤 상황이 다가온다고 생각되는 경우에 생기는 불안 (예) 새로운 집단에 들어갈 때 이 집단에 잘 수용될 수 있을 것인지 걱정

(8) 반성의 장 마련하기

① 내담자의 독단적인 사고를 밝히는 것에서부터 시작해 지식의 불확실성, 일반화된 지식과의 비교 등의 과정을 통해 전반적인 반성적 판단이 이루어지게끔 함
② 내담자 자신, 타인, 세계 등에 대한 부정적인 판단을 내리는 과정을 알 수 있도록 상황을 만들어 줌

> **실력up Welfel의 7단계 진행 모형**
>
> - 1단계 : 상담자가 내담자의 독단적인 사고를 밝히는 단계
> - 2단계 : 현재의 대안적인 개념에 대하여 어느 정도 알기(지식) 시작하는 단계
> - 3단계 : 절대적인 지식이 존재하지만 진리가 출현될 때 받아들이지 않는 단계
> - 4단계 : 주위 모든 지식에 대하여 불확실성을 깨닫는 단계
> - 5단계 : 점차적으로 숙고하고 평가하며 새 지식을 습득하는 단계
> - 6단계 : 자신의 판단체계를 벗어나 일반화된 지식을 비교하고 대조하는 단계
> - 7단계 : 전반적으로 반성적인 판단이 이루어지는 단계

(9) 변명에 초점 맞추기

① 자신의 행동의 부정적인 면을 줄이고 자신의 긍정적인 면을 계속 유지하는 것
② 스나이더(Snyder) 등은 내담자의 변명을 다음과 같이 구분하였음
  ㉠ **책임 회피하기** : 부정, 알리바이, 비난 등
  ㉡ **결과를 다르게 조직하기** : 축소, 훼손, 정당화 등
  ㉢ **책임 변형시키기** : "그렇게 할 수밖에 없었어요.", "이건 정말 제가 아니에요." 등

07절 대안개발과 의사결정

1. 직업정보 수집과 대안선택

(1) 대안선택의 의의

① 내담자의 의사결정을 돕기 위함임
② 대안개발은 직업정보를 자료로 사용할 수 있음
③ 대안개발에 사용되는 자료는 표준화된 직업정보가 적합함

(2) 직업정보 수집 및 대안개발의 4단계

1단계 직업분류 제시하기	내담자에게 직업분류체계를 제공함
2단계 대안 목록 만들기	내담자와 함께 직업대안들에 대한 광범위한 목록을 작성함

SEMI-NOTE

웰펠(Welfel)
웰펠은 반성의 장 마련하기에서 7단계 진행 모형을 제안하였음

3단계 목록 줄이기	내담자와 함께 2~5개의 가장 적당한 대안으로 목록을 줄임
4단계 직업정보 수집하기	내담자에게 줄어든 목록 각각의 대안들에 관한 정보를 수집하도록 지시함

(3) 내담자의 대안목록의 직업들이 실현 불가능할 때 상담전략

① 상담자의 견해는 내담자의 상황을 토대로 해야 함
② 브레인스토밍 과정을 통해 내담자의 대안직업 대다수가 부적절한 것임을 명확히 함
③ 내담자가 실현 불가능한 직업들에 정서적 열정을 소모하기 전에 신속히 개입해야 함
④ 객관적 증거나 논리를 바탕으로 대화함
⑤ 내담자에게 대안 직업에 대한 인식의 폭을 넓히도록 유도함
⑥ 어떠한 경우에든 내담자를 특정 방향으로 가도록 설득할 권리가 없음을 명심함
⑦ 최종의사결정은 내담자가 해야 함을 확실히 함

2. 직업대안 선택하기

(1) 직업선택을 위한 평가과정[요스트(Yost)]

① 원하는 성과연습
  ㉠ 내담자의 선호도 목록(직책, 급여, 자율성 등)에 준하여 각 직업들을 점검하는 것
  ㉡ 도표의 좌측에 선호사항을, 우측에 직업들의 목록을 나열함
② 찬반연습
  ㉠ 내담자로 하여금 각 직업들의 장기적·단기적 장단점을 생각해 보도록 하는 것
  ㉡ 특정 직업에 대한 찬성의견, 반대의견을 작성함
③ 대차대조표연습
  ㉠ 특정 직업의 선택으로 인해 영향을 받게 될 영역이나 사람들에 초점을 두는 것
  ㉡ 도표의 좌측에 가족, 건강 등을, 우측에 긍정적·부정적 효과를 작성함
④ 확률추정연습
  ㉠ 내담자가 예상한 결과들이 실제적으로 어느 정도 나타날 것인지를 추정해 보도록 하는 것
  ㉡ 각 직업마다 나타날 수 있는 긍정적·부정적 결과를 열거하고 확률을 추정해봄
⑤ 미래를 내다보는 연습
  ㉠ 내담자로 하여금 상상을 통해 미래의 직업에 대해 5년, 10년, 15년 후의 양상을 그리게 함
  ㉡ 대안의 결과에 대한 미래 혹은 어느 한 직업의 결과, 동일 직업의 미래 등을 상상함

SEMI-NOTE

대안선택 시 내담자의 과제
- 한 가지 선택을 하도록 준비함
- 각각의 직업들을 평가함
- 평가한 직업들 가운데 한 가지를 선택함
- 선택조건에 이름

(2) 대안개발과 의사결정 시 내담자의 부정적 인지에 대한 인지치료 과정

① 내담자가 느끼는 감정의 속성 확인
② 내담자의 감정과 연합된 사고, 신념, 태도 등을 확인
③ 내담자의 사고 등을 한두 가지 문장으로 요약, 정리
④ 내담자를 도와 현실과 사고를 조사하도록 개입
⑤ 내담자에게 과제를 부여하여 사고와 신념의 적절성 검증

3. 직업선택의 결정모형

(1) 진로의사결정 유형[하렌(Harren)]

① 합리적 유형
  ㉠ 의사결정 시 장기적 전망을 지니고, 결정을 예견하고 논리적으로 결정하며, 자신을 인식하는 유형
  ㉡ 자신과 상황에 대한 정확한 정보 수집, 체계적이고 논리적으로 접근하는 의사결정 수행
  ㉢ 의사결정에 대해 자신이 책임을 짐

② 직관적 유형
  ㉠ 현재의 감정을 중시하고, 결정에 대한 책임은 수용하나 결정을 예견하지는 않으며, 감정적으로 자신을 인식하고 환상을 이용하는 유형
  ㉡ 의사결정의 기초로 상상력 사용, 현재의 감정에 주의를 기울이며 정서적 자각 사용
  ㉢ 선택에 대한 확신은 비교적 빨리 내리지만 그 결정의 적절성은 내적으로만 느낄 뿐 설명하지 못하는 경우가 있음

③ 의존적 유형
  ㉠ 의사결정에 대한 개인의 책임을 부정하고 그 책임을 외부로 돌리는 경향
  ㉡ 의사결정과정에서 타인의 영향을 많이 받고 수동적이며 순종적임
  ㉢ 사회적 인정에 대한 욕구가 높음

(2) 처방적 직업결정 모형

① 겔라트(Gelatt)의 모형
  ㉠ 직업선택의 결과보다 과정을 중시
  ㉡ 3차원으로 분리된 '예언적 체계', '가치체계', '결정준거'에서 각 체계마다 정보를 입수함으로써 훌륭한 선택결정이 가능하다고 보았음
  ㉢ 의사결정과정
    • 목표의식 : 직업목표를 수립
    • 정보수집 : 관련 직업정보를 수집
    • 대안열거 : 선택 가능한 직업목록을 작성
    • 대안의 결과 예측 : 선택했을 때 예상되는 결과를 예측
    • 대안의 실현 가능성 예측 : 각 결과들의 실현 가능성을 예측

SEMI-NOTE

직업선택 결정모형
직업선택 결정모형은 직업적 행위에 대한 개념들을 상호 비교하여 설명하기 위해 정리된 방법을 제공함
• **기술적 직업결정모형** : 일반적인 방식을 나타내고자 시도한 이론
• **처방적 직업결정모형** : 실수를 감소시키고 더 나은 선택을 할 수 있도록 돕는 의도에서 시도된 이론

SEMI-NOTE

- 가치평가 : 결과들의 가치평가를 함
- 의사결정 : 대안을 선택
- 평가 및 재투입 : 의사결정에 대한 평가와 피드백을 함

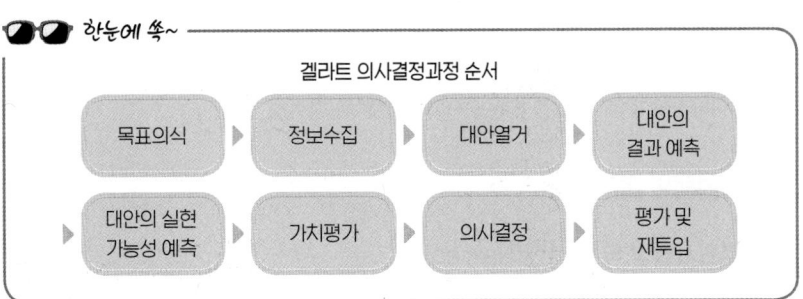

겔라트 의사결정과정 순서

② 카츠(Katz)의 모형 : 직업결정자는 자신의 특성요인을 나열 및 개발하고 가치와 중요도에 따라 서로 비교하고 그 특성에 맞는 대안을 선택한 후 그 대안이 제공하는 보수에 따라 평가해야 한다고 주장함

③ 칼도와 쥐토우스키(Kaldor&Zytowski)의 모형
  ㉠ 직업적 유용도를 함수로 설명함
  ㉡ 직업결정자는 대안에 대해 무제한의 정보를 갖게 된다고 강조

(3) 기술적 직업결정 모형

① 타이드만과 오하라(Tiedeman&O'Hara)의 모형
  ㉠ 진로발달을 '자기정체감 분화', '발달과업 수행', '심리사회적 위기 해결의 지속적인 과정'으로 보았음
  ㉡ 직업선택을 결정하는 기간을 '기대의 기간(예상기)'과 '실행 및 조정의 기간(실천기)'으로 구분함
  ㉢ 진로발달단계를 자기정체감을 지속적으로 구별해내고 발달과제를 처리하는 과정으로 설명하며 시간의 틀 내에서 개념화함

② 힐튼(Hilton)의 모형
  ㉠ 복잡한 정보에 접근하게 되는 구조에 근거를 둔 이론
  ㉡ 진로결정과정을 계획과 전제 간의 불균형점을 조사해보고 부조화가 없을 때 행위화시키는 과정으로 설명함
  ㉢ 직업선택결정단계를 '전제 단계', '계획 단계', '인지부조화 단계'로 구분함
    - 전제 단계 : 직업 선택하기 전 조사 단계
    - 계획 단계 : 특정 직업에서 요구하는 행동을 상상하며 계획
    - 인지부조화 단계 : 자신이 가진 특성과 반대되는 직업을 가짐으로써 생겨나는 행동을 시험

③ 브룸(Vroom)의 모형 : 브룸의 기대이론은 동기이론의 과정을 중시한 이론의 하나로서 기대감이나 수단성이 충족될 때 동기가 더 크게 부여된다는 이론임

④ 슈(Hsu)의 모형 : 직업결정자는 선택과 목표 사이의 불균형을 극소화시키려고 시도한다고 가정

타이드만과 오하라의 직업발달 과정

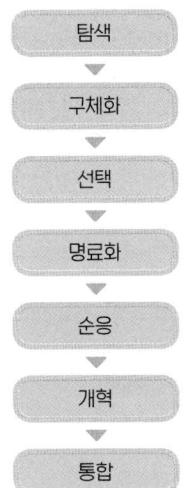

탐색 → 구체화 → 선택 → 명료화 → 순응 → 개혁 → 통합

브룸(Vroom) 기대이론

구성원 개인의 모티베이션의 강도를 성과에 대한 기대와 성과의 유의성에 의해 설명하는 이론. 조직의 구성원은 1차적 산출인 성과를 기대하면서 노력하고, 성과는 2차적 산출인 보상(승진, 급료 등)을 기대함

⑤ 플레처(Fletcher)의 모형
  ㉠ 개념학습에 대한 생각에 근거를 둠
  ㉡ 하나의 직업은 흥미, 가치관 등 여러 가지 요인의 조합으로 이루어진다고 봄
  ㉢ 직업개념을 '특수성 대 일반성', '구체성 대 추상성'으로 구분함

실력UP 직업선택 결정모형의 구분

처방적 직업결정모형	기술적 직업결정모형
• 겔라트(Gelatt) • 카츠(Katz) • 칼도와 쥐토우스키(Kaldor&Zytowski)	• 타이드만과 오하라(Tiedeman&O'Hara) • 힐튼(Hilton) • 브룸(Vroom) • 슈(Hsu) • 플레처(Fletcher)

(4) 6개의 생각하는 모자 기법(Six Thinking Hats)

① 에드워드 드 보노(Edward de Bono)가 개발한 의사결정 촉진방법
② 내담자에게 6가지 색의 생각하는 모자를 써보게 하여 각각의 모자의 색에 해당하는 역할을 수행하게 하고 의사결정을 용이하게 하는 것
③ 단순명료하고 효과적으로 사고하기 위해 고안됨
④ 브레인스토밍과 같은 아이디어 회의를 할 경우, 뾰족한 아이디어가 떠오르지 않은 채 회의가 지루하게 전개되는 경우 사용할 수 있는 방법임
⑤ 6개의 모자와 사고유형

백색 (하양)	• 본인과 직업들에 대한 사실만을 고려 • 중립적, 객관적 사고를 반영 • 순수, 객관적, 중립적, 사실정보
적색 (빨강)	• 직관에 의존하고 직감에 따라 행동 • 직관에 의한 감정과 느낌을 반영 • 피, 정열, 비이성적 측면, 감정, 직관, 느낌
흑색 (검정)	• 모든 일이 잘 안 될 것이라고 생각 • 비관적, 부정적, 비판적인 느낌을 반영 • 긴장감, 어둠, 부정적 측면, 비판적 사고
황색 (노랑)	• 모든 일이 잘 될 것이라고 생각 • 낙관적인 느낌을 반영 • 어린이, 밝음, 긍정적 측면, 낙관적 사고
녹색 (초록)	• 새로운 대안들을 찾으려고 노력하고 문제를 다른 각도에서 바라봄 • 창조적, 아이디어 생산을 반영 • 식물, 자연, 새로운 아이디어, 창조적 사고
청색 (파랑)	• 다른 모자의 사용법을 조절하는 사회자로서의 역할을 반영 • 이성적, 합리적으로 생각, 모든 의견의 최종 요약정리 및 방향제시 • 조절, 통제, 사회자, 차분함, 이성

SEMI-NOTE

밀러 – 타이드만(A. Miller – Tideman & D. Tideman)의 진로의사 결정이론
★ 빈출개념

• 사람들이 정보를 처리하고 그러한 과정을 통해 의사결정을 할 수 있다고 가정하였음
• 자기 내면에 귀 기울이기의 중요성을 강조하면서 사적 현실과 공적 현실을 구분하였음
• 내담자 생애진로에 영향을 미치는 진로의사결정에 있어서 내담자의 역할을 중시하였음

9급공무원

직업상담·심리학개론

나두공

03장 직업상담사의 윤리

01절 상담 윤리강령

02절 윤리강령의 내용

03장 직업상담사의 윤리

01절 상담 윤리강령

1. 상담 윤리강령의 개요

(1) 상담 윤리강령의 역할과 기능
① 내담자의 복리 증진
② 지역사회의 도덕적 기대 존중
③ 전문직으로서의 상담기능 보장
④ 상담자 자신의 사생활과 인격 보호
⑤ 직무수행 중의 갈등 해결 지침 제공

(2) 상담 윤리강령의 원칙
① 상담사는 윤리강령을 숙지해야 할 의무가 있음
② 윤리강령에 대해 모르고 있거나 잘못 이해했다고 하여도 비윤리적 행위가 정당화될 수는 없음
③ 상담사는 현행법이 윤리강령을 제한할 경우, 현행법을 우선으로 적용함
④ 특정 상황이나 행위가 윤리강령에 위배되는지 여부가 불분명하다면 상담사는 다른 상담사 또는 해당 권위자 및 상벌윤리 위원회의 자문을 구해야 함
⑤ 상담사는 사실이 아닌 일을 꾸미거나 과장하여 위반 사례로 신고하면 안 됨
⑥ 직무수행 중 윤리위반의 해결지침으로 사용해야 함

(3) 상담 윤리강령 활용의 한계
① 모든 문제가 상담 윤리강령으로 해결되지는 않을 수 있음
② 상담 윤리강령으로 인한 갈등이 발생할 수 있음
③ 법정판결이 상담 윤리강령에서 기대했던 것과는 다를 수 있음
④ 상담 윤리강령을 회원들에게 지키도록 강요하는 것이 쉽지 않음
⑤ 상담 윤리강령 제정 과정에서 내담자의 관심은 반영하지 못함

> **step up 직업상담사의 반윤리적 행동[레빈슨(Levenson)]**
> - 비밀누설
> - 자신의 전문적 능력 초월
> - 자신이 갖지 않은 전문성의 주장
> - 내담자에게 자신의 가치 속이기
> - 내담자에게 의존성 심기

SEMI-NOTE

상담 윤리강령의 필요성
- 정부로부터 상담자로서의 직업을 보호받음
- 내부의 불일치와 다툼을 조정함
- 직업 내부의 안정성 증진
- 일반인으로부터의 소송과 관련하여 상담사를 보호함

상담의 일반적 윤리 원칙[키치너(Kitchener)]
- **자율성**: 타인의 권리를 해치지 않는 한 내담자가 자신의 행동을 선택할 권리가 있음
- **선행**: 내담자와 타인을 위해 선한 일을 하는 것
- **무해성**: 내담자에게 해를 끼치는 행동을 하지 않는 것
- **공정성**: 모든 내담자는 평등하며 성별·인종·지위에 관계 없이 공정한 대우를 받아야 함
- **충실성**: 상담자는 내담자에게 믿음과 신뢰를 주며 상담관계에 충실해야 함

- 내담자와의 성적 행위
- 이해갈등
- 의심스런 계약
- 부당한 광고
- 과중한 요금
- 태만함

02절 윤리강령의 내용

1. 직업상담사의 윤리강령(출처 : 한국카운슬러협회)

(1) 개별원칙

① 카운슬러는 내담자가 자기 및 타인에 대한 이해를 통하여 보다 바람직한 사회생활을 할 수 있도록 도움
② 이러한 역할을 수행하는 과정에서, 카운슬러는 자기의 도움을 청하는 내담자의 복지를 보호함
③ 내담자를 돕는 과정에서 카운슬러는 문의 및 의사소통의 자유를 갖되, 그에 대한 책임을 지며 동료의 관심 및 사회 공익을 위하여 최선을 다함

(2) 일반원칙

① 사회관계
 ㉠ 카운슬러는 자기가 속한 기관의 목적 및 방침에 모순되지 않는 활동을 할 책임이 있음. 만일 그의 전문적 활동이 소속 기관의 목적과 모순되고, 윤리적 행동 기준에 관하여 직무수행 과정에서의 갈등을 해소할 수 없을 경우에는 그 소속 기관과의 관계를 종결해야 함
 ㉡ 카운슬러는 사회 윤리 및 자기가 속한 지역 사회의 도덕적 기준을 존중하며, 사회공익과 자기가 종사하는 전문직의 바람직한 이익을 위하여 최선을 다해야 함
 ㉢ 카운슬러는 자기가 실제로 갖추고 있는 자격 및 경험의 수준을 벗어나는 인상을 타인에게 주어서는 안 되며, 타인이 실제와 다른 인식을 가지고 있을 경우 이를 시정해 줄 책임이 있음

② 전문적 태도
 ㉠ 카운슬러는 카운슬링에 대한 이론적, 경험적 훈련과 지식을 갖추는 것을 전제로 하며, 내담자를 보다 효과적으로 도울 수 있는 방법에 관하여 꾸준히 연구, 노력하는 것을 의무로 삼아야 함

SEMI-NOTE

용어설명
- 카운슬러(Counsellor) : 상담자 또는 상담사
- 카운슬링(Counseling) : 상담

SEMI-NOTE

  © 카운슬러는 내담자의 성장 촉진 및 문제의 해결 및 예방을 위하여 시간과 노력상의 최선을 다해야 함
  © 카운슬러는 자기의 능력 및 기법의 한계를 인식하고, 전문적 기준에 위배되는 활동을 하지 않음. 만일, 자신의 개인 문제 및 능력의 한계 때문에 도움을 주지 못하리라고 판단될 경우에는 다른 전문직 동료 및 기관에게 의뢰해야 함
③ 개인 정보의 보호
  ⓘ 카운슬러는 내담자 개인 및 사회에 임박한 위험이 있다고 판단될 때 극히 조심스러운 고려 후에만, 내담자의 사회생활 정보를 적정한 전문인 혹은 사회당국에 공개해야 함
  © 카운슬링에서 얻은 임상 및 평가 자료에 관한 토의는 사례 당사자에게 도움이 되는 경우 및 전문적 목적에 한하여 할 수 있음
  © 내담자에 관한 정보를 교육장면이나 연구용으로 사용할 경우에는, 내담자와 합의 한 후 그의 정체가 전혀 노출되지 않도록 해야 함
④ 내담자의 복지
  ⓘ 카운슬러는 카운슬링 활동의 과정에서 소속 기관 및 비전문인과의 갈등이 있을 경우, 내담자의 복지를 우선적으로 고려하고 자신의 전문적 집단의 이익은 부차적인 것으로 간주해야 함
  © 카운슬러는 내담자가 자기로부터 도움을 받지 못하고 있음이 분명할 경우에는 카운슬링을 종결하려고 노력해야 함
  © 카운슬러는 카운슬링의 목적에 위배되지 않는 경우에 한하여, 검사를 실시하거나 내담자 이외의 관련 인물을 면접함
⑤ 카운슬링 관계
  ⓘ 카운슬러는 카운슬링 전에 카운슬링의 절차 및 있을 수 있는 주요 국면에 관하여 내담자에게 설명해야 함
  © 카운슬러는 자신의 주관적 판단에만 의존하지 않고, 내담자와의 협의 하에 카운슬링 관계의 형식, 방법 및 목적을 설정하고 결과를 토의해야 함
  © 카운슬러는 내담자가 이해, 수용할 수 있는 한도에서 카운슬링의 기법을 활용해야 함
⑥ 타 전문직과의 관계
  ⓘ 카운슬러는 상호 합의한 경우를 제외하고는 타 전문인으로부터 도움을 받고 있는 내담자에게 카운슬링을 하지 않음. 공동으로 도움을 줄 경우에는 타 전문인과의 관계와 조건에 관하여 분명히 할 필요가 있음
  © 카운슬러는 자기가 아는 비전문인의 윤리적 행동에 관하여 중대한 의문을 발견했을 경우 그러한 상황을 시정하는 노력을 할 책임이 있음
  © 카운슬러는 자신의 전문적 자격이 타 전문분야에서 오용되는 것을 피하며, 자신의 이익을 위해 타 전문직을 손상시키는 언어 및 행동을 삼가야 함

2. 상담심리사의 윤리규정(출처 : 한국상담심리학회)

(1) 전문가로서의 태도

① 전문적 능력
  ㉠ 상담심리사는 자신의 능력의 한계를 인정하고 교육과 수련, 경험 등에 의해 준비된 역량의 범위 안에서 전문적인 서비스와 교육을 제공해야 함
  ㉡ 상담심리사는 자신이 가진 능력 이상의 것을 주장하거나 암시해서는 안 되며, 타인에 의해 능력이나 자격이 오도되었을 때에는 수정해야 할 의무가 있음
  ㉢ 상담심리사는 문화, 신념, 종교, 인종, 성적 지향, 성별 정체성, 신체적 또는 정신적 특성에 대한 자신의 편견을 자각하고, 이를 극복하기 위해 노력해야 함. 특히 위와 같은 편견이 상담 과정을 방해할 우려가 있을 경우 자문, 사례지도 및 상담을 요청해야 함
  ㉣ 상담심리사는 자신의 활동분야에 있어서 최신의 과학적이고 전문적인 정보와 지식을 유지하기 위해 지속적인 교육과 연수의 필요성을 인식하고 참여해야 함
  ㉤ 상담심리사는 자신의 전문적 능력에 대해 정확히 인식하고 정기적으로 전문인으로서의 능력과 효율성에 대해 자기점검 및 평가를 해야 함. 상담자로서 직무를 수행하는데 방해가 되는 개인적 문제나 능력의 한계를 인식하게 될 경우 지도감독이나 전문적 자문을 받을 책무가 있음

② 성실성
  ㉠ 상담심리사는 자신의 신념체계, 가치, 제한점 등이 상담에 미칠 영향력을 자각해야 함
  ㉡ 상담심리사는 내담자에게 상담의 목표와 이점, 한계와 위험성, 상담료 지불방법 등을 명확히 알려야 함
  ㉢ 상담심리사는 능력의 한계나 개인적인 문제로 내담자를 적절하게 도와줄 수 없을 때, 전문적 자문과 지원을 받는 등의 적절한 조치를 취한 뒤, 직무수행을 제한할지 아니면 완전히 중단할지 여부를 결정해야 함
  ㉣ 상담심리사는 자신의 질병, 죽음, 이동, 퇴직으로 인한 상담의 갑작스런 중단 가능성에 대비하고 있어야 하며, 또한 내담자의 이동이나 재정적 한계 등과 같은 요인에 의해 상담이 중단될 경우, 이에 대해 적절한 조치를 취해야 함
  ㉤ 상담심리사는 내담자가 더 이상 도움을 필요로 하지 않거나, 상담을 지속하는 것이 더 이상 내담자에게 도움이 될 가능성이 없거나, 오히려 내담자에게 해가 될 것이 분명하다면 상담 관계를 종결해야 함. 내담자가 다른 전문가를 필요로 할 경우에는 적절한 과정을 거쳐 의뢰하거나 관련 정보를 제공해야 함
  ㉥ 상담심리사는 개인의 이익을 위해 상담전문직의 가치와 품위를 훼손하는 행동을 해서는 안 됨

ⓐ 상담심리사는 자신이 지도감독 내지 평가 하거나 기타의 권위를 행사하는 대상, 즉 내담자, 학생, 수련생, 연구 참여자 및 피고용인을 물질적, 신체적, 업무상으로 착취하지 않아야 함
ⓑ 상담심리사는 자신의 기술이나 자료가 다른 사람들에 의해 오용될 가능성이 있는 활동에 참여해서는 안 되며, 이런 일이 일어난 경우에는 이를 바로잡거나 최소화하는 조치를 취해야 함

③ 자격관리
㉠ 상담심리사는 자신의 자격급수와 상담경력을 정확히 알려야 하며, 자신의 자격을 과장하지 않아야 함
㉡ 상담심리사는 자신이 상담 관련 분야에서 취득한 최종 학위 및 전공을 정확히 명시하고, 그 이외의 분야에서 취득한 학위가 있더라도 그것을 마치 상담 관련 학위인 것처럼 알리지 않아야 함
㉢ 상담심리사는 자신의 전문자격을 유지하기 위하여 지속적인 교육, 연수를 받아야 함. 만약 자격이 정지되었을 경우에는 이에 따른 책임을 지며 자격을 회복하기 위해 노력해야 함

(2) 사회적 책임

① 사회와의 관계
㉠ 상담심리사는 사회의 윤리와 도덕기준을 존중하고, <u>사회공익과 상담분야의 발전을 위해 최선을 다해야 함</u>
㉡ 상담심리사는 필요시 무료 혹은 저가의 보수로 자신의 전문성을 제공하는 사회적 공헌 활동에 참여해야 함
㉢ 상담비용을 책정할 때 상담심리사들은 <u>내담자의 재정상태를 고려하여야 함</u>. 책정된 상담료가 내담자에게 적절하지 않을 때에는, 대안적 서비스를 받을 수 있도록 도와야 함
㉣ 상담심리사는 상담자 양성에 도움이 되는 다양한 전문적 활동에 참여해야 함

② 고용 기관과의 관계
㉠ 상담심리사는 자신이 종사하는 기관의 목적과 방침에 공헌할 수 있는 활동을 할 책임이 있음. 기관의 목적과 방침이 상담자 윤리와 상충될 때에는 이를 해결하기 위해 노력해야 함
㉡ 상담심리사는 근무기관의 관리자 및 동료들과 상담업무, 비밀보장, 직무에 대한 책임, 공적 자료와 개인자료의 구별, 기록된 정보의 보관과 처분에 관하여 상호 협의해야 함. 상호 협의한 관계자들은 협의 내용을 문서화하고 공유해야 함
㉢ 상담심리사는 자신이 속한 기관의 효율성에 제한을 줄 수 있는 상황에 대해 미리 알려주어야 함

③ 상담 기관 운영자
㉠ 상담기관 운영자는 기관 내에서 이루어지는 제반 상담활동을 관리 감독함에 있어, 내담자의 권리와 복지를 최우선으로 고려해야 함

사회적 책임 - 홍보
- 상담심리사는 전문가로서의 자신의 자격과 상담경력에 대해 대중에게 정확하게 홍보해야 하며, 오해를 일으킬 수 있거나 거짓된 내용을 전달해서는 안 됨
- 상담심리사는 일반인들에게 상담의 전문적 활동이나 상담 관련 정보, 기대되는 상담효과 등을 정확하게 알려주어야 함
- 상담심리사는 출판업자, 언론인, 혹은 후원자 등이 상담의 실제나 전문적인 활동과 관련된 잘못된 진술을 하는 경우 이를 시정하고 방지하도록 노력해야 함
- 상담심리사가 워크숍이나 상담 프로그램을 홍보할 때는 참여자의 선택을 위해서 정확한 정보를 제공해야 함
- 상담심리사는 상담자의 품위를 훼손하지 않도록 책임의식을 가지고 홍보해야 함
- 상담심리사는 홍보에 활용하기 위하여 내담자에게 소감문 작성이나 사진 촬영 등을 강요하지 않아야 함
- 상담심리사는 자신이 실제로 상담 및 자문 활동을 하지 않는 상담기관이 자신의 이름을 기관의 홍보에 사용하지 않도록 해야 함

- ⓒ 상담기관 운영자는 방음, 편안함, 주의집중 등을 고려하여 상담 및 심리평가에 적합한 독립된 공간을 제공해야 함
- ⓒ 상담기관 운영자는 상담심리사를 포함한 피고용인의 권리와 복지 보장 및 전문성 제고를 위해 최선의 노력을 다 할 책임이 있음
- ⓔ 상담기관 운영자는 업무에 적합한 전문성을 갖춘 상담심리사를 고용하고, 이들의 증명서, 자격증, 업무내용, 기타 상담자와 관련된 다른 정보 등을 정확하게 파악하고 관리하여야 함
- ⓜ 상담기관 운영자는 직원들에게 기관의 목표와 활동에 대해 알려주어야 함
- ⓗ 상담기관 운영자는 고용, 승진, 인사, 연수 및 지도 시에 성별, 장애, 나이, 성적 지향, 성별 정체성, 사회적 신분, 외모, 인종, 가족형태, 종교 등을 이유로 차별적인 행동을 해서는 안 됨
- ⓢ 상담기관 운영자는 고용을 빌미로 상담심리사가 원치 않는 유료 상담, 유료 교육, 내담자 모집을 강제해서는 안 됨

④ 다른 전문직과의 관계
- ⓘ 상담심리사는 함께 일하는 다른 전문적 집단의 특성을 존중하고, 상호 협력적 관계를 도모해야 함
- ⓒ 공적인 자리에서 개인 의견을 말할 경우, 상담심리사는 그것이 개인적 의견에 불과하며 상담심리사 전체의 견해나 입장이 아님을 분명히 해야 함
- ⓒ 상담심리사는 내담자가 다른 정신건강 전문가의 서비스를 받고 있음을 알게 되면, 내담자로 하여금 상담 사실을 그 전문가에게 알리도록 권유하고, 긍정적이고 협력적인 치료관계를 맺도록 노력해야 함
- ⓔ 상담심리사는 내담자 의뢰나 소개와 관련한 비용을 수취하거나 요구하지 않아야 함

⑤ 자문
- ⓘ 자문이란 개인, 집단, 사회단체가 전문적인 조력자의 도움이 필요하여 요청한 자발적인 관계를 말함. 상담심리사는 자문을 요청한 개인이나 기관의 문제 혹은 잠재된 문제를 규명하고 해결하는데 도움을 줌
- ⓒ 상담심리사는 자신이 자문에 참여하는 개인 또는 기관에게 도움을 주는데 필요한, 자질과 능력을 갖추었는지를 스스로 검토하고 자문에 임해야 함
- ⓒ 상담심리사는 자문에 임할 때 자신의 가치관, 지식, 기술, 한계성이나 욕구에 대한 깊은 자각이 있어야 하고, 자문의 초점은 문제를 가진 사람이 아니라 풀어나가야 할 문제 자체에 두어야 함
- ⓔ 자문 관계는 자문 대상자가 스스로 성장해 나가도록 격려하고 고양하는 것이어야 함. 상담심리사는 이러한 역할을 일관성 있게 유지해야 하고, 자문 대상자가 스스로의 의사결정자가 되도록 도와주어야 함
- ⓜ 상담활동에서 자문의 활용에 대해 홍보할 때는 학회의 윤리강령을 성실하게 준수해야 함

(3) 내담자의 복지와 권리에 대한 존중

① 내담자 복지
   ㉠ 상담심리사의 일차적 책임은 내담자의 복지를 증진하고 존엄성을 존중하는 것임
   ㉡ 상담심리사는 내담자의 잠재력을 개발하여 건강한 삶을 영위하도록 도움을 주며, 어떤 방식으로도 해를 끼치지 않아야 함
   ㉢ 상담심리사는 상담관계에서 오는 친밀성과 책임감을 인식해야 함. 상담심리사의 개인적 욕구충족을 위해서 내담자를 희생시켜서는 안 되며, 내담자로 하여금 의존적인 상담관계를 형성하지 않도록 노력해야 함
   ㉣ 상담심리사는 직업 문제와 관련하여 내담자의 능력, 일반적인 기질, 흥미, 적성, 욕구, 환경 등을 고려하면서 내담자와 함께 노력하지만, 내담자의 일자리를 찾아주거나 근무처를 정해줄 의무가 있는 것은 아님

② 내담자의 권리와 사전 동의
   ㉠ 내담자는 상담 계획에 참여할 권리, 상담을 거부하거나 상담 개입방식의 변화를 거부할 권리, 그러한 거부에 따른 결과에 대해 고지 받을 권리, 자신의 상담 관련 정보를 요청할 권리 등이 있음
   ㉡ 상담심리사는 상담을 시작할 때 내담자가 충분한 설명을 듣고 선택할 수 있도록 적절한 정보를 제공해야 하고, 상담자와 내담자 모두의 권리와 책임에 대해서 알려줄 의무가 있음. 이러한 사전 동의 절차는 상담과정의 중요한 부분이며, 내담자와 논의하고 합의된 내용을 적절하게 문서화해야 함
   ㉢ 상담심리사가 내담자에게 설명해야 할 사전 동의 항목으로는 상담자의 자격과 경력, 상담 비용과 지불 방식, 치료기간과 종결 시기, 비밀보호 및 한계 등이 있음
   ㉣ 상담심리사는 내담자에게 상담 과정의 녹음과 녹화 가능성, 사례지도 및 교육에의 활용 가능성에 대해 설명하고, 내담자에게 동의 또는 거부할 권리가 있음을 알려야 함
   ㉤ 내담자가 미성년자 혹은 자발적인 동의를 할 수 없는 경우, 상담심리사는 내담자의 최상의 복지를 고려하여, 보호자 또는 법정 대리인의 사전 동의를 구해야 함
   ㉥ 상담심리사는 미성년인 내담자를 상담할 때, 필요하면 부모나 보호자가 상담에 참여 할 수 있음을 내담자에게 알려야 함. 이 경우, 상담자는 부모 혹은 보호자의 참여에 앞서 그 영향을 고려하고 내담자의 권익을 보호하도록 함

③ 다양성 존중
   ㉠ 상담심리사는 모든 인간의 기본적인 권리, 존엄성, 가치를 존중하며 성별, 장애, 나이, 성적 지향, 성별 정체성, 사회적 신분, 외모, 인종, 가족형태, 종교 등을 이유로 내담자를 차별하지 않아야 함

ⓒ 상담심리사는 내담자의 다양한 문화적 배경을 이해하려고 적극적으로 시도해야 하며, 상담심리사 자신의 고유한 문화적 정체성이 상담과정에 어떤 영향을 주는지 인식해야 함
ⓓ 상담심리사는 자신의 고유한 가치, 태도, 신념, 행위를 인식하고, 내담자에게 자신의 가치를 강요하지 않아야 함

(4) 상담관계

① 다중 관계
  ㉠ 상담심리사는 객관성과 전문적인 판단에 영향을 미칠 수 있는 다중 관계는 피해야 함. 가까운 친구나 친인척, 지인 등 사적인 관계가 있는 사람을 내담자로 받아들이면 다중 관계가 되므로, 다른 전문가에게 의뢰하여 도움을 줌. 의도하지 않게 다중 관계가 시작된 경우에도 적절한 조치를 취해야 함
  ㉡ 상담심리사는 상담 할 때에 내담자와 상담 이외의 다른 관계가 있다면, 특히 자신이 내담자의 상사이거나 지도교수 혹은 평가를 해야 하는 입장에 놓인 경우라면 그 내담자를 다른 전문가에게 의뢰해야 함
  ㉢ 상담심리사는 내담자와 상담실 밖에서 연애 관계나 기타 사적인 관계(소셜미디어나 다른 매체를 통한 관계 포함)를 맺거나 유지하지 않아야 함
  ㉣ 상담심리사는 내담자와의 관계에서 상담료 이외의 어떠한 금전적, 물질적 거래를 해서는 안 됨
  ㉤ 상담심리사는 내담자의 선물로 인해 발생할 수 있는 문제를 숙고해야 함. 선물의 수령 여부를 결정함에 있어서 상담 관계에 미치는 영향, 선물의 의미, 내담자와 상담자의 동기, 현행법 위반 여부 등을 신중하게 고려해야 함

② 성적 관계
  ㉠ 상담심리사는 내담자 및 내담자의 보호자, 친척 또는 중요한 타인에게 자신의 지위를 이용하여 성희롱 또는 성추행을 포함한 성적 접촉을 해서는 안 됨
  ㉡ 상담심리사는 내담자 및 내담자의 보호자, 친척, 또는 중요한 타인과 성적 관계를 가져서는 안 됨
  ㉢ 상담심리사는 이전에 연애 관계 또는 성적인 관계를 가졌던 사람을 내담자로 받아들이지 않아야 함
  ㉣ 상담심리사는 상담관계가 종결된 이후 적어도 3년 동안은 내담자와 성적 관계를 맺지 않아야 함. 그 후에라도 가능하면 내담자와 성적인 관계는 갖지 않아야 함

③ 여러 명의 내담자와의 관계
  ㉠ 상담심리사가 두 명 이상의 사람들에게 상담 서비스를 제공하는 경우(예 남편과 아내, 부모와 자녀), 누가 내담자이며 각각의 사람들과 어떤 관계를 맺어갈지를 명확히 하고 상담을 시작해야 함
  ㉡ 만약에 상담심리사가 내담자들 사이에서 상충되는 역할을 해야 된다면, 상담심리사는 그 역할에 대해서 명확히 하거나, 조정하거나, 그 역할로부터 벗어나도록 해야 함

④ 집단상담
  ㉠ 상담심리사는 집단 목표에 부합하는 집단원들을 모집하여 집단상담이 원활히 진행되도록 해야 함
  ㉡ 상담심리사는 집단참여자를 물리적 피해나 심리적 외상으로부터 보호하기 위해 충분한 주의를 기울여야 함
  ㉢ 집단리더는 지위를 이용하여 집단원의 권리와 복지를 훼손하지 않아야 함. 또한, 집단 과정에서 집단원의 선택의 자유를 존중하고, 이들이 집단 압력으로부터 보호 받을 권리가 있음을 유념해야 함
  ㉣ 집단 리더는 다중관계가 될 수 있는 가까운 친구나 친인척, 지인 등을 집단원으로 받아들이지 않음. 또한, 집단상담이 끝난 후 집단원과 사적인 관계를 맺거나 유지하지 않아야 함

(5) 정보의 보호 및 관리

① 사생활과 비밀보호
  ㉠ 상담심리사는 상담과정에서 알게 된 내담자의 민감 정보를 다룰 때 특별히 주의해야하고, 상담과 관련된 모든 정보의 관리에 있어 개인정보 보호와 관련된 법을 준수해야 함
  ㉡ 상담심리사는 사생활과 비밀유지에 대한 내담자의 권리를 최대한 존중해야 할 의무가 있음
  ㉢ 내담자의 사생활 보호에 대한 권리는 존중되어야 하나, 때로 내담자나 내담자가 위임한 법정 대리인의 요청에 의해 제한될 수 있음
  ㉣ 내담자의 사생활 보호가 제한되는 경우라 하더라도, 상담심리사는 내담자의 사생활 침해를 최소화하기 위해 노력해야하고, 문서 및 구두 보고 시 사생활에 관한 정보를 포함시켜야할 경우 그 목적과 밀접한 관련이 있는 정보만을 포함시켜야 함
  ㉤ 상담심리사는 강의, 저술, 동료자문, 대중매체 인터뷰, 사적 대화 등의 상황에서 내담자의 신원확인이 가능한 정보나 비밀 정보를 공개하지 않아야 함
  ㉥ 상담심리사는 상담 기관에 소속된 모든 구성원과 관계자들에게도 내담자의 사생활과 비밀이 보호되도록 주지시켜야 함

② 기록
  ㉠ 상담기관이나 상담심리사는 상담의 기록, 보관 및 폐기에 관한 규정을 마련하고 준수해야 함
  ㉡ 상담심리사는 법, 규정 혹은 제도적 절차에 따라, 상담기록을 일정기간 보관함. 보관 기간이 경과된 기록은 파기해야 함
  ㉢ 공공기관이나 교육기관 등은 각 기관에서 정한 기록 보관 연한을 따르고, 이에 해당하지 않는 경우에는 3년 이내 보관을 원칙으로 함
  ㉣ 상담심리사는 상담의 녹음 및 기록에 관해 내담자의 동의를 구해야 함

ⓜ 상담심리사는 면접기록, 심리검사자료, 편지, 녹음 파일, 동영상, 기타 기록 등 상담과 관련된 기록들이 내담자를 위해 보존된다는 것을 인식하며, 상담 기록의 안전과 비밀보호에 책임을 져야 함
ⓑ 상담심리사는 내담자가 합당한 선에서 기록물에 대한 열람을 요청할 경우, 열람할 수 있도록 함. 단, 상담심리사는 기록물에 대한 열람이 내담자에게 해악을 끼친다고 사료될 경우 내담자의 기록 열람을 제한해야 함
ⓢ 상담심리사는 내담자의 기록 열람에 대한 요청을 문서화하며, 기록의 열람을 제한할 경우, 그 이유를 명기해야 함
ⓞ 복수의 내담자의 경우, 상담심리사는 각 개별 내담자에게 직접 해당되는 부분만을 공개하며, 다른 내담자의 정보에 관련된 부분은 노출되지 않도록 함
ⓩ 상담심리사는 기록과 자료에 대한 비밀보호가 자신의 죽음, 능력상실, 자격박탈 등의 경우에도 보호될 수 있도록 미리 계획을 세워야 함
ⓒ 상담심리사는 상담과 관련된 기록을 보관하고 처리하는데 있어서 비밀을 보호해야 하며, 이를 타인에게 공개할 때에는 내담자의 직접적인 동의를 받아야 함

③ **비밀보호의 한계**
㉠ 내담자의 생명이나 타인 및 사회의 안전을 위협하는 경우, 내담자의 동의 없이도 내담자에 대한 정보를 관련 전문인이나 사회에 알릴 수 있음
㉡ 내담자가 감염성이 있는 치명적인 질병이 있다는 확실한 정보를 가졌을 때, 상담심리사는, 그 질병에 위험한 수준으로 노출되어 있는 제삼자(내담자와 관계 맺고 있는)에게 그러한 정보를 공개할 수 있음. 상담심리사는 제삼자에게 이러한 정보를 공개하기 전에, 내담자가 자신의 질병에 대해서 그 사람에게 알렸는지, 아니면 스스로 알릴 의도가 있는지를 확인해야 함
㉢ 법원이 내담자의 동의 없이 상담심리사에게 상담관련 정보를 요구할 경우, 상담심리사는 내담자의 권익이 침해되지 않도록 법원과 조율하여야 함
㉣ 상담심리사는 내담자 정보를 공개할 경우, 정보 공개 사실을 내담자에게 알려야 함. 정보 공개가 불가피할 경우라도 최소한의 정보만을 공개함
㉤ 여러 전문가로 구성된 팀이 개입하는 상담의 경우, 상담심리사는 팀의 존재와 구성을 내담자에게 알려야 함
㉥ 비밀보호의 예외 및 한계에 관한 타당성이 의심될 때에 상담심리사는 동료 전문가 및 학회의 자문을 구해야 함

④ **집단상담과 가족상담**
㉠ 집단 상담을 할 경우, 상담심리사는 그 특정 집단에 대한 비밀 보장의 중요성과 한계를 명백히 설명해야 함
㉡ 가족상담에서 상담심리사는 각 가족 구성원의 사생활 보호에 대한 권리를 존중해야 함. 한 가족 구성원에 대한 정보는, 해당 구성원의 허락 없이는 다른 구성원에게 공개될 수 없음. 단, 미성년자 혹은 심신미약자가 포함된 경우, 이들에 대한 비밀보장은 위임된 보호자에 의해 제한될 수 있음

SEMI-NOTE

그 외의 규정
심리평가, 수련감독 및 상담자 교육, 윤리문제 해결, 회원의 의무에 대한 내용은 생략하였음

⑤ 상담 외 목적을 위한 내담자 정보의 사용
  ㉠ 교육이나 연구 또는 출판을 목적으로 상담관계로부터 얻어진 자료를 사용할 때에는 내담자의 동의를 구해야 하며, 각 개인의 익명성이 보장되도록 자료 변형 및 신상 정보의 삭제와 같은 적절한 조치를 취하여 내담자에게 피해를 주지 않도록 해야 함
  ㉡ 다른 전문가의 자문을 구할 경우, 상담심리사는 사전에 내담자의 동의를 구해야 하며, 적절한 조치를 통해 내담자의 사생활과 비밀을 보호하도록 노력해야 함
⑥ 전자 정보의 관리 및 비밀보호
  ㉠ 전자기기 및 매체를 활용하여 상담관련 정보를 기록·관리하는 경우, 상담심리사는 기록의 유출 또는 분실 가능성에 대해 경각심과 주의의무를 가져야 하며 내담자의 정보보호를 위해 적극적인 노력을 해야 함
  ㉡ 내담자의 기록이 전산 시스템으로 관리되는 경우, 상담심리사는 접근 권한을 명확히 설정하여 내담자의 신상이 드러나지 않도록 조치를 취해야 함

3. 상담의 윤리강령(출처 : 한국상담학회)

(1) 전문적 태도

① 전문적 능력
  ㉠ 상담자는 상담에 대한 지식, 실습, 교수, 임상, 연구를 통해 전문성을 발달시키기 위해 지속적으로 노력해야 함
  ㉡ 상담자는 자신의 능력 및 기법의 한계를 인식하고, 전문적 기준에 위배되는 활동을 하지 않아야 함. 만일, 자신의 개인 문제 및 능력의 한계 때문에 도움을 주지 못하리라고 판단될 경우에는 내담자에게 동의를 구한 후, 다른 동료 전문가 및 관련 기관에 의뢰해야 함
  ㉢ 상담자는 자신의 활동분야에 있어서 최신의 과학적이고 전문적인 정보와 지식을 유지하기 위해 지속적인 교육과 연수에 참여해야 함
  ㉣ 상담자는 윤리적 책임이나 전문적 상담에 대해 의문이 생길 때 다른 상담자나 관련 전문가들에게 자문을 구하는 절차를 따라야 함
  ㉤ 상담자는 정기적으로 전문가로서의 능력과 효율성에 대해 자기반성과 자기평가를 해야 하며, 필요한 경우 자신의 효율성을 증진시키기 위해 지도감독을 받아야 함
② 충실성
  ㉠ 상담자는 내담자를 보다 효과적으로 도울 수 있는 방법에 관하여 꾸준히 연구 노력하고, 내담자의 성장촉진과 문제의 해결 및 예방을 위하여 최선을 다해야 함
  ㉡ 상담자는 자신의 능력의 한계나 개인적인 문제로 내담자를 적절하게 도와줄 수 없을 때에는 상담을 시작해서는 안 되며, 다른 전문가에게 의뢰하는 등의 적절한 방법으로 내담자를 도와야 함

윤리강령 비교
한국상담학회의 윤리강령과 한국상담심리학회의 윤리강령은 내용상 상당 부분 유사함

ⓒ 상담자는 자신의 질병, 사고, 이동, 또는 내담자의 질병, 사고, 이동이나 재정적 한계 등과 같은 요인에 의해 상담을 중단할 경우, 이에 대한 적절한 조치를 취해야 함
ⓔ 상담자는 상담을 종결하는 데 있어서 어떤 이유보다도 우선적으로 내담자의 관점과 요구에 대해 고려해야 하며, 내담자가 다른 전문가를 필요로 할 경우에는 적절한 과정을 통해 의뢰해야 함
ⓜ 상담자는 자신의 기술이나 자료가 다른 사람들에 의해 오용될 가능성이 있거나, 개선의 여지가 없는 활동에 참여해서는 안 되며, 이런 일이 일어난 경우에는 이를 시정하여야 함

(2) 정보의 보호

① 비밀보장
ⓐ 상담자는 사생활과 비밀유지에 대한 내담자의 권리를 최대한 존중해야 할 의무가 있음
ⓑ 상담자는 내담자 또는 내담자의 법정대리인에게 비밀보장의 예외와 한계에 대해 설명해야 함
ⓒ 상담자는 비밀보장의 한계를 제외하고는, 내담자의 서면 동의 없이는 제삼의 개인이나 단체에게 상담기록을 공개하거나 전달해서는 안 됨

② 집단 및 가족상담의 비밀보장
ⓐ 상담자는 특정 집단을 대상으로 집단상담을 시작할 때 비밀보장의 중요성과 한계를 명확하게 설명해야 함
ⓑ 상담자는 집단 및 가족상담시 개인의 비밀보장에 대한 권리와 그 비밀보장을 유지해야 할 의무와 관련해 참여한 모든 사람으로부터 동의를 구해야 함
ⓒ 상담자는 자발적인 동의 능력이 불가능하거나 미성년인 내담자를 상담할 때, 부모 또는 대리인의 동의를 받고, 그들이 참여할 수 있음을 알려야 함

③ 전자 정보의 비밀보장
ⓐ 상담자는 컴퓨터를 사용한 자료 보관의 장점과 한계를 알아야 함
ⓑ 상담자는 내담자의 기록이 전자 정보의 형태로 보존되어 제 삼자가 내담자의 동의 없이 접근할 가능성이 있을 때, 적절한 방법을 통해 내담자의 신상이 드러나지 않도록 조치를 취해야 함
ⓒ 상담자는 컴퓨터, 이메일, 팩시밀리, 전화, 음성메일, 자동응답기 그리고 다른 전자 테크놀로지를 사용해 정보를 전송할 때는 비밀이 유지될 수 있도록 사전에 주의를 기울여야 함

④ 상담기록
ⓐ 상담자는 내담자에게 전문적인 서비스를 제공하기 위해 내담자에 대한 상담기록 및 보관을 본 학회의 윤리강령 및 시행세칙에 따라 시행해야 함. 또한 상담기록을 안전하게 보관하고 허가된 사람 이외에는 기록에 접근할 수 없도록 해야 함

SEMI-NOTE

　　ⓒ 상담자는 상담내용의 녹음 혹은 녹화에 관해 내담자 또는 대리인의 동의를 구해야 함
　　ⓒ 상담자는 상담내용의 사례지도나 발표, 혹은 출판 시 내담자의 동의를 구해야 함
　　ⓔ 상담자는 내담자가 상담기록의 열람을 요구할 경우, 그 기록이 내담자에게 잘못 이해될 가능성이 없고 내담자에게 해가 되지 않으면 응하도록 함. 다만 여러 명의 내담자를 상담하는 경우, 내담자 자신과 관련된 부분에 대해서만 공개할 수 있음. 다른 내담자와 관련된 사적인 정보는 제외하고 열람하거나 복사하도록 해야 함
　　ⓜ 상담자는 상담과 관련된 기록을 보관하고 처리하는 데 있어서 비밀을 유지해야 하며, 이를 타인에게 공개할 때에는 내담자의 동의를 구해야 함. 내담자에게 해를 끼치지 않는 범위 내에서 공개해야 함
⑤ 비밀보장의 한계
　　㉠ 상담자는 아래와 같은 내담자 개인 및 사회에 임박한 위험이 있다고 판단될 때 내담자에 관한 정보를 사회 당국 및 관련 당사자에게 제공해야 함
　　　• 내담자가 자신이나 타인의 생명 혹은 사회의 안전을 위협하는 경우
　　　• 내담자가 감염성이 있는 치명적인 질병이 있다는 확실한 정보를 가졌을 경우
　　　• 미성년인 내담자가 학대를 당하고 있는 경우
　　　• 내담자가 아동학대를 하는 경우
　　　• 법적으로 정보의 공개가 요구되는 경우
　　㉡ 상담자는 만약 내담자에 대한 상담이 여러 전문가로 구성된 집단에 의한 지속적인 관찰을 포함하고 있다면, 그러한 집단의 존재와 구성을 내담자에게 알릴 의무가 있음
　　㉢ 상담자는 내담자의 사적인 정보의 공개가 요구될 때 기본적인 정보만을 공개해야 함. 더 많은 사항을 공개하기 위해서는 사적인 정보의 공개에 앞서 내담자에게 알리고 동의를 얻어야 함
　　㉣ 상담자는 비밀보장의 예외 및 한계에 관한 타당성이 의심될 때에는 다른 전문가나 지도감독자 및 본 학회 윤리위원회의 자문을 구해야 함

(3) 내담자의 복지

① 내담자 권리 보호
　　㉠ 상담자의 최우선적 책임은 내담자의 존엄성을 존중하고 내담자의 복지를 증진시키는 것임
　　㉡ 상담자는 상담활동의 과정에서 소속 기관 및 비전문가와의 갈등이 있을 경우, 내담자의 복지를 우선적으로 고려하고 자신이 소속된 전문적 집단의 이익은 부차적인 것으로 간주해야 함
　　㉢ 상담자는 내담자에게 전문적인 도움을 주는 것이 어렵다고 판단되면 상담자는 상담관계를 시작하지 말아야 하며, 이미 시작된 상담관계인 경우는 즉시 종결하여야 함. 이 경우 상담자는 내담자에게 적절한 다른 대안을 제시해 주어야 함

② 상담자는 내담자의 잠재력을 개발하여 건강한 삶을 영위하도록 도움을 주며, 어떤 방식으로도 해를 끼치지 않아야 함
③ 상담자는 상담관계에서 오는 친밀성과 책임감을 인식하고, 전문가로서의 개인적 욕구충족을 위해서 내담자를 희생시켜서는 안 되며, 내담자로 하여금 의존적인 상담관계를 형성하지 않도록 노력하여야 함

② 내담자 다양성 존중
㉠ 상담자는 모든 인간의 기본적인 권리, 존엄성, 가치를 존중하며 연령이나 성별, 인종, 종교, 성적 선호, 장애 등의 어떤 이유로든 내담자를 차별하지 않아야 함
㉡ 상담자는 내담자의 발달단계와 문화에 적합한 방식으로 정보를 전달해야 함
㉢ 상담자가 사용하는 언어를 내담자가 이해하는 데 어려움이 있을 때는 내담자가 명확하게 이해할 수 있도록 통역자나 번역자를 배치하여 필요한 서비스를 제공해야 함
㉣ 상담자는 자신의 고유한 가치, 태도, 신념, 행위가 사회에서 어떻게 적용되는지를 인식하고 내담자에게 자신의 가치를 강요하지 않아야 함
㉤ 상담자는 훈련이나 수련감독 실천에 다문화/다양성 역량 배양을 위한 내용을 적극적으로 포함시키고 수련생들이 이에 대한 인식, 지식, 기술을 습득할 수 있도록 적극적으로 훈련시켜야 함

(4) 상담관계

① 정보제공 및 동의 : 상담자는 상담을 제공할 때에, 내담자에게 상담관련 정보를 제공하고 이에 대한 동의를 받아야 함
② 다중관계
㉠ 상담자는 내담자와의 친밀한 관계를 인식하고, 내담자에 대한 존중감을 유지하며 내담자를 이용하여 상담자 개인의 필요를 충족하고자 하는 활동 및 행동을 하지 않아야 함
㉡ 상담자는 객관성과 전문적인 판단에 영향을 미칠 수 있는 다중 관계를 피해야 함. 상담자가 내담자를 지도하거나 평가를 해야 하는 경우라면 그 내담자를 다른 전문가에게 의뢰해야 함. 단, 내담자의 복지를 위해 상담자와 내담자가 사전 동의를 한 경우와 그에 대한 자문이나 감독이 병행될 때는, 상담관계를 맺을 수도 있음
㉢ 상담자는 특별한 경우를 제외하고는, 내담자와 상담실 밖에서 사적인 관계를 맺지 않아야 함
㉣ 상담자는 내담자와의 관계에서 상담료 이외의 어떠한 금전적, 물질적 거래관계도 맺지 않아야 함
③ 성적 관계
㉠ 상담자는 내담자 또는 내담자의 가족들과 성적 관계를 갖거나 어떤 형태의 친밀한 관계를 갖지 않아야 함

○ 상담자는 내담자 또는 내담자의 가족과 성적 관계를 맺었거나 유지하는 경우 상담 관계를 형성하지 않아야 함
© 상담자는 상담관계가 종결된 이후에도 최소 2년 내에는 내담자와 성적 관계를 맺지 않아야 함
② 상담자는 상담 종결 이후 2년이 지난 후에 내담자와 성적관계를 맺게 되는 경우에도 이 관계가 착취적이 아니라는 것을 철저하게 검증할 책임이 있음
⑩ 상담자는 다른 상담자가 자신의 내담자와 성적관계를 맺는 것을 알았을 경우 묵과하지 않고 적절한 조치를 취해야 함

(5) 사회적 책임

① 사회관계
  ㉠ 상담자는 사회윤리 및 자신이 속한 지역사회의 도덕적 기준을 존중하며, 사회 공익과 자신이 종사하는 전문직의 올바른 이익을 위하여 최선을 다해야 함
  ㉡ 상담자는 경제적 이득이 없는 경우라 하더라도 전문적 활동에 헌신함으로써 사회에 봉사해야 함
  ㉢ 상담자는 내담자의 재정 상태를 고려하여 상담료를 적정 수준으로 정하여야 함. 정해진 상담료가 내담자의 재정 상태에 비추어 적정 수준을 벗어날 경우에는, 가능한 비용으로 적합한 상담 서비스를 받을 수 있도록 내담자를 도와야 함
  ㉣ 상담자는 수련생에게 적절한 훈련과 지도감독을 제공하고, 수련생이 이 과정을 책임 있고 유능하게 수행할 수 있도록 도와야 함

② 고용 기관과의 관계
  ㉠ 상담자는 자신이 재직하고 있는 상담기관의 설립 목적에 기여할 수 있는 활동을 할 책임이 있음
  ㉡ 상담자는 자신의 전문적 활동이 재직하고 있는 상담기관의 목적과 모순되고, 직무수행에서 갈등이 해소되지 않을 때는 상담기관과의 관계를 종결해야 함
  ㉢ 상담자는 자신이 재직하고 있는 상담기관의 관리자 및 동료들과의 관계를 통해서 상담업무, 비밀보장, 기록된 정보의 보관과 처리, 업무분장, 책임에 대해 상호간의 동의를 구해야 함. 상담자가 재직하고 있는 상담기관과 비밀보장이나 정보의 보관과 처리 등 윤리적인 문제로 마찰이 생기는 경우 윤리위원회에 중재를 의뢰할 수 있음
  ㉣ 상담자는 자신이 재직하고 있는 상담기관의 고용주에게 해를 끼칠 수 있는 상황 혹은 기관의 효율성에 제한을 줄 수 있는 상황에 대해 미리 통보를 하여야 함
  ㉤ 상담자는 해당 기관의 상담 활동에 적극적으로 종사하고 있지 않다면, 자신의 이름이 상업적인 광고나 홍보에 사용되지 않도록 해야 함

③ 상담기관 운영
  ㉠ 상담기관 운영자는 상담 기관에 소속된 상담자의 증명서나 자격증은 그 중 최고 수준의 것으로 하고, 자격증의 유형, 주소, 연락처, 직무시간, 상담의 유형과 종류, 그와 관련된 다른 정보 등이 정확하게 기록된 목록을 작성해 두어야 함

SEMI-NOTE

사회적 책임 – 홍보
• 상담기관 운영자는 상담기관을 홍보하고자 할 때 일반인들에게 해당 상담기관의 전문적 활동, 상담 분야, 관련 자격 등을 정확하게 알려주어야 함
• 상담기관 운영자는 내담자나 교육생을 모집하기 위해 개인상담소를 고용이나 기관가입의 장소로 이용하지 않아야 함

ⓛ 상담기관 운영자는 자신과 현재 종사하고 있는 직원의 발전에 책임 의식을 가져야 하고, 직원들에게 상담 기관의 목표와 상담 프로그램에 대해 알려주어야 함
ⓒ 상담기관 운영자는 고용, 승진, 인사, 연수 및 지도감독 시에 연령, 성별, 문화, 장애, 인종, 종교, 혹은 사회경제적 지위 등을 이유로 차별하지 않아야 함

④ 타 전문직과의 관계
㉠ 상담자는 상호 합의한 경우를 제외하고는 타 상담전문가로부터 도움을 받고 있는 내담자를 대상으로 상담을 하지 않음
ⓛ 상담자는 자신의 전문적 자격이 타 전문분야에서 오용되는 것에 적절하게 대처하며, 자신의 이익을 위해 타 전문직을 손상시키는 언어 및 행동을 삼가야 함
ⓒ 상담자는 자신의 상담 접근 방식과 차이가 있는 다른 전문가의 접근 방식 및 전통과 관례를 존중해야 함
㉣ 상담자는 상담 전문가로서의 자신의 관점, 가치, 경험과 다른 학문 분야에 종사하는 동료의 관점, 가치, 경험을 활용하여 내담자의 복지에 영향을 미칠 수 있는 결정에 참여하고 기여해야 함

실력up 비밀보장 예외의 상황

- 내담자가 자신이나 타인의 생명 혹은 사회의 안전을 위협하는 경우
- 내담자가 감염성이 있는 치명적인 질병이 있다는 확실한 정보를 가졌을 경우
- 미성년인 내담자가 학대를 당하고 있는 경우
- 내담자가 아동학대를 하는 경우
- 법적으로 정보의 공개가 요구되는 경우
- 내담자가 자신과 타인에게 위해 행동을 할 위험이 있는 경우(학대, 폭행, 살인 등)
- 내담자 자신이 타인의 위해 행동의 피해자인 경우
- 내담자가 자살 시도와 같은 생명의 위험이 높을 경우
- 범죄 및 법적인 문제와 연루되어 있을 경우
- 상담자가 슈퍼비전을 받아야 하는 경우
- 심각한 범죄 실행의 가능성이 있는 경우

4. 미국상담학회 윤리강령(2014 ACA Code of Ethics) ★ 빈출개념

① 상담관계(Section A)
㉠ 내담자 복지(Client Welfare)
ⓛ 상담 관계에서의 사전 동의(Informed Consent in the Counseling Relationship)
ⓒ 다른 사람이 서비스하는 내담자(Clients Served by Others)
㉣ 피해 및 가치강요의 금지(Avoiding Harm and Imposing Values)
㉤ 비상담적 역할과 관계의 금지(Prohibited Noncounseling Roles and Relationships)
㉥ 경계 및 전문 관계의 관리 및 유지(Managing and Maintaining Boundaries and Professional Relationships)

SEMI-NOTE

그 외의 규정
상담연구, 심리검사, 윤리문제 해결, 회원의 의무에 대한 내용은 생략하였음

기출 유형
2021년 기출에는 윤리강령의 영역과 그 실천기준이 잘못 짝지어진 것을 고르는 문제가 나왔으므로 이를 중점으로 공부해야 함

> SEMI-NOTE

- ⓐ 개인, 그룹, 기관, 사회적 수준에서의 역할 및 관계(Roles and Relationships at Individual, Group, Institutional, and Societal Levels)
- ⓞ 다중 내담자(Multiple Clients)
- ⓩ 그룹워크(Group Work)
- ⓒ 수수료 및 연습(Fees and Business Practices)
- ⓚ 종료 및 추천(Termination and Referral)
- ⓔ 유기 및 내담자 무시(Abandonment and Client Neglect)

② 비밀보장과 사생활 보호(Section B)
- ㉠ 내담자 권리 존중(Respecting Client Rights)
- ㉡ 예외(Exceptions)
- ㉢ 다른 사람과 공유 정보(Information Shared With Others)
- ㉣ 그룹 및 가족(Groups and Families)
- ㉤ 정보에 입각한 동의를 제공하기 어려운 내담자(Clients Lacking Capacity to Give Informed Consent)
- ㉥ 기록 및 문서화(Records and Documentation)
- ㉦ 사례 상담(Case Consultation)

③ 전문적 책임(Section C)
- ㉠ 표준에 대한 지식 및 준수(Knowledge of and Compliance With Standards)
- ㉡ 전문적 역량(Professional Competence)
- ㉢ 광고 및 호객행위(Advertising and Soliciting Clients)
- ㉣ 전문가 자격(Professional Qualifications)
- ㉤ 무차별(Nondiscrimination)
- ㉥ 공공의 책임(Public Responsibility)
- ㉦ 치료 양식(Treatment Modalities)
- ㉧ 다른 전문가에 대한 책임(Responsibility to Other Professionals)

④ 다른 전문가들과의 관계(Section D)
- ㉠ 동료, 사용자, 피고용인과의 관계(Relationships With Colleagues, Employers, and Employees)
- ㉡ 자문 서비스 제공(Provision of Consultation Services)

⑤ 평가 · 사정 · 해석(Section E)
- ㉠ 보편적인(General)
- ㉡ 평가 도구의 사용 및 해석 역량(Competence to Use and Interpret Assessment Instruments)
- ㉢ 사정 사전 동의(Informed Consent in Assessment)
- ㉣ 자격 있는 작업자에게 데이터 공개(Release of Data to Qualified Personnel)
- ㉤ 정신 질환 진단(Diagnosis of Mental Disorders)
- ㉥ 도구 선택(Instrument Selection)
- ㉦ 평가관리 조건(Conditions of Assessment Administration)
- ㉧ 다문화 이슈/평가 다양성(Multicultural Issues/Diversity in Assessment)

- ㊂ 평가 채점 및 해석(Scoring and Interpretation of Assessments)
- ㊃ 보안 평가(Assessment Security)
- ㊄ 더 이상 사용되지 않는 평가 및 오래된 결과(Obsolete Assessment and Outdated Results)
- ㊅ 평가 구성(Assessment Construction)
- ㊆ 법의학적 평가 : 소송절차 평가(Forensic Evaluation : Evaluation for Legal Proceedings)

⑥ 슈퍼비전, 훈련 및 교육(Section F)
- ㉠ 상담 슈퍼비전 및 내담자 복지(Counselor Supervision and Client Welfare)
- ㉡ 상담 슈퍼비전 역량(Counselor Supervision Competence)
- ㉢ 슈퍼비전적 관계(Supervisory Relationship)
- ㉣ 슈퍼비전적 책임(Supervisor Responsibilities)
- ㉤ 학생 및 슈퍼바이저의 책임(Student and Supervisee Responsibilities)
- ㉥ 상담 슈퍼비전 평가, 문제해결, 승인(Counseling Supervision Evaluation, Remediation, and Endorsement)
- ㉦ 상담 교육자의 책임(Responsibilities of Counselor Educators)
- ㉧ 학생 복지(Student Welfare)
- ㉨ 평가 및 문제해결(Evaluation and Remediation)
- ㉩ 상담 교육자와 학생 사이의 역할 및 관계(Roles and Relationships Between Counselor Educators and Students)
- ㉪ 다문화/다양성 역량 교육훈련 프로그램(Multicultural/Diversity Competence in Counselor Education and Training Programs)

⑦ 연구 및 출판(Section G)
- ㉠ 연구 책임(Research Responsibilities)
- ㉡ 연구 참여자의 권리(Rights of Research Participants)
- ㉢ 경계 관리 및 유지 관리(Managing and Maintaining Boundaries)
- ㉣ 보고 결과(Reporting Results)
- ㉤ 출판물 및 프레젠테이션(Publications and Presentations)

⑧ 원격 상담, 기술, 소셜미디어(Section H)
- ㉠ 지식과 법적 고려 사항(Knowledge and Legal Considerations)
- ㉡ 사전 동의 및 보안(Informed Consent and Security)
- ㉢ 고객 확인(Client Verification)
- ㉣ 원거리 상담 관계(Distance Counseling Relationship)
- ㉤ 기록 및 웹유지 관리(Records and Web Maintenance)
- ㉥ 소셜미디어(Social Media)

⑨ 윤리문제 해결(Section I)
- ㉠ 표준과 법(Standards and the Law)
- ㉡ 위반이 의심되는 경우(Suspected Violations)
- ㉢ 윤리 위원회와의 협력(Cooperation With Ethics Committees)

SEMI-NOTE

한국의 상담·심리학회의 상담윤리 강령 구성요소

한국 카운슬러 협회	• 사회관계 • 전문적 태도 • 개인 정보의 보호 • 내담자의 복지 • 카운슬링 관계 • 타 전문직과의 관계
한국 상담심리 학회 (KCPA)	• 전문가로서의 태도 : 전문적 능력/성실성/자격관리 • 사회적 책임 : 사회와의 관계/고용 기관과의 관계/상담기관 운영자/다른 전문직과의 관계/자문/홍보 • 내담자의 복지와 권리에 대한 존중 : 내담자 복지/내담자의 권리와 사전 동의/다양성 존중 • 상담관계 : 다중 관계/성적 관계/여러 명의 내담자와의 관계/집단상담 • 정보의 보호 및 관리 : 사생활과 비밀보호/기록/비밀보호의 한계/집단상담과 가족상담/상담 외 목적을 위한 내담자 정보의 사용/전자 정보의 관리 및 비밀보호 • 심리평가 • 수련감독 및 상담자 교육 • 윤리문제 해결 • 회원의 의무
한국 상담학회 (KCA)	• 전문적 태도 : 전문적 능력/충실성 • 정보의 보호 : 비밀보장/집단 및 가족상담의 비밀보장/전자 정보의 비밀보장/상담기록/비밀보장의 한계 • 내담자의 복지 : 내담자 권리 보호/내담자 다양성 존중 • 상담관계 : 정보제공 및 동의/다중관계/성적 관계 • 사회적 책임 : 사회관계/고용 기관과의 관계/상담기관 운영/타 전문직과의 관계/홍보 • 상담연구 • 심리검사 • 윤리문제 해결 • 회원의 의무

실력UP 미국의 상담윤리 강령 구성요소

| 미국
상담학회
(ACA) | • 상담관계 : 내담자 복지/상담 관계에서의 사전 동의/다른 사람이 서비스하는 내담자/피해 및 가치강요의 금지/비상담적 역할과 관계의 금지/경계 및 전문 관계의 관리 및 유지/개인, 그룹, 기관, 사회적 수준에서의 역할 및 관계/다중 내담자/그룹워크/수수료 및 연습/종료 및 추천/유기 및 내담자 무시
• 비밀보장과 사생활 보호 : 내담자 권리 존중/예외/다른 사람과 공유 정보/그룹 및 가족/정보에 입각한 동의를 제공하기 어려운 내담자/기록 및 문서화/사례 상담
• 전문적 책임 : 표준에 대한 지식 및 준수/전문적 역량/광고 및 호객 행위/전문가 자격/무차별/공공의 책임/치료 양식/다른 전문가에 대한 책임
• 다른 전문가들과의 관계 : 동료, 사용자, 피고용인과의 관계/자문 서비스 제공
• 평가 · 사정(측정) · 해석 : 보편적인/평가 도구의 사용 및 해석 역량/사정 사전 동의/자격 있는 작업자에게 데이터 공개/정신 질환 진단/도구 선택/평가관리 조건/다문화 이슈 · 평가 다양성/평가 채점 및 해석/보안 평가/더 이상 사용되지 않는 평가 및 오래된 결과/평가 구성/법의학적 평가 : 소송절차 평가
• 슈퍼비전, 훈련 및 교육 : 상담 슈퍼비전 및 내담자 복지/상담 슈퍼비전 역량/슈퍼비전적 관계/슈퍼비전적 책임/학생 및 슈퍼비저의 책임/상담 슈퍼비전 평가, 문제해결, 승인/상담 교육자의 책임/학생 복지/평가 및 문제해결/상담 교육자와 학생 사이의 역할 및 관계/다문화 · 다양성 역량 교육훈련 프로그램
• 연구 및 출판 : 연구 책임/연구 참여자의 권리/경계 관리 및 유지 관리/보고 결과/출판물 및 프레젠테이션
• 원격상담, 기술, 소셜미디어 : 지식과 법적 고려 사항/사전 동의 및 보안/고객 확인/원거리 상담 관계/기록 및 웹유지 관리/소셜미디어
• 윤리문제 해결 : 표준과 법/위반이 의심되는 경우/윤리 위원회와의 협력 |

9급공무원

직업상담 · 심리학개론

나두공

04장 직업선택 및 발달이론

01절 학자별 이론

02절 새로운 진로 발달이론

04장 직업선택 및 발달이론

SEMI-NOTE

용어설명
- 특성: 흥미, 적성, 성격, 가치관 등 검사에 의해 측정 가능한 개인의 특징
- 요인: 직업에서 요구하는 책임감, 성실성, 직업성취도 등 직업수행을 위해 요구되는 특징

01절 학자별 이론

1. 특성 – 요인이론

(1) 특성 – 요인이론의 개념
① 파슨스(Parsons)의 직업지도모델에 기초한 것으로 윌리암슨(Williamson), 헐(Hull) 등이 발전시킨 이론
② 파슨스는 각 개인들의 측정된 능력을 과학적이고 합리적인 방법을 통하여 직업에서 요구하는 요인과 연결시키면 가장 좋은 선택이 된다고 주장하였음
③ 개인적 흥미나 능력 등을 심리검사나 객관적 수단을 통해 밝혀내고자 하며 진단과정을 매우 중요시함
④ 심리검사이론과 개인차 심리학에 기초함
⑤ 모든 사람은 자신에게 옳은 하나의 직업이 존재한다는 가정에서 출발하며 자신의 성격에 맞는 직업을 찾아야 만족하게 된다고 주장함
⑥ 정신역동적 직업상담이나 내담자중심 직업상담에서와 같은 가설적 구성개념을 가정하지 않음

(2) 파슨스의 직업선택 3요인
① 자신에 대한 이해
  ㉠ 자신의 흥미, 적성, 능력, 가치관 등 자신에 대해 명확히 이해함
  ㉡ 내담자 특성의 객관적 분석을 의미 → 자신에 대한 올바른 이해 강조
  ㉢ 상담자는 내담자가 내담자 자신의 특성을 올바르게 이해할 수 있도록 도와야 함
② 직업세계에 대한 이해
  ㉠ 직업에서의 성공, 이점, 보상, 자격요건, 기회 등 직업세계에 대한 지식을 습득함
  ㉡ 현대사회의 다양화·복잡화로 인한 직업의 분업화·전문화에서 비롯됨
  ㉢ 상담자는 내담자에게 직업에 대한 정보를 제공하고 변화 양상에 대해 올바르게 이해하도록 도와야 함
③ 자신과 직업의 합리적 연결
  ㉠ 개인적인 요인과 직업관련 자격요건, 보수 등의 정보를 기초로 한 현명한 선택
  ㉡ 합리적 추론을 통해 개인의 특성과 직업의 특성을 연결함
  ㉢ 상담자는 내담자가 최종 진로선택 결정단계에서 과학적이고 합리적인 의사결정으로 최선의 선택을 할 수 있도록 도와야 함

특성 – 요인 상담과정

분석 ▼ 종합 ▼ 진단 ▼ 예측 ▼ 상담 ▼ 추수지도

(3) 기본 가설[클레인과 위너(Klein&Weiner)]

① 개인은 신뢰할 만하고 타당하게 측정될 수 있는 독특한 특성들의 집합임
② 다양한 특성을 지닌 개인들이 주어진 직무를 성공적으로 수행해낸다 할지라도, 직업은 그 직업에서의 성공을 위한 매우 구체적인 특성을 지닐 것을 요구함
③ 모든 직업마다 성공에 필요한 독특한 특성을 가지고 있음
④ 진로선택은 다소 직접적인 인지과정이므로 개인의 특성과 직업의 특성을 짝짓는 것이 가능함
⑤ 개인의 직업선호는 직선적 과정이며, 특성과의 연결에 의해 좌우됨
⑥ 개인의 특성과 직업의 요구사항이 서로 밀접하게 관련을 맺을수록 직업적 성공의 가능성은 커짐

> **SEMI-NOTE**
>
> **특성 – 요인이론**
>
> 특성 – 요인이론에 대한 자세한 설명은 01장(직업상담의 개념과 이론 및 접근방법)의 03절(직업상담의 접근방법)에 나와 있으니 참고 → p.36

2. 홀랜드(Holland)의 인성이론

(1) 인성이론의 개념

① 개인의 성격과 진로선택의 관계를 기초로 한 모델로서, 홀랜드는 사람들의 인성과 환경을 현실형, 탐구형, 예술형, 사회형, 진취형, 관습형으로 구분하고 효과적인 직업결정 방법을 제시하였음
② "직업적 흥미는 일반적으로 성격이라고 불리는 것의 일부분이기 때문에 개인의 직업적 흥미에 대한 설명은 개인의 성격에 대한 설명이다."라는 가정에 기초하고 있음
③ 직업선택은 타고난 유전적 소질과 환경적 요인 간 상호작용의 산물임
④ 직업선택은 개인 인성의 반영이며 직업선택 시 개인적인 만족을 주는 환경을 선택하고자 함
⑤ 진로선택에서 어떤 직업을 수용할 것인지 또는 거부할 것인지 스스로 계속 비교해보는 것이 중요함
⑥ 개인의 특성과 직업세계의 특징 간의 최적의 조화를 강조하며, 개인과 환경의 일치성은 개인의 흥미유형이 직업선택이나 직업적응과 밀접한 관계가 있다고 봄
⑦ 사람들은 능력을 발휘하여 자신의 가치관에 따라 일할 수 있는 직업환경을 찾음

> **홀랜드의 진로탐색검사**
>
> 홀랜드는 RIASEC라는 육각형 모형을 통해 성공적인 진로결정을 위한 효과적이고 체계적인 방법을 제시하였음

(2) 4가지 기본 가정

① 사람들의 성격은 현실형, 탐구형, 예술형, 사회형, 진취형, 관습형 중 하나로 구분할 수 있음
② 환경도 현실적 환경, 탐구적 환경, 예술적 환경, 사회적 환경, 진취적 환경, 관습적 환경으로 구분할 수 있으며 대부분 각 환경에는 그 성격유형과 일치하는 사람들이 있음
③ 사람들은 자신의 능력과 기술을 발휘하고 태도와 가치를 표현하여 자신에게 맞는 역할을 수행할 수 있는 환경을 찾음
④ 개인의 행동은 성격과 환경의 상호작용에 의해 결정됨

SEMI-NOTE

홀랜드의 6가지 직업성격유형

6가지 성격유형들은 서로 완전히 배타적인 특징을 가지는 것이 아니므로 어느 특징 하나로 특정 유형을 한정할 수 없고, 대표직업이 어느 하나의 유형에만 분류된다고 볼 수 없음

(3) 6가지 직업성격유형

① 현실형(R ; Realistic Type)

성격	• 솔직함, 성실, 지구력, 건강 • 말수가 적고 고집이 셈, 직선적, 단순함
선호 활동	• 연장, 기계, 도구에 관한 체계적인 조직활동과 신체적인 현장 일을 선호 • 분명하고 질서정연하며 체계적인 일 선호 • 사회적 기술 부족, 대인관계가 요구되는 일에서 어려움을 느낌
대표 직업	기술자, 정비사, 조종사, 농부, 엔지니어, 전기·기계기사, 운동선수, 경찰, 건축사, 생산직, 운전자, 조사연구원, 목수 등

② 탐구형(I ; Investigative Type)

성격	• 논리적, 분석적, 합리적, 추상적, 과학적, 관찰적, 상징적, 체계적 • 지적 호기심이 많고 비판적, 내성적이고 신중함
선호 활동	• 과제 지향적, 탐구를 수반하는 활동에 흥미, 과학적 탐구활동 선호 • 사회적인 일에는 관심이 없고 창조적 탐구를 수반하는 일에 흥미가 있음 • 리더십 기술 부족
대표 직업	과학자, 생물학자, 물리학자, 인류학자, 지질학자, 의료기술자, 약사, 의사, 연구원, 대학교수, 환경분석가, 분자공학자 등

③ 예술형(A ; Artistic Type)

성격	• 자유분방, 개방적, 비순응적, 독창적, 개성적 • 풍부한 표현과 상상력, 예민한 감수성
선호 활동	• 변화와 다양성을 좋아하고 틀에 박힌 것을 싫어함 • 규범적인 기술 부족 • 모호하고 자유롭고 상징적인 활동 선호
대표 직업	예술가, 사진사, 시인, 만화가, 작곡가, 음악가, 무대감독, 작가, 배우, 소설가, 미술가, 무용가, 디자이너 등

④ 사회형(S ; Social Type)

성격	• 사람과 어울리기 좋아함, 뛰어난 대인관계 • 친절, 이해심, 봉사적 • 감정적, 이상주의, 사회적, 교육적
선호 활동	• 다른 사람을 돕는 것을 즐김 • 과학적이거나 도구·기계를 다루는 활동 능력 부족
대표 직업	사회복지사, 사회기업가, 교육자, 교사, 종교지도자, 상담사, 바텐더, 임상치료사, 간호사, 언어재활사, 물리치료사, 서비스직 등

⑤ 진취형(E ; Enterprising Type)

성격	• 지배적, 지도력, 말을 잘하고 설득적 • 경쟁적, 야심적, 외향적, 낙관적, 열성적
선호 활동	• 이익을 얻기 위해 타인을 선도, 통제, 관리하는 일 • 위신, 인정, 권위에 흥미 • 관찰적, 상징적, 체계적 활동은 흥미가 없으며 과학적 능력 부족

| 대표 직업 | 정치가, 사업가, 기업경영인, 판사, 영업사원, 보험회사원, 관리자, 연출가, 펀드 매니저, 부동산중개인, 언론인, 외교관 등 |

⑥ 관습형(C ; Conventional Type)

성격	• 정확함, 세밀함, 조심성, 계획성 • 완고함, 책임감, 보수적이고 변화를 좋아하지 않으며 책임감이 강함
선호 활동	• 자료를 정리하고 구조화된 환경 선호, 사무적·계산적 활동에 흥미 • 정해진 원칙과 계획에 따라 자료를 기록, 정리하는 일 선호 • 변화에 약하고 융통성 부족
대표 직업	공인회계사, 경제분석가, 사서, 은행원, 세무사, 법무사, 감사원, 경리사원, 일반 공무원 등

(4) 육각형 모델

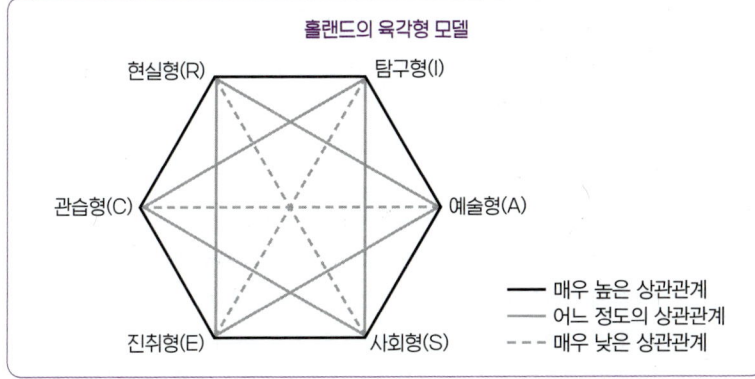

① 육각형상의 대각선에 위치하면 서로 대비되는 특성을 가지고 있다고 볼 수 있음
  ㉠ 현실형(R)과 사회형(S)
  ㉡ 탐구형(I)과 진취형(E)
  ㉢ 예술형(A)과 관습형(C)
② 육각형상에서 거리가 가까우면 상대적으로 유사한 직업 성격을 지닌다고 볼 수 있음

(5) 육각형 모델과 주요 개념 ★ 빈출개념

① 일관성
  ㉠ 유형 간의 내적 일관성을 말하는 것으로서 서로 얼마나 유사한가를 의미함
  ㉡ 성격유형과 환경모형 간의 관련 정도를 의미함
  ㉢ 육각형 둘레의 인접한 유형들은 유사성이 높으며, 떨어져 있는 유형들은 유사성이 거의 없음(예 관습형과 현실형의 쌍은 관습형과 탐구형의 쌍보다 더 많은 공통점이 있음)
② 변별성(차별성)
  ㉠ 특정 유형의 점수가 다른 유형의 점수보다 높은 경우 변별성도 높음

변별성(차별성)
한 개의 유형과는 유사성이 많이 나타나지만 다른 유형과는 별로 유사성이 나타나지 않으며, 차별성은 자기방향탐색(SDS) 또는 직업선호도검사(VPI)로 측정됨

SEMI-NOTE

정체성
정체성은 자기직업상황(MVS)으로 측정됨

홀랜드의 인성이론에 대한 평가
- 의의
  - 직업흥미를 이해하는 데 있어 흥미와 개인의 인성을 연관 지어 밝혀냄
  - 직업선택에 사용할 수 있는 유용한 검사도구들을 개발함(VPI, SDS, VEIK, MVS, CDM 등)
- 한계
  - 성격요인만이 편파적으로 강조되어 다른 개인적 · 환경적 요인이 무시됨
  - 검사도구가 남녀차별적인(성적 편파적인) 문제를 가지고 있음
  - 진로 가치관의 발달과정에 대한 설명이 없음
  - 구체적인 절차가 없음(상담자와 내담자의 대면관계에서 사용할 수 있는 과정 및 기법에 대한 안내가 없음)
  - 개인이 성격을 변화시킬 수 있고 환경 극복 능력이 있음을 간과하고 있음

ⓒ 유형의 점수가 비슷한 경우 변별성이 낮다고 할 수 있음
ⓒ 찌그러진 유형이 더 차별성이 있음. 모든 유형이 비슷한 유사성을 나타낸다면 그 사람은 특징이 없는 사람이라고 생각할 수 있음.
③ 정체성
  ㉠ 성격적 측면에서 개인의 목표, 흥미, 재능에 대한 명확한 청사진을 의미함
  ㉡ 환경적 측면에서 조직의 투명성과 안정성, 보상의 통합을 의미함
  ㉢ 자기직업상황(MVS)의 직업정체성 척도는 개인의 정체성을 측정하는 것이므로 이 검사점수가 높으면 직업목표를 가진 사람이라고 볼 수 있음
④ 일치성
  ㉠ 개인의 유형과 소속되고자 하는 환경의 유형이 서로 부합하는 정도를 의미함
  ㉡ 개인의 유형과 비슷한 환경에서 일하거나 생활할 때 일치성이 높아짐
⑤ 계측성
  ㉠ 유형들 내 또는 유형들 간의 관계는 육각형 모델 안에서 계측됨
  ㉡ 유형들 간의 거리는 이론적인 관계에 반비례함
  ㉢ 육각형은 이론의 본질을 설명할 수 있는 것으로 상담자로 하여금 그 이론을 이해할 수 있도록 해줌

(6) 검사도구

① 직업선호도검사(VPI ; Vocation Preference Inventory)
  ㉠ 내담자가 160개의 직업목록에 흥미 정도를 표시하는 것
  ㉡ 대부분의 사람들이 직업목록에 있는 직업에 대한 좋고 싫음을 표시할 수 있음
② 자기방향탐색 또는 자기흥미탐색검사(SDS ; Self Directed Search)
  ㉠ 내담자가 점수를 기록하는 1시간용 측정 워크북과 소책자로 구성되어 있음
  ㉡ 스스로 자신의 흥미유형을 탐색할 수 있음
  ㉢ 워크북 : 직업상의 활동, 능력, 구체적 직업에 대한 태도, 자아평가 능력을 다룸
  ㉣ 원점수 : 위계적으로 3개 문자 요약코드로 구성, 첫 번째 문자는 특정 유형에 대한 높은 선호도를 나타냄
③ 직업탐색검사(VEIK ; Vocational Exploration and Insight Kit)
  ㉠ 관심은 있으나 카드에 미포함되었던 추가 직업들을 증가시켜 분류하고 일련의 질문에 대한 응답을 기록하게 함
  ㉡ 미래 진로문제에 대해 스트레스를 받는 내담자에게 사용하기 위하여 개발됨
  ㉢ 과거 경험과 현재 직업의 목표가 어떻게 관련되는지를 알 수 있게 함
④ 자기직업상황검사 또는 개인직업상황검사(MVS ; My Vocational Situation)
  ㉠ 20개의 질문으로 구성되어 있으며 스스로 실시할 수 있고 쉽게 점수를 기록할 수 있음
  ㉡ 직업정체성, 직업정보에 대한 필요 정도, 선택된 직업목표에 대한 장애 등을 측정하는 것이 목표
⑤ 경력의사결정검사(CDM ; Career Decision Making)
  ㉠ 홀랜드의 육각형 모델에 따라 흥미점수가 도출됨 → 원점수가 가장 높은 두세 가지 흥미척도가 탐색대상 직업군이 됨

ⓒ 능력, 근로가치, 미래계획 등을 자가평가한 결과를 직업관련 의사결정 시스템 전반에 통합시킴

3. 데이비스와 롭퀴스트(Dawis&Lofquist)의 직업적응이론

(1) 직업적응이론의 개념

① 미네소타 대학의 데이비스와 롭퀴스트(Dawis&Lofquist)가 직업적응 프로젝트의 일환으로 연구해 성과를 토대로 성립한 이론으로서, 심리학적 분류체계인 미네소타 직업분류체계Ⅲ(MOCS Ⅲ)와 관련하여 발전한 이론임
② 직업적응 프로젝트는 근로자의 적응이 직업만족과 연관된다는 관점에서 출발하였음
③ 직업적응이론은 개인의 욕구와 능력을 환경에서의 요구사항과 연관 지어 직무만족이나 직무유지 등의 진로행동에 대해 설명함
④ 개인과 환경 간의 상호작용을 통한 욕구충족을 강조함
⑤ 인간은 일을 통해 개인적 욕구를 성취하도록 동기화됨을 강조함
⑥ '개인 – 환경 조화 상담'이라고도 함

> **실력UP 미네소타 직업분류체계 Ⅲ**
> - 직업을 능력 범주와 강화물 범주로 구성된 2차원 매트릭스로 분류함
> - 한 축에는 직업의 능력 요건(지각적·인지적·운동적 요건)을, 다른 축에는 강화물 요건(내부적·사회적·환경적 요건)을 묘사함
> - 능력 수준, 능력 유형 등에 대한 지표를 제공 → 작업기술과 작업요건을 일치시키는 수단으로 사용됨

(2) 직업적응양식

① 직업성격적 측면

민첩성	과제 완성도(과제를 얼마나 빨리 완성하느냐)에 대한 측면으로 정확성보다 속도를 중시함
역량	평균 활동수준을 의미하며 에너지 소비량과 연관됨
리듬	활동에 대한 다양성을 의미함
지구력	다양한 활동 수준의 기간을 의미하며 환경과의 상호작용 시간과 연관됨

② 직업적응방식적 측면

끈기 (인내)	자신에게 맞지 않는 환경에서 얼마나 오랫동안 견딜 수 있는지의 정도
적극성	작업환경을 개인방식과 더 조화롭게 만들어가려고 노력하는 정도
융통성	작업환경과 개인환경 간의 부조화를 참아내는 정도
반응성	작업성격의 변화로 인해 작업환경에 반응하는 정도

SEMI-NOTE

개인 – 환경 조화 상담
- 조화(Correspondence) : 개인의 욕구와 환경의 욕구가 동시에 충족되는 경우
- 부조화(Discorrespondence) : 개인의 욕구와 환경의 욕구가 동시에 충족되지 못하는 경우

직업적응이론에서의 만족과 충족 ★ 빈출개념
- 만족(Satisfaction)
  - 조화의 내적 지표
  - 직업환경이 개인의 욕구를 얼마나 채워주고 있는지에 대한 개인의 평가
  - 개인의 욕구에 대한 작업환경의 강화가 적절히 이루어질 때 높아짐
- 충족(Satisfacoriness)
  - 조화의 외적 지표
  - 직업에서 요구하는 과제와 이를 수행하는 개인의 능력에 대한 개념
  - 개인이 직업환경에서 요구하는 과제를 수행할 수 있는 기술(능력)을 가지고 있을 때 충족된다고 봄

(3) 관련검사도구

① 미네소타 중요성 질문지(MIQ ; Minnesota Importance Questionnaire)
   ㉠ 개인이 작업환경에 대해 지니는 20가지 욕구와 6가지 가치관을 측정하는 도구로 190문항으로 구성되어 있음
   ㉡ 개인의 가치와 작업환경의 강화요인 간의 조화를 측정하는 데 사용함
   ㉢ 미네소타 중요성 질문지(MIQ)의 6가지 가치관(가치차원, 직업가치)

성취 (Achievement)	능력을 사용하고 성취에 대한 느낌을 얻으려는 욕구
지위 (Status)	타인으로부터 인정받는 것과 사회적 명성에 대한 욕구
편안함 (Comfort)	스트레스를 받지 않고 편안한 환경에 대한 욕구
이타심 (Altruism)	타인을 돕고 타인과 조화를 이루려는 욕구
자율성 (Autonomy)	자유롭게 생각·결정하고 독립적으로 존재하려는 욕구
안정성 (Safety)	질서 있고 예측이 가능한 환경에서 일하려는 욕구

② 미네소타 직무기술 질문지(MJDQ 또는 JDQ ; Minnesota Job Description Questionnaire)
   ㉠ 일의 환경이 MIQ에서 정의한 20가지 욕구를 만족시켜 주는 정도를 측정하는 도구
   ㉡ 하위척도는 MIQ와 동일함

③ 미네소타 만족 질문지(MSQ ; Minnesota Satisfaction Questionnaire)
   ㉠ 직무만족의 원인이 되는 강화요인을 측정하는 도구
   ㉡ 능력의 사용, 성취, 승진, 다양성, 활동, 작업조건, 회사의 명성, 인간자원의 관리체계 등의 척도로 구성되어 있음

(4) 직업적응이론의 시사점

① 직업적응은 개인이 환경과의 조화를 이루고 노력하는 역동적인 과정임
② 평가과정에서 주관적 평가를 먼저 실시한 후 검사도구를 통한 객관적 평가의 실시를 권유함
③ 부조화의 정도가 받아들일 수 없는 범위 : 대처행동(적극성, 반응성)을 통해 부조화를 줄이려고 함 → 끈기와 연관됨
④ 부조화의 정도를 받아들일 수 있는 범위 : 융통성을 발휘하여 별다른 대처행동 없이 환경에 적응함
⑤ 부조화가 개인의 범위를 넘어서는 것 : 퇴사나 이직을 고려하게 됨

4. 긴즈버그(Ginzberg)의 진로발달이론

(1) 진로발달이론의 개념
① 긴즈버그는 직업선택을 발달 과정으로 제시하였음
② 진로선택 과정은 일생동안 계속 이루어지는 장기적인 발달과정이기 때문에 다양한 단계에서 도움이 필요함
③ 각 단계의 결정은 전후 단계의 결정과 밀접한 관련이 있음
④ 직업선택은 가치관, 정서적 요인, 교육의 양과 종류, 환경 영향 등의 상호작용으로 결정되며 일련의 결정들이 계속적으로 이루어지는 과정임
⑤ 직업선택과정은 바람(wishes)과 가능성(possibility) 간의 타협임
⑥ 직업발달단계를 '환상기 – 잠정기 – 현실기' 3단계로 설명하였음

(2) 직업발달단계
① 환상기(6~11세 또는 0~11세)
  ㉠ 아동은 직업선택에 있어 자신의 능력이나 현실여건 등은 고려하지 않은 채 자신의 욕구를 중시함(비현실적인 선택)
  ㉡ 놀이와 상상을 통해 직업에 대해 생각하며 초기에 놀이중심의 단계에서 마지막에서는 놀이가 일 중심으로 변화되기 시작함
② 잠정기(11~17세)
  ㉠ 아동 및 청소년은 직업선택에 있어 자신의 흥미나 취미에 따라 직업을 선택하는 경향이 있음
  ㉡ 이 단계의 후반에서는 능력과 가치관 등의 요인도 고려하지만 현실적인 여건은 그다지 고려하지 않기 때문에 여전히 비현실적임(잠정적인 성격)
  ㉢ 직업이 요구하는 수준의 조건에 대하여 점차 인식함

흥미단계	• 흥미나 취미에 따라 좋고 싫음이 나뉨 • 흥미가 직업선택에 있어 중요한 요소임
능력단계	• 자신이 흥미를 느끼는 분야에서 성공할 수 있는 능력을 지니고 있는지 시험해보기 시작함 • 직업에 대한 열망과 능력을 인식함 • 다양한 직업이 있음을 깨닫고 직업마다 보수, 조건 등이 다르다는 사실을 처음으로 의식함
가치단계	• 직업선택에 있어 다양한 요인을 고려하게 된다는 점을 인식함 • 직업에 대한 가치를 인식하게 되며, 그 직업이 자신의 가치관 및 생애목표에 부합하는지 평가함
전환단계	• 직업선택에 대한 책임을 인식함 • 직업선택 요인이 주관적 요인에서 현실적 요인으로 확장됨

③ 현실기(18세~성인 초기 또는 청·장년기)
  ㉠ 청소년은 직업선택에 있어 자신의 개인적 요구와 능력 등 현실적인 요인을 직업에서 요구하는 조건과 부합함

SEMI-NOTE

내적요인 외적요인

긴즈버그의 진로발달이론에서 진로선택은 개인의 내적요인과 외적요인 간의 타협으로 이루어짐
• **내적요인** : 자신의 욕구, 능력, 가치관, 흥미 등
• **외적요인** : 가정환경, 부모의 영향, 직업조건 등

현실기

능력과 흥미의 통합단계로, 가치의 발달, 직업적 선택의 구체화, 직업적 패턴의 명료화가 이루어짐

SEMI-NOTE

ⓒ 능력과 흥미를 통합하여 직업선택을 구체화시킴
ⓒ 개인의 정서 상태, 경제적 여건 등 현실적인 요인으로 인해 직업선택이 늦어지기도 함

탐색단계	• 진로범위가 훨씬 좁혀진 상태 • 교육과 경험을 쌓으며 본격적인 직업탐색이 시작됨(아르바이트 등)
구체화단계	직업목표를 구체화하고 직업결정에 있어 내적·외적 요인을 고려하여 특정 직업분야에 몰두함(예 ○○대학에 갈 거야.)
특수화단계 (정교화단계)	진로결정에 있어 세밀한 계획을 세우고 고도로 세분화·전문화된 의사결정을 하게 됨(예 ○대학의 ☆☆학과에 갈 거야.)

긴즈버그의 발달이론 단계

한눈에 쏙~

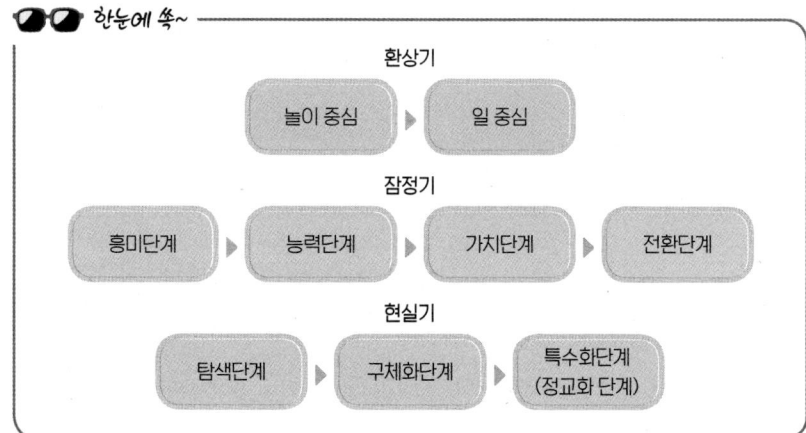

5. 수퍼(Super)의 진로발달이론

(1) 진로발달이론의 개념

① 긴즈버그의 진로발달이론을 비판하며 보완한 이론
② 진로선택은 자아개념의 실현과정으로 전 생애를 걸쳐 진로가 발달한다는 이론
③ 진로발달은 '성장기 - 탐색기 - 확립기 - 유지기 - 쇠퇴기'의 순환과 재순환단계를 거침
④ 진로성숙은 개인이 속해 있는 연령단계에서 이루어져야 할 직업발달 과업에 대한 준비도로 간주됨
⑤ 진로성숙은 생애단계 내에서 성공적으로 수행된 발달과업을 통해 획득됨
⑥ '전 생애', '생애역할', '자아개념'의 세 가지 개념을 통해 진로발달을 설명함

자아개념(Self - Concept)

수퍼의 진로발달이론의 중심이 되는 개념으로서, 인간은 자신의 자아 이미지와 일치하는 직업을 선택한다고 봄. 즉, "나는 이런 사람이다."라고 느끼며 생각하던 바를 이룰 수 있는 직업을 선택함

(2) 기본 가정

① 개인은 능력, 흥미, 성격에 있어서 각기 차이점을 가지고 있음
② 개인은 각각에 적합한 직업적 능력을 가지고 있음
③ 각 직업군에는 그 직업에 요구되는 능력, 흥미, 성격특성이 있음
④ 개인의 진로유형의 본질은 지적 능력, 인성적 특성, 경제적 수준 등에 따라 결정됨

⑤ 개인의 직업적 특성, 직업 선호성, 자아개념은 선택적 적응의 과정을 통해 발달함
⑥ 직업발달은 자아개념을 발달시키고 실천해 나가는 것임
⑦ 일련의 생애단계인 '성장기, 탐색기, 확립기, 유지기, 쇠퇴기'로 구분됨

(3) 진로발달단계(직업발달단계) ★빈출개념

① 성장기(~14세)
  ㉠ 자기에 대한 지각이 생기며, 직업세계에 대한 기본적인 이해가 이루어지는 단계
  ㉡ 가정이나 학교에서 주요 인물과 동일시하여 자아개념을 발달시킴
  ㉢ 초기에는 욕구와 환상이 지배적이나 사회참여와 현실검증력의 발달로 점차 흥미와 능력을 중시하게 됨
  ㉣ 하위단계

환상기	욕구가 지배적이며 환상적인 역할수행이 중시됨
흥미기	취향과 흥미가 진로의 목표와 내용을 결정하는 데 있어 중요요인임
능력기	직업의 요구조건을 고려하며 능력을 더욱 중시함

② 탐색기(15~24세)
  ㉠ 미래에 대한 계획을 세우는 단계
  ㉡ 학교생활, 여가활동, 시간제 일 등을 통해 자아를 검증하고 역할을 수행하며 직업탐색을 시도함
  ㉢ 주요 발달과업 : 결정화, 구체화, 실행화

잠정기	자신의 욕구, 흥미, 능력, 가치 등을 고려하면서 잠정적으로 진로를 선택함
전환기	교육이나 훈련을 받으며, 직업선택에 있어서 보다 현실적인 요인을 중시함
시행기	적합하다고 판단되는 직업을 선택하여 종사하기 시작하며, 그 직업이 자신에게 적합한지 여부를 시험함

③ 확립기(25~44세)
  ㉠ 자신에게 적합한 직업을 발견해서 종사하고 사회적 기반을 다지려고 노력함
  ㉡ 주요 발달과업 : 안정화, 공고화, 발전

시행기	자신이 선택한 일의 분야가 적합하지 않을 경우 적합한 일을 발견할 때까지 변화를 시도함
안정기	직업세계에서 안정과 만족감, 소속감, 지위 등을 갖게 됨

④ 유지기(45~64세)
  ㉠ 직업세계에서 자신의 위치가 확고해지고 자리를 유지하기 위해 노력하며 안정된 삶을 살아감
  ㉡ 주요 발달과업 : 보유, 갱신, 혁신

⑤ 쇠퇴기 또는 은퇴기(65세 이후)
  ㉠ 정신적·육체적 기능이 쇠퇴함에 따라 직업전선에서 은퇴하게 되며, 다른 새로운 역할과 활동을 찾게 됨
  ㉡ 주요 발달과업 : 퇴화, 은퇴계획, 은퇴생활

SEMI-NOTE

진로발달과업(직업발달과업)
- 결정화(14~17세) : 자신과 직업에 대한 정보가 축적되며 자신이 하고 싶은 일이 무엇인지 깨닫고 계획과 목적을 형성하는 단계
- 구체화(18~24세) : 특정 직업에 대한 선호가 생기고 구체화하며 진로계획을 특수화하는 단계
- 실행화(22~24세) : 선호하는 특정 직업을 결정하고 그에 대한 노력(교육훈련, 취업 등)을 하는 단계
- 안정화(25~35세) : 실제로 일을 수행하며 진로선택이 적절한 것임을 보여주고 자신의 위치를 확립하는 과업의 단계
- 공고화(35세 이후) : 승진, 지위획득, 경력개발 등을 통해 진로를 안정시키는 과업의 단계

SEMI-NOTE

수퍼(Super)의 진로발달이론의 주요 개념
순환과 재순환, 발달과업, 생애진로무지개, 진로아치문모델 등

생애역할과 개인극장

생애 역할	자녀, 학생, 여가인, 시민, 근로자, 배우자, 주부, 부모, 은퇴자
개인 극장	가정, 학교, 직장, 지역사회

(4) 후기 진로발달이론

① 개념
  ㉠ 수퍼(Super)의 초기 이론은 '성장기 – 탐색기 – 확립기 – 유지기 – 쇠퇴기'의 5단계를 거친다고 하였으나 후기에 가서 이를 대폭 수정하였음
  ㉡ 후기에 수퍼는 연령의 발달과 진로발달이 거의 관련이 없다는 입장을 취하게 되었으며, 단계를 마쳐서 얻어진 심리적 변화가 반드시 영속적인 것은 아니라고 보았음
  ㉢ 진로발달은 순환과 재순환의 단계를 거치며 인생에서 진로발달 과정은 전 생애에 걸쳐 계속됨
  ㉣ 진로발달은 성장, 탐색, 정착, 유지, 쇠퇴 등의 대주기를 거치며, 대주기 외에 각 단계마다 성장, 탐색, 정착, 유지, 쇠퇴로 구성된 소주기가 있다고 보았음

② 생애공간이론
  ㉠ 사람은 동시에 여러 가지 역할을 수행하며 발달단계마다 다른 역할에 비해 중요한 역할이 있음
  ㉡ 수퍼는 개인의 9가지 주요 생애역할과 4가지 개인극장을 제시하였음
  ㉢ 개인이 전 생애의 여러 역할들에 항상 효과적으로 참여하기는 어려우므로 다양한 시점에서 우선권이 주어질 필요가 있음
  ㉣ 사람은 생애역할들이 서로 조화를 이루며 삶의 가치를 적절히 표현할 수 있게 되면 행복감을 느끼지만, 생애역할들이 서로 어긋나고 추구하는 삶의 가치를 표현할 기회가 적어지면 불행감을 느끼게 됨

실력UP 생애진로무지개

- 전 생애적, 생애공간적 접근을 통해 삶의 단계와 역할을 묶고 다양한 역할들의 진로를 포괄적으로 나타낸 것
- 개인은 특정 시기에 사회적 관계 속에서 발생하는 다양한 생애역할을 수행함
- 전생애 발달과정 중 특정 시기에 생애역할 간의 갈등을 겪을 수 있음
- **생애역할 중요성을 설명하는 개념** : 참여, 전념, 지식, 가치기대 등
- **생애진로무지개의 2가지 차원**

진로 성숙	• 생애와 삶의 과정의 대순환 • 외부의 띠는 삶의 주요 단계와 대략적인 나이를 보여줌 • 각 발달단계에 이른 사람들에 대한 사회의 기대와 생물적·사회적 발달에 따른 발달과업에 대처하는 개인의 준비도로 정의됨
역할 현저성	• 삶의 공간으로, 사람들에 의해 수행되는 역할과 직위의 배열을 나타냄 • 역할은 광범위하고 보상적이며 중립적임

③ 진로아치문모델

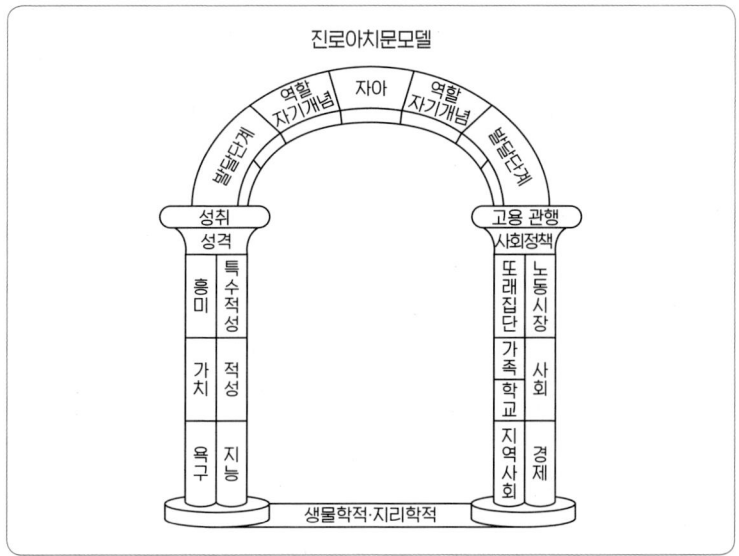

㉠ 인간발달의 생물학적, 심리학적, 사회경제적 결정인자로 직업발달이론을 설명함
㉡ 아치문의 각 부문들이 서로 상호작용하면서 정중앙의 자아개념이 발달한다고 설명함

아치문의 바닥	생물학적 · 지리학적 측면을 의미
아치문의 지붕	발달단계와 역할에 대한 자아개념으로 이루어진 상호작용적 측면을 의미
아치의 양쪽 끝	• 왼쪽 : 아동기와 청소년기를 의미 • 오른쪽 : 성년기와 장년기를 의미
아치문의 왼쪽 기둥	'개인기둥'으로 불리며 욕구, 지능, 가치, 흥미 등으로 이루어진 개인의 성격적 측면을 의미
아치문의 오른쪽 기둥	'사회기둥'으로 불리며 경제자원, 사회제도, 노동시장 등으로 이루어진 사회 정책적 측면을 의미

6. 고트프레드슨(Gottfredson)의 직업포부 발달이론

(1) 직업포부 발달이론의 개념

① 개인의 진로결정과 자아개념을 설명하는 이론
② 진로발달 측면에서 사람이 어떻게 특정 직업에 매력을 느끼게 되는가를 설명함
③ 직업발달에서 자아개념은 진로선택의 중요한 요인임
④ 직업세계에서 자신의 사회적 공간, 지적 수준, 성 유형에 맞는 직업을 선택한다고 보았음

SEMI-NOTE

수퍼의 진로발달이론에 대한 평가

• 의의
 - 발달적 진로이론 중 직업적 성숙 과정을 가장 체계적으로 기술함
 - 내담자의 생애역할 정체감과 표현하고자 하는 가치를 보다 명확히 하도록 돕는 데 유용한 틀을 제공함
 - 생애역할 정체감 발달 과정을 연구하는 데 유용한 틀을 제공함

• 한계
 - 이론이 매우 광범위함
 - 자아개념을 지나치게 강조함
 - 개인의 전체성이 기능하는 방식과 각 변인들 간의 관계가 모든 사람들에게서 동일하다는 가정이 깔려 있음
 - 발달에 대한 유기체적 관점을 간과하였음

수퍼의 진로발달단계

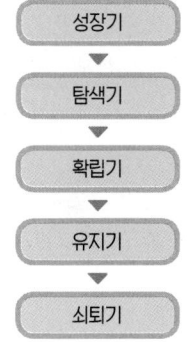

자아개념

고트프레드슨의 직업포부 발달이론은 수퍼와 마찬가지로 자아개념을 진로선택의 중요한 요인으로 보았음

⑤ 진로결정에 있어 제한(한계)과 타협(절충)이라는 개념을 중시하여 '제한 – 타협 이론'으로도 불림
⑥ 자아개념이 발달하면서 직업포부에 대한 한계를 설정하는 방향으로 나아감

> **실력up 제한과 타협(한계와 절충)** ★빈출개념
>
> - 용어설명
>   - 제한(한계) : 자아개념과 일치하지 않는 직업들을 사전에 배제하는 과정
>   - 타협(절충) : 제한을 통해 선택된 선호하는 직업대안들 중 자신이 극복할 수 없는 문제를 가진 직업을 어쩔 수 없이 포기하는 것
> - 개인이 진로장벽에 부딪힐 때 자신의 포부를 제한하고 의사결정 시 타협을 함
> - 타협의 과정 : 성역할, 사회적 지위(권위, 명성 등), 흥미의 순서로 중요도를 매김 → 직업에 대한 흥미가 가장 먼저 희생되고, 사회적 지위, 성역할 순으로 희생됨

(2) 직업포부 발달단계

단계	내용
1단계(3~5세) 힘과 크기 지향성	• 서열획득 단계이며 사고과정이 구체화됨 • 어른이 된다는 것의 의미를 알게 됨 • 자신의 미래 직업에 대해 긍정적인 입장을 취하게 됨
2단계(6~8세) 성역할 지향성	• 성역할을 획득하는 단계이며 성의 발달에 의해 자아개념이 영향 받음 • 동성의 성인이 수행하는 직업을 선호하게 됨 • 자신이 선호하는 직업에 대해 보다 엄격한 평가를 내림
3단계(9~13세) 사회적 가치 지향성	• 사회계층에 대한 개념이 생기고 사회적 가치를 인지하게 됨 • 상황 속 자아를 인식하게 됨 • 사회적 명성과 능력 등에 부합하는 직업을 추구하게 됨(사회적 명성 수준의 하한선을 정하고 미달하는 직업을 제한함)
4단계(14세~) 내적, 고유한 자아 지향성	• 자아인식 및 자아정체감이 발달하여 자아성찰과 사회계층의 맥락에서 직업적 포부가 더욱 발달하게 됨 • 타인에 대한 개념이 생겨 타인의 감정이나 생각, 의도를 이해함 • 자신의 능력, 현실적인 기준 등에 근거한 합리적인 선택을 하게 되며 가능한 대안들 중 최선을 선택하게 됨

7. 타이드만과 오하라(Tiedeman&O'Hara)의 진로발달이론

(1) 진로발달이론의 개념

① 에릭슨의 심리사회적 발달이론과 수퍼의 이론에 영향을 받았음
② 진로발달을 직업정체감을 형성해가는 연속적 과정으로 보았음 → 새로운 경험을 쌓을수록 개인의 정체감이 발달하며 연령보다는 문제의 성질이 중요하다고 봄
③ 진로발달은 자신을 동일시하면서 계속적으로 분화와 통합의 과정을 거치면서 형성됨
④ 개인이 연속적인 의사결정 과정을 통해 자아를 실현시키는 방법을 고려하면서 진로를 결정하는 방식으로 '의사결정 발달이론'이라고도 함

SEMI-NOTE

고트프레드슨의 직업포부 발달이론 단계

힘과 크기 지향성
▼
성역할 지향성
▼
사회적 가치 지향성
▼
내적, 고유한 자아 지향성

실력UP 에릭슨(Erikson)의 심리사회적 발달이론 단계

- 에릭슨은 자아의 발달이 성격의 발달이라고 보고, 심리사회적 발달의 각 단계는 개인에게 성격적 강점이 발달할 기회를 제공한다고 보았음
- 개인의 심리적 발달수준과 사회가 가지는 기대가 위기를 발생시킴 → 균형이 중요

발달단계	시기	위기	강점
1단계	영아기(~1세)	신뢰감 대 불신감	희망
2단계	유아 전기(1~3세)	자율성 대 수치심	의지
3단계	유아 후기(3~6세)	주도성 대 죄책감	목적
4단계	학령기(6~12세)	근면성 대 열등감	유능성
5단계	청소년기(12~18세)	자아 정체감 대 정체감 혼란	충실성
6단계	성인 초기(18~35세)	친밀감 대 고립감	사랑
7단계	중년기(35~55세)	생산성 대 침체감	배려
8단계	노년기(55세~)	자아 통합 대 절망감	지혜

※ 에릭슨의 심리사회적 발달이론 단계의 시기별 명칭 및 연령은 교재마다 약간씩 다르므로 대략적 연령을 토대로 구분해야 함

(2) 직업정체감 형성과정

① **예상기(전직업기)** : 문제를 한정하고 정보를 수집하여 대안들을 평가하고 선택하는 과정

탐색기	• 잠정적인 진로목표를 설정하고 직업대안들을 탐색함 • 진로목표를 위한 자신의 능력과 여건에 대해 예비평가를 함
구체화기	• 진로방향을 정하고 직업대안들을 구체화함 • 가치관과 목표, 진로의 보수 등을 고려해 방향을 구체화함
선택기	• 하고 싶은 일과 하고 싶지 않은 일을 알게 되며 명확한 의사결정이 이루어짐 • 구체화된 대안 중 직업목표를 결정하고 의사결정에 임함
명료화기	• 선택한 의사결정을 분석하고 검토함 • 검토과정에서 미흡한 점이 있을 경우 이를 명확히 함

② **실천기(적응기)** : 앞에서 내린 잠정적 결정을 실천에 옮기는 과정

순응기	• 사회적 인정을 받고 조직에 적응하고자 하며, 수용적인 자세를 취함 • 조직에 적응하기 위해 자신의 일면을 수정하거나 버리기도 함
개혁기	• 순응기보다 강경하고 주장적임 • 능동적 태도를 보이게 되며 자신의 의지로 조직을 개혁하고자 하는 마음을 갖게 됨
통합기	• 집단에 소속된 일원으로서 새로운 자아개념을 형성함 • 조직의 요구에 자신의 욕구를 균형있게 조절함 → 타협과 통합을 이룸

SEMI-NOTE

타이드만과 오하라의 진로발달이론 단계

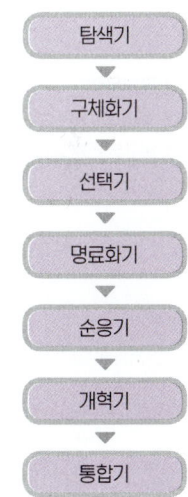

8. 로(Roe)의 욕구이론

(1) 욕구이론의 개념 ★빈출개념

① 사회와 환경의 영향을 상대적으로 많이 고려하는 이론임
② 매슬로우의 욕구위계이론에 기초함
③ 개인의 욕구와 함께 초기 아동기의 경험이 직업선택에 있어 중요하다고 봄
④ 욕구의 차이는 어린 시절의 부모 – 자녀 관계에 기인한다고 주장함
⑤ 진로방향의 결정은 가족과의 초기관계에 있으며, 발달 초기 부모 행동으로서 부모의 유형이나 양육방식이 미치는 영향에 주목하였음
⑥ 직업을 8개의 장(직업군, field)과 6가지 수준(level)으로 나누고 목록을 작성함
⑦ 심리적 에너지를 흥미를 결정하는 중요한 요소로 봄
⑧ 로의 이론은 진로발달이론이라기보다는 진로선택이론에 가까움

(2) 5가지 가설

① 개인이 가지고 있는 여러 가지 잠재적 특성의 발달에는 한계가 있음
② 개인의 유전적 특성의 발달은 개인의 유일하고 특수한 경험과 사회, 경제적 배경 및 문화적 배경 등에 영향을 받음
③ 개인의 흥미나 태도는 유전의 제약을 비교적 덜 받으며 주로 개인의 경험에 따라 발달유형이 결정됨
④ 심리적 에너지는 흥미를 결정하는 중요한 요소임
⑤ 개인의 욕구와 만족 그리고 그 강도는 성취동기의 유발 정도에 따라 결정됨

(3) 부모 – 자녀 관계와 직업선택

① 관계유형

수용형	• 무관심형 : 수용적으로 대하지만 부모 – 자녀 간 친밀감이 형성되지 않음. 자녀의 욕구에 대해 그리 민감하지 않으며 자녀가 어떤 것을 잘 하도록 강요하지도 않음 • 애정형 : 수용적으로 대하며 부모 – 자녀 간 친밀감을 형성함. 관심을 기울이며 자녀의 요구에 응하고 독립심을 길러줌
회피형	• 무시형 : 자녀와 그다지 접촉이 없으며 부모로서 책임을 회피함 • 거부형 : 자녀에게 냉담하고 자녀의 의견을 전적으로 무시함. 부족한 면을 지적하며 자녀의 요구를 거부함
정서집중형	• 과보호형 : 자녀를 과보호함으로써 자녀를 의존적으로 만듦 • 과요구형 : 자녀에게 엄격한 훈련을 시키고 무리한 요구를 함

② 직업선택
  ㉠ 부모의 사랑을 받은 따뜻한 관계에서 성장한 사람 : 인간지향적인 직종 선호(예 서비스직, 단체직 등) → 사람과의 접촉 많음
  ㉡ 부모의 사랑을 제대로 받지 못한 차가운 관계에서 성장한 사람 : 비인간지향적인 직종 선호(예 기술직, 과학직 등) → 사람과의 접촉 적음

SEMI-NOTE

8가지 직업군, 직업수준 6단계

미네소타 직업평가척도(MORS)에서 힌트를 얻어 직업의 흥미에 기초해 8개의 군집으로 나누었으며 이를 각 직업에서의 곤란도와 책무성을 고려하여 6단계로 나누었음
• 8가지 직업군 : 서비스직, 비즈니스직, 단체직, 기술직, 옥외활동직, 과학직, 예능직, 일반문화직
• 직업수준 6단계 : 고급 전문관리, 중급 전문관리, 준전문관리, 숙련직, 반숙련직, 비숙련직

5가지 가설

로는 초기 가정환경이 이후의 직업선택에 큰 영향을 미친다고 보고, 유아기의 경험과 직업선택에 대한 5가지 가설을 수립하였음

부모 – 자녀 관계유형

로는 부모와 자녀 간 상호작용 유형에 따라 자녀의 욕구유형이 달라진다고 보았음

(4) 직업분류체계 8가지 직업군

서비스직	다른 사람의 욕구와 복지에 관심을 가지며 복지와 봉사에 관련된 직업군 예) 사회산업 등 서비스 직업, 가이던스 등
비즈니스직	상대방을 설득하며 거래를 성사하는 직업군 예) 공산품, 투자상품, 부동산 판매 등
단체직	기업의 조직과 효율적인 기능에 관련된 직업군 예) 사업, 제조업, 행정에 종사하는 관리직 등
기술직	상품과 재화의 생산·유지·운송과 관련된 직업군, 대인관계는 상대적으로 덜 중요하며 사물을 다루는 데 관심을 둠 예) 운송, 공학, 기능, 기계무역, 정보통신 등
옥외활동직	농산물, 수산자원, 지하자원 기타 천연자원 등을 개발·보존·수확하는 직업군, 축산업에 관련한 직업군
과학직	기술직과 달리 과학이론 및 그 이론을 특정한 환경에 적용하는 직업군
예능직	창조적인 예술과 연예에 관련된 특별한 기술을 사용하는 직업군
일반문화직	개인보다 인류의 활동에 흥미를 가지며 문화유산의 보존 및 전수에 관련된 직업군 예) 법률, 언론인, 교육 등

(5) 직업분류체계 6단계 직업수준

① 책임, 능력, 기술, 정교화, 보수 등의 정도에 따라 6단계로 나누었음 → 6개의 단계는 서로 위계적 체계를 이루고 있음
② 수준1은 가장 높은 수준으로 전문직 혹은 관리직을 의미하고 수준6은 가장 낮은 수준으로 비숙련직을 의미함
③ 수준이 높을수록 영역 간 심리적 특성의 유사성이 멀어지고 수준이 낮을수록 영역 간 심리적 특성의 유사성이 가까움 → 낮은 수준의 직업은 영역 간 이동이 쉽지만 높은 수준에서는 영역 간 이동이 어려움을 의미함

고급 전문관리	• 정책을 만들며 박사나 그에 준하는 교육수준이 요구됨 • 중요하고 독립적이며 다양한 책임이 있음 • 최고 경영자, 관리자, 정책 책임자 등이 속함
중급 전문관리	• 정책을 집행하거나 해석하며 석사학위 이상 또는 박사보다 낮은 교육 수준이 요구됨 • 부분적으로 독립된 지위를 갖거나 중간 정도의 책임이 있음
준전문관리	• 정책을 적용하거나 자신만을 위한 의사결정을 하며, 고등학교나 기술학교 또는 그에 준하는 교육수준이 요구됨 • 낮은 수준의 책임이 있음
숙련직	견습이나 다른 특수한 훈련 및 경험이 필요
반숙련직	숙련직에 비해 낮은 수준의 훈련과 경험 필요
비숙련직	단순반복적인 활동에 종사하기 위한 능력 이상이 요구되지 않음

SEMI-NOTE

직업분류체계 - 8가지 직업군
원형의 구조를 이루어 영역 간 거리는 심리적 유사성을 뜻함 → 거리가 가까울수록 영역 간에는 심리적 특성이 유사하여 이직을 할 때는 가까운 거리에 있는 영역으로 옮기려는 경향이 있다는 것을 뜻함

로의 욕구이론에 대한 평가
• 의의
 - 성격과 직업분류를 통합하였음
 - 독특한 방식의 직업분류모델을 제시함
 - 부모 - 자녀 관계 질문지(PCR)를 개발하여 부모와 자녀의 관계를 측정하는 도구로 사용됨
• 한계
 - 실증적인 근거가 결여되어 있음
 - 검증하기가 매우 어려움
 - 진로상담을 위한 구체적 절차는 제공하지 못함

9. 크롬볼츠(Krumboltz)의 사회학습이론

(1) 사회학습이론의 개념

① 크롬볼츠는 학습이론의 원리를 직업선택의 문제에 적용하여 행동주의 방법을 통해 진로선택을 도와야 한다고 주장하였음
② 기존의 강화이론, 고전적 행동주의이론, 인지적 정보처리이론에 영향을 받음
③ 진로결정 요인들이 상호작용하여 '자기관찰 일반화'와 '세계관 일반화'를 형성하고 이를 토대로 미래의 사건을 예측하거나 현재의 진로결정을 이해할 수 있음
④ 학과 전환 등 진로의사결정과 관련된 개인의 행위들에 대해 관심을 둠
⑤ 개인의 독특한 학습경험을 통해 성격과 행동을 설명할 수 있다고 가정함
⑥ 진로선택결정에 영향을 미치는 삶의 사건들에 관심을 두고 개인의 신념과 일반화를 사회학습 모형에서 중요시하였음
⑦ 진로결정에 영향을 미치는 요인으로 유전적 요인과 특별한 능력, 환경조건과 사건, 학습경험, 과제접근기술을 제시하였음 → 서로 영향을 주고받아 결과적으로 자기관찰에 의한 일반화에 이름
⑧ 특정한 직업을 얻게 되는 것은 단순한 선호나 선택의 기능이 아니라 개인이 통제할 수 없는 복잡한 환경적 요인에 의한 것임

(2) 진로결정에 영향을 미치는 요인 ★ 빈출개념

① 환경적 요인
  ㉠ 개인에게 영향을 미치거나 개인이 통제할 수 있는 영역 밖에 있는 것으로 '유전적 요인과 특별한 능력', '환경조건과 사건'을 제시하였음
  ㉡ 상담을 통한 변화가 불가능함

유전적 요인과 특별한 능력	• 개인의 진로기회를 제한하는 타고난 것 • 물려받거나 생득적인 개인의 특성을 포함함 ㉮ 인종, 성별, 신체적 특징, 지능, 재능 등
환경조건과 사건	• 개인의 통제를 벗어나는 환경상의 조건, 특정한 사건 • 사회적 · 정치적 · 문화적 상황 등 • 기술개발, 활동, 진로선호 등 개인의 진로에 영향을 미침 ㉮ 고용창출 여부, 사회정책, 훈련 가능 분야 등

② 심리적 요인
  ㉠ 개인의 생각과 감정에 의해 행동을 결정할 수 있는 영역으로 '학습경험'과 '과제접근기술'을 제시하였음
  ㉡ 상담을 통한 변화가 가능함

학습경험	• 과거에 학습한 경험은 현재 또는 미래의 교육적 · 직업적 의사결정에 영향을 미침 • 도구적 학습경험 : 행동이나 인지적 활동에 대한 정적 · 부적 강화에 의해 학습됨 • 연상적 학습경험 : 연상에 의한 결과로 타인의 행동 관찰, 영화 등에 의해 학습됨

SEMI-NOTE

용어설명
• 자기관찰 일반화 : 자신에 대해 관찰한 결과 얻어진 것으로, 태도나 가치관, 흥미, 능력 수준 등에 대한 일반화를 말함
• 세계관 일반화 : 환경에 대해 관찰한 결과 얻어진 것으로, 이를 토대로 다른 환경조건이나 미래에 일어날 일들에 대해 예측할 수 있게 됨

사회학습이론에서 개인의 진로에 영향을 미치는 요인
• 유전적 요인과 특별한 능력
• 환경조건과 사건
• 학습경험
• 과제접근기술

사회학습이론의 진로상담 방안
내담자들이 진로문제 해결을 하기 어렵게 만드는 신념을 명료화하도록 도와야 함

과제접근 기술	• 환경적 조건, 학습경험의 상호작용 등 개인이 환경을 이해하고 대처하며 미래를 예견하는 능력이나 경향을 의미함 • 목표 설정, 대안 형성, 정보획득 등을 포함하는 기술 • 개인이 발달시켜온 기술 일체(예 일하는 습관, 정보수집 능력, 인지적 과정 등)를 포함하는 것이지만 종종 바람직한 혹은 바람직하지 못한 결과를 통해 수정되기도 함

(3) 진로결정 요인의 상호작용 결과

① 자기관찰 일반화 : 자신의 흥미, 가치 등을 평가하는 자기진술로, 선행 학습경험에 영향을 받고, 새로운 학습경험의 결과에도 영향을 끼침
② 세계관 일반화 : 자신을 둘러싼 환경을 관찰하고 일반화하여 다른 환경에서는 어떤 일이 일어날지에 대해 예측하는 데 이용함
③ 과제접근기술 : 과제에 대한 현실적 파악, 다양한 대안의 도출, 정보수집 등
④ 행위의 산출 : 의사결정과 관련된 특수한 행위들로 구성되며 특정 교육훈련에의 지원, 전공의 변경, 학과 전환 등이 포함됨

(4) 우연한 일들이 진로에 도움이 되게 하기 위한 기술

① 호기심
　㉠ 새로운 학습기회를 탐색하게 함
　㉡ 성장과 충족감을 느끼게 함
② 인내심 : 좌절에도 불구하고 꾸준히 노력하게 함
③ 융통성
　㉠ 태도와 상황을 변화시키는 것
　㉡ 다양한 관점으로 세상과 상황을 바라보는 태도
④ 낙관성 : 새로운 기회를 긍정적으로 받아들이는 것
⑤ 위험감수 : 불확실한 결과와 실패의 위험을 감수하더라도 실행을 계속하게 함

실력UP 계획된 우연

• 사람들은 살아가며 수많은 우연한 사건(예측할 수 없는 사건)을 경험하게 되는데 이러한 경험은 삶에서 긍정적 또는 부정적으로 작용함
• 이 경험을 긍정적 기회 혹은 부정적 기회로 만드는 것은 개인의 노력에 달려있음
• 이때 자신의 진로에 긍정적 효과를 끼치는 경우를 '계획된 우연'이라 함
• 개인이 우연한 사건에 대비하는 요인으로는 호기심, 인내심, 융통성, 낙관성, 위험감수 등이 있음

10. 레빈슨(Levinson)의 발달이론

(1) 발달이론의 개념

① 레빈슨은 사람이 보편적으로 경험하는 발달단계를 성인의 인생구조(Life Structure) 또는 인생주기(Life Cycle)로 나타내었음

SEMI-NOTE

과제접근기술의 예시
신입사원 A는 직무 매뉴얼을 참고하여 업무수행을 한다. 그러나 이런 방법을 통해 신입사원 때는 좋은 결과를 얻더라도, 승진하여 새로운 업무를 수행할 때는 기존의 업무수행 방법을 수정해야 할지도 모른다.

사회학습이론에서 직업상담사의 역할
• 내담자의 능력과 흥미를 확장시킴
• 직업의 변화에 대비하도록 준비시킴
• 내담자에 대한 진단과 행동을 유도함
• 모든 직업 및 진로 문제를 다룸

크롬볼츠의 사회학습이론에 대한 시사점
• 상담자는 내담자가 해결할 수 있는 문제가 존재한다는 사실 자체를 인식하지 않을 수 있다는 점을 유의해야 함
• 진로결정은 학습된 기술이며 진로선택을 했다고 주장하는 사람들에게도 도움이 필요함

SEMI-NOTE

② 연령에 따라 4시기로 이루어진 인간생애 모형을 제시하였음
③ 인생구조의 구분

성인 이전기 (~22세)	태어나서 청년 후기까지의 형성단계
성인 전기 (17~45세)	인생에서 중요한 선택들을 하며 최고의 힘을 발휘하는 동시에 가장 스트레스를 많이 경험하는 단계
성인 중기 (40~65세)	생물학적 능력은 감소하지만 사회적 책임은 더 커지는 단계
성인 후기 (60세~)	인생의 마지막 단계

인생주기모형
- 인생구조의 구분
  - 성인 이전기(성인 이전 시기)
  - 성인 전기(성인 초기)
  - 성인 중기
  - 성인 후기(성인 말기)
- 각 시기 간에는 5년의 전환기(과도기)가 있음
- 전환기(과도기)는 이전 시기의 삶을 재평가하고 다음 시기를 설계하는 기간임
- 각 시기마다 초보기, 전환기, 절정기로 구분된 인생구조가 있음

(2) 인생주기모형(성인발달단계)

① 성인 전기 전환기(17~22세)
　㉠ 부모로부터 독립하고 성인으로 변화하기 위한 시작 단계
　㉡ 성역할과 자아정체성이 형성되며 다양한 가능성을 탐색하고 수행함
② 성인 전기 초보기(22~28세)
　㉠ 성인으로서 자신의 생활양식을 형성하는 단계
　㉡ 새로운 영역에 도전하고 자신의 창조력과 잠재력을 표출하지만, 상당수가 심각한 위기를 경험함
③ 30세 전환기(28~33세)
　㉠ 초기의 생활양식을 재평가하고 수정하며 다음 인생구조를 계획하는 단계
　㉡ 현실적 삶으로의 과도기이며 인생구조의 문제점을 인식함
④ 성인 전기 절정기(33~40세)
　㉠ 성인 전기 단계가 완성되고 안정되는 단계
　㉡ 직업 경력의 정점을 위해 노력하나 간헐적으로 좌절의 느낌을 경험하기도 함
⑤ 성인 중기 전환기(40~45세)
　㉠ 중년시기로의 새로운 이동이 시작되는 단계
　㉡ 상실감, 회의와 무력감을 경험하기도 하지만, 새로운 목적이 생기고 활력의 전조가 되기도 함
⑥ 성인 중기 초보기(45~50세)
　㉠ 새로운 시기에 알맞은 새로운 생활양식을 형성하는 단계
　㉡ 여러 가능성과 전망과 가치를 인식하고 창조적이며 활력적인 시도를 하기도 함
⑦ 50세 전환기(50~55세)
　㉠ 인생구조를 재평가하고 다시 계획하는 단계
　㉡ 불안과 방향상실감을 경험하기도 하지만, 지나치게 일에 몰두하여 미처 느끼지 못하고 넘어가기도 함

⑧ 성인 중기 절정기(55~60세)
　㉠ 중년의 인생이 완성되는 단계
　㉡ 성공적인 절정인생구조가 형성되면 만족에 이르지만 '생산성 대 침체감'의 위기를 겪기도 함
　㉢ 중년기의 야망과 목표를 실현함
⑨ 성인 후기 전환기(60~65세)
　㉠ 중기와 후기 사이를 연결하는 단계
　㉡ 발달주기에서 중요한 전환점에 해당하며 쇠퇴감과 우울감, 장래에 대한 불안, 두려움을 느끼기도 함
　㉢ 은퇴와 노년기를 준비하며 과거를 재평가하고 새로운 시대로 전환해가는 시기

실력up 인생주기모형

성인 이전기(~22세)	
성인 전기(17~45세)	성인 전기 전환기
	성인 전기 초보기
	30세 전환기
	성인 전기 절정기
성인 중기(40~65세)	성인 중기 전환기
	성인 중기 초보기
	50세 전환기
	성인 중기 절정기
	성인 후기 전환기
성인 후기(60세~)	

SEMI-NOTE

성인발달단계의 특징
- 연령에 따라 안정과 변화의 계속적 과정을 거쳐가며 발달함
- 계절이 바뀌는 것처럼 인간의 발달도 순환과정, 구조적인 변화를 갖는다고 봄

11. 하렌(Harren)의 진로의사결정이론

(1) 진로의사결정이론의 개념

① 개인의 진로결정 과정과 방법에 영향을 미치는 요인을 설명하는 이론
② 의사결정과정에 영향을 미치는 개인적인 특징으로 의사결정유형과 자아개념을 제안하였음
③ 의사결정이 필요한 과제를 인식하고 그에 반응하는 개인의 특징적 유형과 의사결정 방식을 의사결정유형이라고 하였음

진로의사결정
하렌은 진로의사결정이란, 개인이 정보를 조직하고 여러 가지 대안들을 신중하게 검토하여 진로선택을 위한 행동과정에 전념하는 심리적인 과정이라고 하였음

SEMI-NOTE

하렌의 진로의사결정과정

(2) 의사결정유형

합리적 유형	• 의사결정 시 장기적 전망을 지니고, 결정을 예견하고 논리적으로 결정하며, 자신을 인식하는 유형 • 자신과 상황에 대한 정확한 정보 수집, 체계적이고 논리적으로 접근하는 의사결정 수행 • 의사결정에 대해 자신이 책임을 짐
직관적 유형	• 현재의 감정을 중시하고, 결정에 대한 책임은 수용하나 결정을 예견하지는 않으며, 감정적으로 자신을 인식하고 환상을 이용하는 유형 • 의사결정의 기초로 상상력 사용, 현재의 감정에 주의를 기울이며 정서적 자각 사용 • 선택에 대한 확신은 비교적 빨리 내리지만 그 결정의 적절성은 내적으로만 느낄 뿐 설명하지 못하는 경우가 있음
의존적 유형	• 의사결정에 대한 개인의 책임을 부정하고 그 책임을 외부로 돌리는 경향 • 의사결정과정에서 타인의 영향을 많이 받고 수동적이며 순종적임 • 사회적 인정에 대한 욕구가 높음

02절 새로운 진로 발달이론

1. 인지적 정보처리이론(CIP ; Cognitive Information Processing)

(1) 인지적 정보처리이론의 개념
① 피터슨(Peterson), 샘슨(Sampson), 리어든(Reardon)에 의해 개발된 이론
② 개인이 어떻게 정보를 이용해서 자신의 진로문제해결 능력과 의사결정 능력을 향상시킬 수 있는가에 대해 중점을 둠
③ 진로문제를 개인의 인지적 의사결정 문제로 보며, 개인에게 학습 기회를 제공함으로써 개인의 처리능력을 발전시키는 것이 목적임
④ 진로선택 과정을 정보처리 과정으로 간주하며 진로선택 자체의 적절성보다는 인지적으로 정보를 처리하는 인간의 사고과정을 중요시함
⑤ 진로발달과 선택에서 내담자로 하여금 욕구를 분류하고 지식을 획득하여 자신의 욕구가 무엇인지 알 수 있도록 도움

(2) 기본 가정(주요 전제)
① 진로선택은 인지적 및 정의적 과정의 상호작용 결과임
② 진로를 선택한다는 것은 하나의 문제해결 활동임
③ 진로발달은 지식 구조의 끊임없는 성장과 변화를 포함
④ 진로문제 해결은 고도의 기억력을 요하는 과제임
⑤ 진로상담의 최종목표는 진로문제의 해결이자 의사결정자인 내담자의 잠재력을 증진시키는 것임
⑥ 진로성숙은 진로문제를 해결할 수 있는 자신의 능력에 달려 있음
⑦ 진로문제를 해결하는 능력은 지식뿐만 아니라 인지적 조작의 가용성에 달려 있음

⑧ 진로문제를 더 잘 이해하려는 욕구는 자신과 직업세계에 대한 이해를 높여 직업선택에 만족을 얻고자 하는 것임
⑨ 진로정체성은 자기를 얼마나 아느냐에 달려 있음
⑩ 진로상담의 궁극적 목표는 정보처리기술의 향상임

(3) 진로문제 해결 과정(CASVE)

① 의사소통(Communication) : 질문을 받아들여 부호화하며 이를 송출함
② 분석(Analysis) : 하나의 개념적 틀 안에서 문제를 찾고 이를 분류함
③ 종합 또는 통합(Synthesis) : 일련의 행위를 형성함
④ 가치부여 또는 평가(Valuing) : 성공과 실패의 확률에 따라 각각의 행위를 판단하며, 다른 사람에게 미칠 파급효과를 평가함
⑤ 실행 또는 집행(Execution) : 책략을 통해 계획을 실행함

진로문제 해결 과정(CASVE)

(4) 진로정보처리 영역 피라미드 ★빈출개념

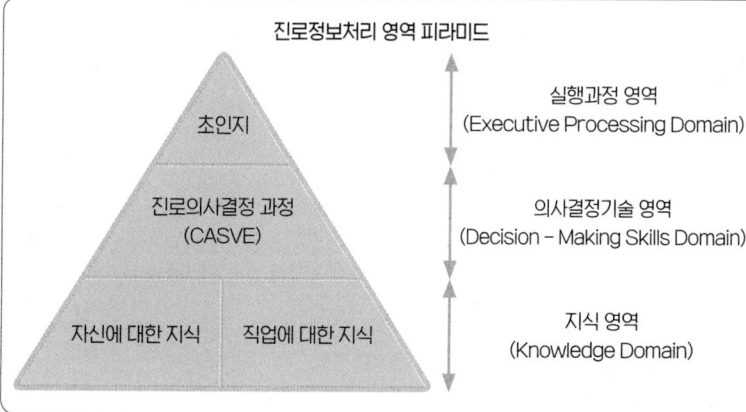

① 진로문제해결 및 의사결정과 관련된 진로정보처리 영역을 피라미드 모형으로 제시한 것
② 지식 영역(Knowledge Domain), 의사결정기술 영역(Decision-Making Skills Domain), 실행과정 영역(Executive Processing Domain)으로 구분됨

초인지 (Meta Cognition)	• 직무를 수행할 때 문제를 해결하기 위한 사고기능 • 진로의사결정 과정 전체를 조망하는 능력 • 자기대화, 자기인식, 모니터링, 통제 등을 통해 자신이 어떤 생각을 하고 있는지 사고하는 것을 의미
진로의사결정 과정 (CASVE)	• 효과적인 진로의사결정을 위해 5가지 의사결정과정 단계가 있음 • 의사소통 – 분석 – 종합 – 가치부여 – 실행
자신에 대한 지식 (Self Knowledge)	직업선택과 관련하여 자신의 흥미, 기술, 가치 등 자신에 대한 이해가 필수적 요소임
직업에 대한 지식 (Occupational Knowledge)	자신의 흥미, 기술, 가치관 등에 적합한 직업을 선택하기 위해서는 직업에 대한 구체적인 정보가 반드시 있어야 함

2. 사회인지적 진로이론(SCCT ; Social Cognitive Career Theory)

(1) 사회인지적 진로이론의 개념

① 반두라(Bandura)의 사회학습이론을 토대로 헥케트(Hackett), 브라운(Brown) 등에 의해 확장되었음
② 진로발달과 선택에서 진로와 관련된 자신에 대한 평가와 믿음의 인지적 측면을 강조
③ 인지적 측면의 변인으로서 결과기대와 개인적 목표가 자기효능감과 상호작용하여 개인의 진로 방향을 결정함
④ 개인의 삶은 외부환경요인, 개인과 신체적 속성 및 외형적 행동 간의 관계로 보고 환경, 개인적 요인, 행동 사이의 상호작용을 중시함
⑤ 개인의 진로선택과 수행에 영향을 미치는 성(Gender)과 문화적 이슈 등에 민감함
⑥ 개인이 사고와 인지는 기억과 신념, 선호, 자기지각에 영향을 미치며 이는 진로 발달과정의 일부임

(2) 진로발달의 결정요인 ★ 빈출개념

반두라의 사회인지이론은 '자기효능감(자아효능감)', '결과기대', '개인적 목표' 등의 주요 요인을 가짐

자기 효능감	• 목표한 과업을 완성하기 위한 자신의 능력에 대한 신념 • 자기효능감 수준이 높은 사람 : 수행을 긍정적으로 이끌어가고 문제해결도 수월하게 할 수 있음 • 자기효능감 수준이 낮은 사람 : 일이 잘못될 것을 생각하여 수행 동기가 약화되는 경향이 있음
결과 기대	어떤 과업을 수행했을 때 자신이나 타인에게 일어날 일에 대한 평가와 믿음, 개인의 예측
개인적 목표	• 결과를 성취하기 위한 개인의 의도 • 특정 행동에 몰입하거나 미래의 성과를 이루겠다는 결심

> **실력UP 자기효능감 이론[헥케트와 베츠(Hackett&Betz)]**
>
> • 반두라의 사회학습이론을 토대로 하였음
> • 자기효능감 수준이 낮은 여성들의 경우 진로이동과 진로선택 모두에 제약을 받음
> • 여성들이 자신의 행위에 대한 보상을 제대로 받지 못하는(남성과 동등하게 받지 못하는) 경우 자기효능감 개발에 방해를 받게 됨
> • 자기효능감은 선택권의 제한과 능력발휘를 제대로 하지 못하는 환경 등에 영향을 받음
> • 자기효능감이 낮은 여성들의 경우 진로결정 포기, 지연, 회피 등의 경향을 보임

SEMI-NOTE

SCCT와 반두라의 사회학습이론
사회인지적 진로이론(SCCT)은 반두라의 사회학습이론에 토대를 두어 환경, 개인적 요인, 행동 사이의 상호작용을 중시하였음

자기효능감에 영향을 미치는 요인
• 성취경험
• 간접경험(대리경험)
• 언어적 설득(사회적 설득)
• 생리적·정서적 상태

3축 호혜성 인과적 모형
• 개인과 환경 간 상호작용하는 인지적 영향을 분류하고 개념화하기 위한 모형
• 진로발달을 단순한 결과물이 아닌 '개인적·신체적 속성', '외부환경요인', '외형적행동'의 끊임없는 상호작용의 결과로 간주함
• '개인 – 행동 – 상황의 상호작용'에 의해 진로발달의 역동적 주체가 됨

(3) 3가지 영역모형

흥미 모형	• 개인은 자신이 성공할 수 있을 것이라 생각되는 것에 지속적인 흥미를 느끼며, 그 활동을 수행하기 위해 지속적으로 노력함 • 자기효능감과 결과기대와 함께 목표를 예언하고 수행결과로 이어짐
선택 모형	• 개인적 배경(성별, 인종, 성격 등) 및 환경이 학습경험에 영향을 주며, 학습경험은 자기효능감과 결과기대에 영향을 줌 • 진로선택은 자기효능감, 결과기대, 흥미, 개인 및 환경 변인 등에 의해 영향을 받음
수행 모형	• 자기효능감, 결과기대, 수행목표, 능력 등은 개인의 수행 수준 및 수행 지속성을 설명함 • 수행 수준은 직업적 과제에 대한 성공 정도나 숙련도를 의미, 수행 지속성은 행동을 계속해서 유지해 나가는 정도를 의미함

3. 가치중심적 진로접근 모형

(1) 가치중심적 진로접근 모형의 개념
① 인간행동이 개인의 가치에 의해서 상당 부분 영향을 받는다는 가정에서 시작
② 브라운(Brown)이 개발한 것으로서 다른 이론들과 달리 흥미는 진로결정에 큰 영향을 미치지 않는 것으로 보았음
③ 가치가 행동역할을 합리화하는 데 매우 강력한 결정요인이라고 보았음
④ 가치는 개인의 물려받은 특성과 경험의 상호작용에 의해 형성됨
⑤ 개인의 행동을 이끄는 중요도에 따라 가치에 우선순위가 매겨짐

(2) 기본 명제
① 개인이 우선권을 부여하는 가치들은 그리 많지 않음
② 가치는 환경 속에서 가치를 담은 정보를 획득함으로써 학습됨
③ 생애만족은 중요한 모든 가치들을 만족시키는 생애역할들에 의존함
④ 생애역할에서 성공은 학습된 기술, 인지적·정의적·신체적 적성 등 많은 요인들에 의해 결정됨
⑤ 한 역할의 특이성(현저성)은 역할 내에 있는 필수적인 가치들의 만족 정도와 직접 관련됨

4. 맥락주의

(1) 맥락주의의 개념
① 진로연구와 진로상담에 대한 맥락상의 행위설명을 확립하기 위해 고안되었음
② 구성주의 철학적 입장을 토대로 한 것으로, 내담자가 현재의 행위와 후속적인 경험으로부터 어떻게 개인적인 의미를 구성하는지를 파악하고자 하는 것
③ 진로환경에 관심을 가지며 진로에 영향을 미치는 다양한 환경적 요소를 고려함
④ 진리와 지식은 개인의 주관적인 흥미와 관심에 초점을 맞춘 것으로 보며, 환경 안에서 개인의 선택을 중시함

가치중심적 진로접근 모형
생애역할에서의 성공은 외적요인보다 개인적 요인에 의해 더 잘 결정됨

맥락주의에서 고려하는 다양한 사항
산업화, 세계화, 기술발전, 노동시장 등

SEMI-NOTE

용어설명
- 투사 : 사건들 간의 행위에 대한 일종의 함의
- 진로 : 행위들 간의 연결을 통한 계획, 목표, 정서 및 인지의 결과

구성주의 진로이론의 16가지 가정
- 사회는 사회적 역할을 통해 개인의 삶의 과정을 구성함
- 직업은 핵심적인 역할을 부여하고 성격 조직의 중심이 됨
- 개인의 진로유형은 부모의 사회경제적 지위, 교육수준, 능력, 성격, 자아개념, 기회에 대한 적응능력 등에 달려있음
- 능력, 성격, 자기개념은 개인차가 존재함
- 각 직업이 요구하는 직업관련 특성은 서로 다름
- 사람은 다양한 직업을 가질 자질을 가지고 있음
- 일에서의 역할이 자신의 직업관련 특성과 일치하는 정도가 직업의 성공을 좌우함
- 만족감과 직업적 자아개념 실현 가능성은 비례함
- 진로구성과정은 직업적 자아개념의 발달 및 실현의 과정임
- 자아개념과 직업적 선호는 계속 변함
- 진로는 '성장 – 탐색 – 확립 – 유지 – 쇠퇴'의 과정을 순환함
- 전환기에는 '성장 – 탐색 – 확립 – 유지 – 쇠퇴'의 과정이 반복됨
- 진로성숙도는 발달과업의 수행정도로 정의함
- 진로적응도는 발달과업을 수행할 수 있는 준비도와 자원임
- 진로구성은 진로발달과업에 의해 시작되고 발달과업에 대한 반응으로 완성됨
- 발달과업은 대화, 적응력 훈련, 자아개념을 명료화하는 활동으로 촉진가능함

진로적응도를 구성하는 4가지 차원
- 관심(Concern)
- 통제(Control)
- 호기심(Curiosity)
- 자신감(Confidence)

(2) 주요 개념

① 개인과 환경의 상호작용
  ㉠ 맥락적 그물 안에서 이들 간의 관계와 상호작용에 초점을 둠
  ㉡ 개인과 환경을 분리할 수 없는 하나의 단위로 봄
② 행위
  ㉠ 맥락주의의 주요 관심대상
  ㉡ 행위란 인지적·사회적으로 결정되며 일상의 경험을 반영하는 것
③ 행위체계
  ㉠ '투사'와 '진로'로 구성됨
  ㉡ 진로는 투사에 비해 더 많은 행위를 포함하고 장기적 시간에 걸쳐 확장됨
  ㉢ 이러한 복잡한 행위들이 더 큰 사회적 의미를 포함시켜 직업의 관념에 근접하게 됨

5. 구성주의 진로이론

(1) 구성주의 진로이론의 개념

① 수퍼의 초기 진로발달이론에서 출발하여 사비카스(Savickas)에 의해 고안됨
② 사람은 진로에 관련된 행동에 의미를 부여하며 스스로 진로를 구성한다고 주장함
  → 이렇게 구성한 진로는 행동을 위한 동기로 작용함
③ 내담자가 교육, 경험 등 진로에 대한 자신의 이야기를 함으로써 내담자의 직업적 성격, 생애주제, 진로적응도 등을 찾아나가며 삶의 의미를 확인할 수 있도록 하는 스토리텔링 방식을 가짐
④ 일괄적으로 미리 결정된 학습목표를 거부하며 개인의 주체적인 선택을 중시함
⑤ 구체적이고 세부적인 목표는 스스로 자신의 흥미와 관심, 수준 등을 고려하여 결정함

(2) 구성주의 진로이론의 요인

직업적 성격	• 진로와 관련된 개인의 능력, 가치, 욕구, 흥미 등을 의미함 • 경험에 대한 개인적 관점을 중요시함 • 직업적 성격은 개인의 삶에서 개발되는 것이므로 개인의 삶을 통해 직업적 선호도 역시 파악할 수 있음
생애주제	• 개인이 고유한 생애 주제를 활용하여 이야기를 통합·검토함으로써 생애 주제를 찾아나갈 수 있음 • 진로와 관련된 행동을 하게 하며 생애역할에 의미를 부여해줌
진로 적응도	• 변화에 대한 개인의 적응능력으로 개인의 태도, 행동(신념), 능력 등을 의미함 • 진로를 구성해나가는 과정에서의 극복 과정을 강조함

(3) 사비카스의 진로양식면접 구성 질문 ★빈출개념

영역	질문 및 의도
교과목	내담자가 선호하는 직무와 근로환경을 확인함 예 좋아하거나 싫어한 교과목은 무엇인가요?

명언	내담자의 생애에서 중요한 주제가 무엇인지 확인함 예 좋아하는 명언이나 좌우명이 있나요?	
생애 초기기억	내담자가 무엇에 몰두하고 있는지를 확인함 예 아주 어렸을 때의 기억 중 생각나는 3가지를 말해볼까요?	
여가와 취미	자기표현을 다루고 겉으로 드러난 흥미가 무엇인지 나타냄 예 여가시간을 어떻게 보내고 싶은가요?	
역할모델	내담자가 추구하는 이상적 자아를 확인함 예 가장 존경한 사람은 누구인가요? 예 어떤 사람의 삶을 따라서 살고 싶은가요?	
잡지/ TV프로그램	개인의 생활양식에 맞는 환경에 대한 선호를 확인함 예 가장 좋아하는 TV프로그램은 무엇인가요?	
준비도	상담의 목표설정에 활용함 예 상담 시간을 진로에 어떻게 활용할 수 있을까요?	
책/영화	같은 문제에 당면한 주인공이 어떻게 문제를 다루어 나가는지를 보여줌 예 좋아하는 책이나 영화에 대해 이야기해 주세요.	

6. 동기이론 및 직무만족 관련 이론

(1) 매슬로우(Maslow)의 욕구위계이론

① 개념
  ㉠ 인간은 충족되지 못한 욕구들을 만족시키기 위하여 동기화된다고 주장함
  ㉡ 인간은 누구나 더 나은 욕구 충족을 위해 행동함
  ㉢ 욕구위계에서 하위수준에 해당하는 욕구의 강도가 가장 높고 우선적이며 상위수준으로 갈수록 욕구의 강도가 낮아짐
  ㉣ 하위수준의 욕구는 생존에 필요하고 상위수준의 욕구는 성장에 필요함
  ㉤ 상위수준의 욕구는 전 생애 발달과정에서 후반에 점차 나타나며 만족이 지연될 수 있고, 더 좋은 외적 환경을 요구함

② 욕구위계 5단계

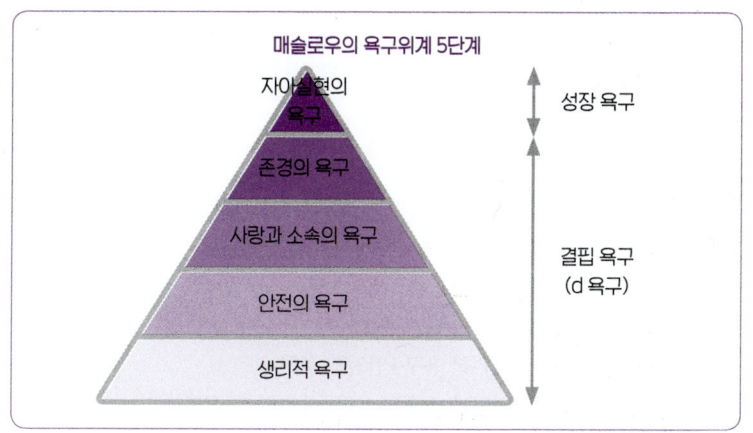

> **매슬로우의 욕구위계**
> 하위수준의 욕구가 어느 정도 충족되지 않으면 상위수준의 욕구는 나타나지 않음

안전의 욕구 포함 영역
- 개인적인 안정
- 재정적인 안정
- 건강과 안녕
- 사고나 병으로부터의 안전망

SEMI-NOTE

1단계 생리적 욕구	• 가장 기본적이고 강력한 욕구로 본능에 가까운 단계 • 배고픔, 목마름, 호흡, 배설, 수면, 종족 보존 등과 같은 의식주 및 생리적 욕구를 해결하고자 함
2단계 안전의 욕구 (안정의 욕구)	• 신체나 정신이 고통이나 위험으로부터 안전하기를 추구하는 단계 • 질서, 예측 가능한 환경, 안정적인 환경 추구 • 추위, 질병, 위험, 불안, 공포 등으로부터 건강과 안전을 지키고자 하며 전쟁, 범죄, 자연재해 등의 상황에서도 나타남
3단계 사랑과 소속의 욕구 (애정과 소속의 욕구)	• 가족이나 친구모임 등 어떤 단체에 소속되어 사랑받고 싶어 하는 단계 • 미충족 시 고독, 소외감, 우울증이 수반됨 • 종교단체, 교우 관계, 직장 동료, 스포츠 팀, 연인 관계, 멘토, 가족 관계 등
4단계 존경의 욕구 (존중의 욕구)	• 타인에게 지위, 명예 등을 인정받고 존중받고 싶어 하는 단계 • 미충족 시 자아존중감이 낮아지고 열등감이 생김 • 자기 스스로가 중요하다고 느끼면서 타인에게도 인정받아야 궁극적 의미에서의 존경의 욕구가 충족되었다고 볼 수 있음
5단계 자아실현의 욕구	• 가장 상위인 욕구로 자기완성, 삶의 보람, 자기만족 등을 느끼는 단계 • 능력, 성장, 잠재력 등을 충분히 발휘하려는 노력을 하며 사람마다 개인차가 크고 각기 다르게 구현됨 • 가장 바람직하고 성숙한 인간 동기임

존경의 욕구
- 낮은 수준 : 타인으로부터 존중받고자 하는 욕구로 지위, 인정, 명성, 주목 등 외적으로 형성된 존중감
- 높은 수준 : 자신으로부터 존중받고자 하는 욕구로 성취, 능력, 독립, 자신감, 숙달 등의 가치를 갖고자 함

실력up **매슬로우가 제시한 자기실현자의 특징**

- 자신의 소망, 감정, 욕망으로 인해 현실을 왜곡하지 않고 사람과 사물을 객관적으로 지각함
- 어려움에 괴로워하거나 도망가려고 하지 않고 어려움과 역경을 문제해결을 위한 기회로 삼음
- 많은 것을 경험하려 함
- 깊은 인간관계를 가지며 사회적 관심이 있고 자기 자신을 사랑함
- 환경과 문화에 영향을 받지 않고 주위환경에 의해 쉽게 바뀌지 않음
- 사회적인 압력에 굴하지 않음
- 자신이 하는 일에 몰두하고 만족스러워함
- 즐거움과 아름다움을 느낄 수 있는 감상능력이 있음

(2) 알더퍼(Alderfer)의 ERG이론

① 개념
  ㉠ 매슬로우의 욕구위계이론과 유사한 직무동기이론임
  ㉡ 좌절 – 퇴행의 욕구전개를 주장함
  ㉢ 매슬로우의 5단계 욕구를 3가지 범주로 구분함

② 범주의 구분
  ㉠ 존재의 욕구 : 생리적 욕구+안전의 욕구
  ㉡ 관계의 욕구 : 사랑과 소속의 욕구+존경의 욕구(일부)
  ㉢ 성장의 욕구 : 존경의 욕구(일부)+자아실현의 욕구

알더퍼의 ERG이론
좌절과 퇴행이라는 요소를 추가하여, 고차원 욕구가 좌절되었을 때는 오히려 저차원 욕구의 중요성이 커진다고 주장함

(3) 맥클리랜드(McCelland)의 성취동기이론

① 개념
- ㉠ 개인의 성격은 행위를 유발하는 잠재적 요소인 '성취욕구', '권력욕구', '친교욕구'로 구성되어 있다고 봄 → 이 중 성취욕구를 가장 중요시함
- ㉡ 높은 성취욕구를 가진 사람은 문제해결을 위해 개인적 책임을 부여하는 상황을 선호하며 성과에 대한 빠른 피드백을 받을 수 있는 상황을 원함
- ㉢ 타인의 행동이나 우연에 의한 일보다는 자신이 도전하여 성과에 대해 책임지는 일을 원함

② 세 가지 잠재적 요소

성취욕구	• 어려운 일을 스스로 성취하고 목표를 달성하려는 욕구 • 일을 신속·독자적으로 해내려 함
권력욕구	• 타인을 통제, 관리하고 지시하려는 욕구 • 영향력을 행사하여 자신이 원하는 그림대로 이끌려고 함
친교욕구	• 타인과 친근한 관계를 맺으려는 욕구 • 좋은 인간관계를 유지하려 하며 친절하고 동정심이 많음

> **SEMI-NOTE**
>
> **성취동기이론**
> 성취동기이론에서 성취욕구는 자아실현의 욕구와 비슷하며 친교욕구는 사랑과 소속의 욕구와 비슷함

(4) 허즈버그(Herzberg)의 2요인이론(동기 - 위생이론)

① 개념
- ㉠ 인간의 욕구는 서로 상호 독립되어 있는 '동기요인'과 '위생요인'을 가짐
- ㉡ 직무만족을 결정하는 요인과 직무불만족을 결정하는 요인은 서로 다르다는 이론
- ㉢ 동기요인은 직무 그 자체를 말하며 만족에 영향을 주고, 위생요인은 불만족에 영향력이 한정되어 있음

② 동기요인과 위생요인

동기요인	• 직무만족을 가져오는 요인 • 조직구성원에게 만족을 주고 동기를 유발하는 요인으로, 동기요인을 충족하면 직무성과가 올라감 → 동기요인을 불충족시킨다 하더라도 불만족이 유발되는 것은 아님 ㉠ 성취, 인정, 직무내용, 책임, 승진, 승급, 성장 등
위생요인	• 직무불만족을 가져오는 요인 • 욕구 충족이 되지 않을 시 조직구성원에게 불만족을 초래함 → 위생요인을 충족시킨다 하더라도 적극적인 동기가 유발되지는 않음 ㉠ 조직의 정책과 방침, 관리 감독, 상사와의 관계, 근무환경, 보수, 동료와의 관계, 개인 생활, 부하직원과의 관계, 지위, 안전 등

(5) 데시(Deci)의 내적동기이론(인지평가이론)

① 개념
- ㉠ 인간은 서로 상호보완되는 내적동기와 외적동기에 의해 영향을 받음 → 데시는 내적동기를 더 중요시하였음

> **내적동기이론**
> 이 이론에 의하면 금전적 보상이 오히려 직무동기를 낮추는 요인이 될 수도 있음

SEMI-NOTE

ⓒ 이미 직무를 수행하고 있는 사람에게 외적인 보상을 주게 되면, 원래 가지고 있던 내적 동기가 약화된다는 이론
ⓒ 특히 내적동기에 의한 경우, 외적동기에 의해 움직이는 사람들보다 성취도가 더 높음
② 외적동기와 내적동기
  ㉠ 외적동기 : 돈과 같은 외적 보상에 의해 행동을 하는 것(예 공부를 열심히 하여 좋은 직장에 들어가는 것)
  ㉡ 내적동기 : 행위 그 자체 또는 단순히 성공적으로 해내고 싶다는 욕구 때문에 행동을 하는 것(예 공부를 하는 그 자체의 즐거움)

(6) 그 외의 기타 이론

브룸(Vroom)의 기대이론	• 조직의 구성원은 1차적 산출인 성과를 기대하면서 노력하고, 성과는 2차적 산출인 보상(승진, 급료 등)을 기대한다는 이론(노력 → 성과 → 보상) • 행위선택에 영향을 미치는 변수 : 유의성(Valence), 수단성(Instrumentality), 기대(Expectancy)
아담스(Adams)의 공정성 이론	• 종업원들이 직무에 공헌한 정도에 따라 조직으로부터 보상을 받을 때, 자신이 받은 보상과 타인이 받은 보상을 비교하여 공정성을 지각한다는 이론 → 공정성을 유지하는 방향으로 동기부여됨 • 개인이 얼마다 동기화되는가는 타인이 기울인 노력과 자신이 기울인 노력의 비교를 통해 정해짐
로크와 래덤 (Locke&Latham)의 목표설정이론	• 목표가 보다 구체적으로 설정될 때 직무수행이 높아진다는 이론 • 목표에 대한 몰입과 목표의 난이도는 비례함 • 성과에 대한 피드백을 받게되면 직무수행 수준이 높아짐

인간관계이론
- 메이요(Mayo)의 호손실험과 인간관계이론
  - 조직의 생산성은 생리적·경제적 요인뿐 아니라 사회적·심리적 요인에도 영향을 받는다는 이론
  - 조직의 생산성은 기술적 요인(작업조건)보다는 사회적 요인(직원 간 인간관계)에 의해 더 많은 영향을 받음
- 맥그리거(McGregor)의 XY이론
  - 상반된 인간본질에 대한 가정
  - X이론(부정적 관점) : 전통적 인간관, 인간은 본래 일을 하기 싫어함, 야망이 없음, 책임지기 싫어하며 지시받는 것을 선호함, 변화를 싫어하며 안전을 원함, 처벌·통제·위협 등을 선호함
  - Y이론(긍정적 관점) : 현대적 인간관, 인간을 본래 일을 하기 좋아함, 자기실현 욕구와 존경의 욕구가 가장 중요함, 자율적이고 능동적임, 목표달성 및 보상과 기대로 의지가 생김

05장 직업심리검사

01절 　직업심리검사의 이해

02절 　규준과 점수해석

03절 　신뢰도와 타당도

04절 　심리검사의 개발과 활용

05절 　주요 심리검사

05장 직업심리검사

SEMI-NOTE

심리검사의 용도 및 목적
- 진단(분류)
- 개성 및 적성의 발견
- 자기이해 증진
- 조사 및 연구
- 예측

심리검사 도구 선정 시 고려사항
- 검사의 목표를 분명히 하고 이에 알맞은 도구를 선정해야 함
- 표준화된 검사를 사용해야 함
- 신뢰도와 타당도가 충족되는지 검토해야 함
- 검사 도구의 실용성(간편성, 시간, 비용 등)을 고려해야 함

내적 타당도와 외적 타당도
- 내적 타당도 : 종속변인에 의한 변화가 독립변인의 영향 때문이라고 추론할 수 있는 정도
- 외적 타당도 : 연구 결과에 의해 드러난 인과관계가 연구대상 이외의 경우로 확대·일반화될 수 있는 정도

01절 직업심리검사의 이해

1. 심리검사의 개요

(1) 심리검사의 의의
① 알아보려는 심리특성을 대표하는 행동진술문들을 표집해 놓은 측정도구
② 심리적 특성을 파악하기 위해 양적 또는 질적으로 측정, 평가하는 절차
③ 객관적 측정을 위해 표준화된 절차에 따라 실시함

> **실력up 심리검사 해석 시 주의사항**
> - 검사 결과가 악용되지 않도록 주의를 기울여야 함
> - 전문적인 자질과 경험을 갖춘 사람이 해석해야 함
> - 다른 검사나 관련 자료를 종합적으로 고려하여 결론을 내려야 함
> - 검사결과에 대해 객관적이고 표준화된 자료를 활용하며 규준에 따라 해석되어야 함
> - 자기충족 예언을 해서는 안 되며 내담자에게 명령하거나 낙인찍기를 하지 않아야 함
> - 검사결과에 대해 내담자가 이해하기 쉬운 용어를 사용해야 함
> - 해석에 대한 내담자의 반응을 고려해야 함
> - 검사결과에 대한 내담자의 방어를 최소화해야 함
> - 검사결과에 대해 중립적인 입장을 취하고 주관적인 판단을 배제해야 함
> - 내담자의 점수범위를 고려하여 말해 주고 내담자 스스로 자신의 진로를 결정하도록 도와야 함

(2) 주요 개념
① 측정
  ㉠ 일정한 규칙에 따라 대상이나 사건에 수치를 할당하는 것
  ㉡ 인간의 물리적 속성(몸무게, 키 등), 심리적 속성(지능, 흥미, 성격 등)을 수치로 나타내는 것
② 분류와 분류변인
  ㉠ 분류는 측정대상을 속성에 따라 범주화하는 것이다.
  ㉡ 독립변인은 분류변인과 처치변인으로 나뉨
    • 분류변인 : 연령, 지능, 성격 등 피험자의 속성에 관한 개인차에 해당
    • 처치변인 : 연구자가 통제하거나 변경시킬 수 있는 것
  ㉢ 분류변인은 통제가 어려워 기본적으로 내적 타당도가 낮으며 독립변인으로 사용 시 외적 타당도가 낮아짐
③ 표준화
  ㉠ 검사실시와 채점절차의 동일성을 유지하는 데 필요한 세부사항들을 잘 정리

한 것으로, 표준화를 통해 검사에 영향을 미치는 외적 변인들을 가능한 한 제거해야 함
ⓒ 검사재료, 검사순서, 검사장소 등 검사실시의 모든 과정과 응답한 내용을 어떻게 점수화하는가 하는 채점절차를 세부적으로 명시하는 것
ⓒ 심리검사 표준화를 통해 검사자 변인, 채점자 변인, 실시상황 변인은 통제할 수 있지만 피검자(수검자) 변인은 통제하기 어려움
② 표준화 검사와 비표준화 검사

표준화 검사	비표준화 검사
• 정해진 절차에 따라 실시되고 채점 → 모든 검사 조건이 수검자마다 동일하기 때문에 객관적임 • 신뢰도와 타당도가 높아 비교적 일관되고 정확히 측정할 수 있음 • 규준집단에 비교해서 피검사자의 상대적 위치를 알 수 있음 • 비통제적인 외부요인으로 인해 일어날 수 있는 무선적 오차를 완전히 제거하기는 어려움	• 기준을 갖추고 있지 않으며 검사의 실시와 채점이 주관적임 • 표준화검사에 비해 신뢰도와 타당도는 낮지만 수검자의 일상생활, 주관적 생각 등 표준화 검사에서 다루기 힘든 내용을 융통성 있게 다룰 수 있음 • 규준집단에 비교하기보다는 피검사자의 고유한 특성을 파악하는 데 도움이 됨

④ 심리적 구성개념
  ⓒ 인간속성을 설명하기 위해 연구자들이 만들어낸 추상적이고 가설적인 개념
  ⓒ 어떤 구체적인 행동을 관찰 가능한 형태로 정의한 후 관찰하여 개인의 심리적 구성개념을 추론함
⑤ 행동표본과 타당화 과정
  ⓒ **행동표본** : 인간의 심리적 작용을 설명해주는 지표인 행동을 정량적으로 수집·측정하는 것
  ⓒ **타당화 과정** : 특정 종류의 검사로 측정하려는 행동표본이 삶에서 드러나는 행동을 얼마나 잘 대표하는지를 해결하는 것

2. 심리검사의 분류

(1) 실시방식에 따른 분류

① 도구에 따른 분류

지필검사	• 수검자가 종이에 인쇄된 문항에 연필로 응답하는 방식 • 손쉽게 실시할 수 있음 • 예 운전면허 필기시험, 국가자격시험의 필기시험, 미네소타 다면적 인성검사(MMPI), 마이어스-브릭스 성격유형검사(MBTI), 캘리포니아 성격검사(CPI) 등
수행검사	• 수검자가 대상이나 도구를 직접 다루어야 하는 방식 • 직접 행동을 하는 방식도 있음 • 예 운전면허 주행시험, 한국판 웩슬러 지능검사(K-WAIS), 일반 직업적성검사(GATB)의 동작성 검사 등

SEMI-NOTE

무선적 오차와 체계적 오차
• 무선적 오차 : 검사과정에서 통제되지 않은 요인들에 의해 우연히 발생하는 오차
• 체계적 오차 : 응답자 개인이나 검사 자체의 특성으로 인해 발생하는 오차

좋은 검사도구의 조건
• 신뢰도(Reliability)
• 타당도(Validity)
• 객관도(Objectivity)
• 실용도(Usability)

SEMI-NOTE

주제통각검사와 로샤검사
- 주제통각검사(TAT) : 인물이 등장하는 모호한 내용의 그림자극 제시 후 그에 대한 이야기를 구성해보는 검사
- 로샤검사(Rorschach Test) : 10장의 잉크반점 카드(무채색 흑백카드, 무채색에 일부 붉은 색채 카드, 유채색의 색채카드)로 구성되어 있는데 이를 본 사람들의 반응으로 반응영역, 발달질, 결정인, 형태질, 반응내용, 평범반응, 조직화점수, 특수점수 등을 채점함

적성검사
적성검사는 교과과정과 무관하게 개인의 잠재적 능력을 검사하고자 하는 반면, 성취검사는 제한된 교과과정에서 학습된 내용을 평가하고자 함

② 시간에 따른 분류

속도검사	• 시간제한을 두고 쉬운 문제로 구성함 • 문제해결력보다는 숙련도를 측정 예 한국판 웩슬러 지능검사의 소검사는 어렵다기보다는 시간이 부족해서 못 푸는 경우가 있음
역량검사	• 시간제한이 없고 어려운 문제로 구성함 • 숙련도보다는 문제해결력을 측정 예 수학경시대회 문제의 경우 시간이 부족하다기보다는 어려워서 못 푸는 경우가 있음

③ 인원에 따른 분류

개인검사	• 한 명의 수검자와 한 명의 검사자에 의한 일대일 방식 • 수검자 개인에 대한 심층적 분석에 유리함 예 한국판 웩슬러 지능검사(K – WAIS), 일반 직업적성검사(GATB), 주제통각검사(TAT), 로샤검사(Rorschach Test) 등
집단검사	• 한 번에 여러 명의 수검자들을 대상으로 실시하는 방식 • 시간 및 비용 면에서 효율적임 예 미네소타 다면적 인성검사(MMPI), 마이어스 – 브릭스 성격유형검사(MBTI), 캘리포니아 성격검사(CPI) 등

(2) 측정내용에 따른 분류

① 인지적 검사(능력검사)
   ㉠ 일정한 시간 내 자신의 능력을 최대한 발휘하도록 하는 극대수행검사
   ㉡ 능력 전체가 아닌 일부를 측정하는 능력검사이며 수검자의 최대한의 능력발휘를 요구함
   ㉢ 정답이 있으며 시간제한이 있음
   ㉣ 지능검사, 적성검사, 성취도검사 등이 해당됨

인지적 검사	지능검사	• 한국판 웩슬러 성인용 지능검사(K – WAIS) • 한국판 웩슬러 아동용 지능검사(K – WISC) • 스탠포드 – 비네 지능검사
	적성검사	• 일반(직업)적성검사(GATB) • 차이적성검사(DAT) • 특수적성검사
	성취도 검사	• 학업성취도검사 • 표준학력검사 • TOEFL, TOEIC

② 정서적 검사(성향검사)
   ㉠ 일상생활에서의 습관적인 행동을 검토하는 습관적 수행검사
   ㉡ 인지능력 이외의 정서, 흥미, 태도 등을 측정하며 정직한 답변을 요구함
   ㉢ 정답이 없으며 시간제한도 없음

ⓔ 성격검사, 흥미검사, 태도검사 등이 해당됨

정서적 검사	성격검사	• 마이어스 – 브릭스 성격유형검사(MBTI) • 미네소타 다면적 인성검사(MMPI) • 캘리포니아 성격검사(CPI) • 성격 5요인검사(Big – 5) • 이화방어기제검사(EDMT) • 로샤검사(Rorschach Test)
	흥미검사	• 스트롱 – 캠벨 흥미검사(SCII) • 쿠더 직업흥미검사(KOIS) • 직업선호도검사(VPI) • 자기탐색검사(SDS)
	태도검사	• 직무만족도검사(JSS) • 구직욕구검사 • 부모양육태도검사(PAT) • 의사소통태도검사(CAT)

(3) 사용목적에 따른 분류

① 규준참조검사
  ㉠ 개인의 점수를 다른 사람의 점수와 비교해서 상대적으로 어떤 수준인지를 알아보는 검사
  ㉡ 일반적으로 대부분의 심리검사가 규준참조검사임
  ㉢ 결과에 백분위, 표준점수 등이 있으면 대부분 규준참조검사임

② 준거참조검사
  ㉠ 검사점수를 다른 사람들과 비교하는 것이 아니라, 어떤 기준점수와 비교해서 이용하려는 검사
  ㉡ 기준점수는 검사를 사용하는 기관, 조직의 특성, 검사의 시기, 목적 등에 따라 달라질 수 있음
  ㉢ 규준참조검사와 달리 규준을 갖고 있지 않으며 특정 당락점수만 가지고 있음
  ㉣ 대부분의 국가자격시험이 준거참조검사에 해당함

(4) 객관적 검사와 투사적 검사

① 객관적 검사
  ㉠ 구조화된 절차와 표준화된 채점 과정을 사용하여 일정한 형식에 따라 제시되는 과제에 반응하도록 하는 검사
  ㉡ 개인을 상대적으로 비교하려는 목적을 지니며 표준화된 심리검사가 이에 해당함

② 투사적 검사
  ㉠ 인간 내면의 무의식적 심리(다양한 욕구, 갈등, 성격 등)를 투사하는 비구조화된 검사

규준(Norm)
비교기준이 되는 점수를 의미함

SEMI-NOTE

용어설명
- 반응 경향성 : 수검자가 의도적으로 일정한 성격이나 흐름으로 반응하는 것
- 묵종 경향성 : 수검자가 문항과 상관없이 일괄적으로 '네' 또는 '아니요'라 반응하는 것

ⓒ 로샤검사, 주제통각검사, 문장완성검사 등이 해당함

실력UP 객관식 검사와 투사적 검사의 장단점

구분	객관적 검사	투사적 검사
장점	• 검사의 실시, 채점, 해석이 간편함 • 신뢰도와 타당도가 매우 높음 • 객관성이 보장됨	• 다양하고 독특한 반응을 이끌어낼 수 있음 • 검사에 대한 방어를 무력하게 함 • 무의식적 내용을 끌어낼 수 있음
단점	• 사회적 바람직성의 영향을 받음 • 반응 경향성이나 묵종 경향성에 따라 반응이 오염될 수 있음	• 신뢰도와 타당도가 매우 낮음 • 검사반응이 상황에 영향을 받음

(5) 주요 질적 측정도구

① 자기효능감척도
　㉠ 어떤 과제를 어느 정도 수준으로 수행할 수 있는 능력을 갖추었다고 스스로 판단하는지의 정도를 측정
　㉡ 내담자가 과제를 잘 수행할 수 있는지를 과제의 난이도와 내담자의 확신도로 파악함

② 직업카드분류
　㉠ 직업카드를 개발하고 이를 분류하는 활동
　㉡ 내담자의 직업에 대한 선호 및 흥미, 직업선택의 동기와 가치를 질적으로 탐색하는 방법
　㉢ 내담자의 가치관, 흥미, 직무기술, 라이프스타일 등의 선호형태를 측정하는 데 유용함

직업카드분류
직업카드분류에 대한 자세한 설명은 02장(직업상담의 기법)의 04절(내담자 사정)에 나와 있으니 참고 → p.63

③ 직업가계도(제노그램)
　㉠ 직업과 관련된 내담자의 가족 내 계보를 알아보는 도구로서 내담자의 고정관념, 직업의식, 직업가치, 직업선택 등에 대한 가족의 영향력을 분석하고 근본 원인을 파악함
　㉡ 내담자의 가족이나 선조들의 직업특징에 대한 도표를 만듦
　㉢ 가족치료에 활용할 수 있음

직업가계도
직업가계도에 대한 자세한 설명은 02장(직업상담의 기법)의 03절(구조화된 면담법)에 나와 있으니 참고 → p.59

④ 역할놀이(역할극)
　㉠ 내담자에게 수행행동을 나타낼 수 있는 가상의 업무 상황을 제시해줌
　㉡ 취업에 필요한 면담이나 사용자와의 대화 등 다양한 영역에서 발휘되는 내담자의 사회적 기술들을 측정하기 위해 활용됨

02절 규준과 점수해석

1. 기본개념

(1) 변인과 척도

① 변인(변수) : 서로 다른 수치를 부여하는 대상의 속성으로, 성별, 교육수준 등과 같이 둘 이상의 값을 가짐

② 척도
  ㉠ 명명척도 : 단지 측정 대상의 구분을 위하여 숫자나 기호를 할당한 것 → 양적인 분석이나 대소 비교 등 유의미한 통계적 쓰임은 없음(예 한 반에 있는 남자들을 구분하기 위하여 남자1, 남자2, 남자3이라 할당하면 이들은 서로 같은 사람이 아니라는 차이정보만을 제공할 뿐임)
  ㉡ 서열척도 : 숫자의 차이가 측정한 속성의 차이에 관한 정보뿐 아니라 그 순위 관계에 대한 정보도 포함하고 있음(예 달리기 시합에서 들어온 순서대로 1등, 2등, 3등을 할당하면 2등은 1등보다는 늦게 들어왔으나 3등보다는 빨리 들어왔다는 서열정보를 제공함)
  ㉢ 등간척도 : 속성에 대한 순위를 부여하되 순위 사이의 간격이 동일한 척도 → 명명척도와 서열척도의 특징을 모두 가지고 있음(예 어제는 아침엔 15℃ 저녁엔 10℃였고, 오늘은 아침엔 10℃ 저녁엔 5℃로 내려갔다면 오늘의 기온이 어제의 기온보다 전반적으로 5℃ 내려갔다고 볼 수 있음)
  ㉣ 비율척도 : 차이정보, 서열정보, 등간정보 외에 수의 비율에 관한 정보까지 담고 있는 척도 → 특히 절대영점을 가짐으로써 비율의 성격을 지님(예 남자1의 몸무게가 90kg이고 남자2의 몸무게가 45kg이라면 남자1의 몸무게는 남자2의 몸무게의 두 배임)

(2) 대푯값

① 중심경향치로서의 대푯값

평균	• 집단에 속하는 모든 점수의 합을 전체 사례 수로 나누어 얻은 값 • 통계적 조작이 쉽고 가장 널리 사용됨 예 사례가 2, 3, 7, 8인 경우 → 모두 더하여 사례수인 4로 나눔 　(2 + 3 + 7 + 8)÷4 = 5, 평균은 '5'임
중앙치 (중앙값)	• 점수를 크기순으로 배열했을 때 위치상 가장 중앙에 있는 값 • 한 집단의 점수분포에서 전체 사례를 상위반과 하위반 즉, 상위 50%로 나누는 점 • 중앙치를 중심으로 전체 사례의 반이 이 점의 상위에, 나머지 반은 이 점의 하위에 있게 됨 예 사례가 1, 2, 4, 5, 6, 8, 9인 경우 → 사례수가 홀수임 　그 중간에 위치한 '5'가 중앙치임 예 사례가 1, 2, 4, 5, 6, 8인 경우 → 사례수가 짝수임 　그 중간에 위치한 두 수의 평균인 (4+5)÷2=4.5가 중앙치임

SEMI-NOTE

변인의 종류
• 독립변인 : 다른 변인의 원인이 되는 변인
• 종속변인 : 독립변인의 결과가 되는 변인
• 가외변인 : 독립변인이 아닌데도 종속변인에 영향을 주는 변인

절대영점(절대 '0'점)
값이 존재하지 않는 것을 의미함
• 절대영점이 없음 : 0은 상대적 의미를 가짐(예 0시라는 것은 시간이 없다는 것이 아니라 23시 59분 59초 이후 정각을 의미함)
• 절대영점이 있음 : 0은 값이 없다는 것을 의미함(예 어제 공부를 0시간 했다는 것은 아예 안 했다는 것을 의미함)

대칭적 분포
사례가 대칭적으로 분포되어 있는 경우에는 평균과 중앙치가 동일함

SEMI-NOTE

최빈치 (최빈값)	· 점수 분포상에서 가장 자주 나오는 숫자 즉, 빈도가 많은 점수 · 최빈치는 서열, 등간, 비율정보를 갖지 않으며 모든 점수의 빈도가 같을 경우에는 최빈값이 존재하지 않음 · 예) 사례가 10, 11, 12, 12, 12, 13, 14, 14, 18인 경우 12의 빈도가 3으로 가장 많으므로 최빈치가 됨

분포
일반적인 상태에서 사례는 중앙 부위에 가장 많이 분포되어 있고 양쪽으로 갈수록 빈도가 줄어드는 형태를 보이는데, 이러한 일반적인 분포를 '정규분포'라고 함

② 산포도

범위	· 구간의 크기를 의미 · 공식 : 최댓값 – 최솟값 + 1
분산	· 점수들이 서로 흩어져 있는 정도를 의미 · 분산이 작을수록 해당 집단은 동질적이며 클수록 이질적임 · 공식 : (표준편차)^2
표준 편차	· 각 점수들이 평균에서 얼마나 벗어났는지를 의미 · 표준편차가 작을수록 해당 집단은 동질적이며 클수록 이질적임 · 산포도 중에 가장 많이 활용됨
사분 편차	· 점수를 크기순으로 나열하여 작은 쪽에서 1/4지점, 3/4지점에 해당하는 위치에 있는 자료를 선택하고 그 차이를 2로 나눈 값 · 극단한 점수의 영향을 받는 경우, 이를 보완하기 위한 방법임

측정의 표준오차
어떤 검사를 실시할 때마다 매번 달라지는 평균의 오차범위를 말하는데, 샘플링을 여러 번 했을 경우 각 샘플들의 평균이 전체평균과 얼마나 차이가 나는가를 알 수 있음

③ 표준오차
㉠ 표본의 평균이 실제 모집단의 평균과 얼마나 떨어져 있는지를 나타내는 수치
㉡ 검사의 표준오차는 검사점수의 신뢰도를 나타냄
㉢ 표준오차가 작을수록 표본의 대표성이 높기 때문에 표준오차는 작을수록 좋음
㉣ 표준오차를 고려할 때 오차 범위 안의 점수 차이는 무시해도 됨 → 다만, 표준오차가 너무 크다면 검사 자체가 무의미해짐

④ 정규분포(정상분포)

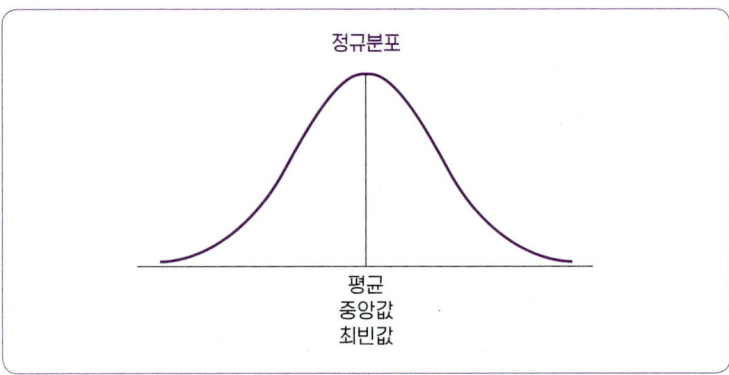

㉠ 통계학에서 대표적인 연속 확률분포로, 가우스분포라고도 함
㉡ 사례수가 충분할 경우 평균을 중심으로 연속적이고 대칭인 종모양의 형태를 띰
㉢ 평균, 중앙값이 일치함
㉣ 정규분포를 따르는 검사에서 규준에 비추었을 때 중앙값을 얻었다면 같은 연령집단의 점수분포에서 평균점수를 얻은 것으로 볼 수 있음

정규분포의 예
평균이 100, 표준편차가 15인 정규분포인 경우
· 1표준편차 : 85~115점 안에 약 68.3%가 속함
· 2표준편차 : 70~130점 안에 약 95.4%가 속함
· 3표준편차 : 55~145점 안에 약 99.7%가 속함

실력UP 정규분포의 표준편차

- 1표준편차 : 평균을 중심으로 전체 사례의 약 68.3%가 포함됨
- 2표준편차 : 평균을 중심으로 전체 사례의 약 95.4%가 포함됨
- 3표준편차 : 평균을 중심으로 전체 사례의 약 99.7%가 포함됨

⑤ 상관계수
  ㉠ 두 변인이 서로 관련성이 있는지의 정도(상관관계의 정도)를 나타내는 수
  ㉡ 상관계수는 −1에서 +1 사이의 값을 가짐
    - 정적상관(+1) : 한 변인이 증가할 때 다른 변인도 증가하는 관계
    - 상관없음(0) : 두 변인 간 관계가 없음
    - 부적상관(−1) : 한 변인이 증가할 때 다른 변인은 감소하는 관계
  ㉢ 두 변인 간 관련성이 있다는 것은 한 변인이 변함에 따라 다른 변인에도 영향을 주는 것을 의미함

(3) 원점수

① 검사를 실시해 얻는 최초의 점수를 의미
② 검사에 따라 원점수는 매우 다양하므로 그 자체로는 아무런 정보를 주지 못함
③ 서로 다른 검사의 결과를 동등하게 비교할 수 없음
④ 척도의 종류로 볼 때 서열척도에 불과하며 등간척도가 아님
⑤ 기준점이 없기 때문에 특정 점수의 크기를 표현하기 어려움

2. 규준

(1) 규준의 개념

① 대표집단에서 실시한 검사 점수를 일정한 분포도로 작성하여 특정 검사 점수의 해석에 기준이 되는 자료를 의미함
② 한 개인의 점수와 다른 사람의 점수를 비교할 때 비교가 되는 점수이기도 함
③ 다른 검사점수를 참고하여 개인점수의 상대적 위치를 앎으로써 검사점수의 상대적인 해석이 가능함
④ 한 개인이 서로 다른 검사에서 얻은 결과를 비교할 수도 있음
⑤ 특정 모집단을 대표하는 표본을 구성한 후 이들에게 검사를 실시하여 얻은 점수를 체계적으로 분석하여 만듦

실력UP 여러 가지 표집방법

- **단순무선표집** : 모집단의 구성원이 표본으로 추출될 확률이 동일하도록 무작위로(random) 선택하는 방법
- **층화표집(유층표집)** : 모집단 안에 여러 개의 하위집단이 있을 경우, 모집단을 계층으로 구분하고 각 계층에서 단순무선표집을 하는 방법

SEMI-NOTE

상관계수와 결정계수
- 두 변수의 관계를 알아보기 위해서는 결정계수를 구해야 함
- 결정계수 = (상관계수)^2
- 예) 지능검사 점수와 학교성적 간의 상관계수가 0.40일 경우, 결정계수는 $(0.4)^2 = 0.16$, 즉 16%이므로 학교성적에 대한 변량의 16%는 지능검사로 설명할 수 있음

규준 제작 시 유의사항
- 규준은 절대적이거나 보편적이거나 영구적인 것이 아님
- 규준집단은 모집단에 대한 대표성을 잘 갖춰야 함
- 표본 수가 너무 작거나 지역이 편중되거나 제작 시기가 너무 길면 안 됨

발달규준
수검자가 발달경로상에서 어느 정도 위치에 있는지를 표현하는 방식으로 원점수에 의미를 부여함(예) 정신연령규준, 학년규준, 서열규준, 추적규준 등)

SEMI-NOTE

- **군집표집** : 모집단이 어떤 하위집단으로 구성되어 있는 경우, 하위집단을 표집의 단위로 사용함(예) '경기도의 중학생'이라는 모집단 조사를 위해 학생 개별이 아닌 '경기도의 각 중학교'라는 하위집단 자체를 표본으로 추출)
- **편의표집** : 연구자의 편의대로 표집가능한 표본을 구하는 비확률적인 표집방법
- **목표표집** : 표본의 크기가 모집단에 비하여 너무 작은 경우, 연구자의 이론에 따라 목표집단을 편의로 선정하는 방법
- **체계적표집** : 표집목록에 비추어 목록에서 일정한 순서에 있는 표본을 표집하는 방법

집단 내 규준점수
원점수는 서열척도에 불과한 반면, 집단 내 규준점수는 등간척도의 성질도 가짐

(2) 집단 내 규준점수

① 백분위 점수
  ㉠ 특정 원점수 이하에 속하는 사례의 비율을 통해 나타내는 상대적 위치 → 특정 집단에서 차지하는 상대적 위치를 의미
  ㉡ 개인의 점수를 100개의 동일한 구간에서 순위를 정함(예) 백분위 95는 내담자의 점수보다 낮은 사람들이 전체의 95%가 된다는 의미 즉 내담자는 상위 5%의 위치)
  ㉢ 단순하고 직접적이며 집단 내에서 개인의 상대적인 위치를 살펴보는 데 적합함

② 표준점수
  ㉠ 개인의 점수가 평균으로부터 떨어져 있는 거리를 의미
  ㉡ 원점수를 표준점수로 변환함으로써 상대적인 위치를 파악하고 검사 결과를 비교할 수 있음

Z점수	• 평균이 0이고 표준편차가 1인 Z분포상의 점수로 변환한 점수를 의미 • Z점수 0은 원점수와 평균이 같다는 의미이고, Z점수 −2.5는 원점수가 평균으로부터 하위 2.5표준편차만큼 떨어져 있다는 의미 • Z점수 = $\dfrac{원점수 - 평균}{표준편차}$
T점수	• 원점수를 평균 50, 표준편차 10으로 하는 점수분포로 변환한 점수 • T점수=10×Z점수+50

T점수
음수값과 소수점을 가지는 Z점수를 친숙한 수치로 변환하여 만든 점수를 T점수라 함

③ 표준등급
  ㉠ 모든 원점수를 1~9등급으로 나눈 것으로, 스테나인 점수라고도 함(예) 내신등급)
  ㉡ 원점수를 크기 순서로 배열한 후 각각의 구간에 일정한 점수나 등급을 부여함
  ㉢ 학교에서 실시하는 성취도검사나 적성검사의 점수를 정해진 범주에 집어넣어 학생들 간의 점수 차가 작을 때 생길 수 있는 지나친 확대해석을 미연에 방지할 수 있음

표준등급	1	2	3	4	5	6	7	8	9
백분율(%)	4	7	12	17	20	17	12	7	4

03절 신뢰도와 타당도

1. 신뢰도

(1) 개요
① 신뢰도의 개념
  ㉠ 동일한 대상에 대해 같거나 유사한 측정도구를 사용하여 반복 측정할 경우 동일한 결과를 얻을 수 있는 정도를 의미 → 즉, 일관성의 정도를 뜻함
  ㉡ 측정오차가 작을수록 신뢰도는 높은 경향이 있음
② 신뢰도 계수
  ㉠ 결과의 일관성을 보여주는 값
  ㉡ 0에서 1 사이의 값을 가지며 0에 가까울수록 신뢰도는 낮고, 1에 가까울수록 신뢰도가 높음
  ㉢ 신뢰도 계수는 신뢰도 추정방법에 따라 달라질 수 있음

(2) 신뢰도에 영향을 주는 요인
① 문항수 : 검사 문항수가 증가할수록 신뢰도는 증가함(단, 무작정 늘린다고 해서 정비례하여 커지는 것은 아님)
② 반응수 : 문항에 대한 반응수가 적정 크기를 유지할수록 신뢰도 계수 증가함(적정 크기를 초과할 경우 신뢰도는 향상하지 않음)
③ 개인차 : 개인차가 클수록 신뢰도 계수는 커짐
④ 변별도 : 문항의 변별도가 높으면 신뢰도는 증가함
⑤ 신뢰도 계산 방법 : 신뢰도 계산 방법에 따라 신뢰도의 크기가 달라질 가능성이 높음
⑥ 신뢰도 추정 방법 : 신뢰도 추정 방법에 따라 신뢰도 계수는 달라질 수 있음
⑦ 속도검사의 경우 신뢰도를 추정하는 것이 바람직하지 않음
⑧ 문항의 난이도가 지나치게 높거나 낮으면 신뢰도가 낮아짐

(3) 검사 – 재검사 신뢰도
① 개념
  ㉠ 하나의 검사(동일한 검사)를 동일한 수검자에게 시간 간격을 두고 두 번 실시하여 얻은 두 검사 점수 간의 상관계수에 의해 신뢰도를 추정하는 방법
  ㉡ 신뢰도계수는 시간의 변화에 따라 얼마나 일관성이 있는지를 의미하므로 '안정성 계수'라고도 함
  ㉢ 오차의 근원은 시간 간격(검사 실시 간격)임

SEMI-NOTE

신뢰도가 높은 검사의 특성
- 측정하고자 하는 특성을 일관되게 측정하는 경우
- 개인차가 명확히 측정되는 경우
- 문항의 난이도가 적절하여 검사점수가 정상분포를 이루는 경우
- 한 피검사자가 동일한 검사를 반복해서 받을 때 유사한 점수를 받는 경우

신뢰도 추정
신뢰도 추정에 영향을 미치는 요인 중 가장 중요한 요인은 표본의 동질성임

검사 – 재검사 신뢰도 계수
100명의 학생들이 특정 심리검사를 받고 한 달 후에 동일한 검사를 다시 받았는데 두 번의 검사에서 각 학생들의 점수는 동일했다면 이때의 검사 – 재검사 신뢰도 계수는 +1임 → 이와 같은 경우는 드물며 보통은 여러 오차요인에 의해 신뢰도가 1보다 작게 나옴

SEMI-NOTE

진점수
심리검사를 여러 번 반복하여 실시할 경우 나타나는 전체 점수의 범위로 각 점수 간의 차이를 의미함

연습효과
동일한 검사를 동일한 수검자에게 반복 시행함으로써 수검자의 수행이 향상되는 것을 의미 → 첫 번째 시행에서의 경험을 바탕으로 두 번째 시행에서 자신들의 실제 능력보다도 더 나은 수행을 보이는 경우

---

② 충족요건
  ㉠ 측정 내용 자체는 시간이 경과하더라도 변하지 않는다고 가정할 수 있어야 함
  ㉡ 앞서 받은 검사의 경험이 뒤에 받은 검사에 영향을 미치지 않는다는 확신이 있어야 함
  ㉢ 검사와 재검사 사이의 어떤 학습활동이 두 번째 검사에 영향을 미치지 않는다고 가정할 수 있어야 함

③ 주요 단점(한계점)

이월효과 (기억효과)	두 검사 사이의 시간 간격이 너무 짧을 경우 앞에서 답한 것을 기억해서 활용할 수 있음
성숙효과	두 검사 사이의 시간 간격이 너무 길 경우 측정대상의 속성이나 특성이 변화할 수 있음
반응민감성	검사를 치른 경험이 개인의 진점수를 변화시킬 수 있음
물리적 환경의 변화	날씨, 소음, 환경 등 기타 방해요인으로 인해 두 검사결과의 차이가 발생할 수 있음
개인적 요인	검사 시 심리적·육체적 상태 검사 결과에 영향을 미칠 수 있음
통제 불가능한 사건	서로 다른 시기에 실시하기 때문에 외생변수가 발생할 수 있음

(4) 동형검사 신뢰도

① 개념
  ㉠ 하나의 검사와 동일한 검사를 하나 더 개발해서 두 점수 간의 상관계수를 구하는 방법
  ㉡ 두 검사의 동등성 정도를 나타낸다는 점에서 '동등성 계수'라고도 함
  ㉢ 오차변량의 원인을 특정 문항의 표집에 기인한 것으로 가정함
  ㉣ 이미 신뢰성이 입증된 유사한 검사 점수와의 상관계수를 검토함

② 충족요건
  ㉠ 두 검사가 근본적으로 측정하고자 하는 영역에서 동일한 내용이 표집되어야 함
  ㉡ 두 검사의 문항형태, 문항수, 난이도, 변별도, 문항내용, 시간제한, 구체적 설명 등이 동일해야 함
  ㉢ 문항 간 동질성이 높은 검사에서 적용하는 것이 좋음

③ 주요 단점(한계점)
  ㉠ 실제로 완벽한 동형검사를 제작하기 어려움
  ㉡ 연습효과에 취약함

(5) 반분 신뢰도

① 개념
  ㉠ 전체 문항수를 반으로 나누어 두 부분이 같은 개념을 측정하는지 일치성·동질성 정도를 비교하는 방법

ⓛ 개인별로 두 개의 점수를 구하여(일관성) 두 점수 간 상관계수를 계산함
　　ⓒ 한 검사를 어떤 집단에서 실시하고 그 검사 문항을 동형이 되도록 두 개의 검사로 나눈 다음 두 부분의 점수가 어느 정도 일치하는가를 상관계수를 통해 추정함
　　ⓔ 하나의 검사로 한 번만 검사를 실시하므로 시간에 영향을 받지 않으며 비용 면에서 장점이 있음
　　ⓜ 둘로 구분된 문항이 얼마나 일관성이 있는가를 측정한다는 점에서 '내적합치도 계수'라고도 함
　　ⓗ 검사 문항을 둘로 분리하기 위해 다양한 방법이 사용된다.
　　ⓢ 반분법에 따라 신뢰도계수가 달라질 수 있다.

> **내적합치도 계수**
> 내적합치도 계수가 낮으면 검사가 성질상 매우 다른 속성을 측정하는 문항들로 구성되어 있다고 볼 수 있음

② 주요 추정 방법

전후반분법 (전후절반법, 전후양분법)	• 문항순서에 따라 전반부와 후반부로 반분하는 방법 • 문항수가 적고 문항의 난이도가 고른 분포일 경우 적합 • 문항수가 많거나 속도검사인 경우 또는 난이도에 따라 문항이 구성된 경우 적합하지 못함
기우반분법 (기우절반법, 기우양분법)	• 홀수와 짝수에 따라 반분하는 방법 • 문항수가 많고 난이도에 따라 배열되어 있는 경우 적합 • 다른 신뢰도 추정방법에 비해 계수가 불합리하게 높게 나오는 경향이 있음
짝진 임의배치법 (임의적 짝짓기법)	• 문항의 난이도와 문항 – 총점 간의 상관계수를 토대로 반분하는 방법 • 통계치의 산포도를 작성하여 좌표상 가까이 위치한 문항끼리 짝을 지은 후 그중 한 문항을 임의로 선택하고 양분하는 방법

> **속도검사**
> 속도검사에서는 반분 신뢰도가 작용하면 안 됨
> • 전후반분법을 사용하면 대부분의 수 검사들이 시간부족으로 인해 후반부 문항들에 대해 제대로 답하지 못하는 경우가 생기기 때문
> • 기우양분법을 사용하면 신뢰도 계수가 과대 추정되는 경향이 생기기 때문

③ 주요 단점(한계점)
　　ⓛ 문항수와 상관계수는 비례하므로 반분하면 상관계수도 작아짐
　　ⓒ 신뢰도가 낮을 경우 이질적인 문항들을 제거하거나 동질적인 문항을 개발하여 부가할 필요가 있음
　　ⓔ 양분된 두 문항을 완전히 동등하게는 할 수 없으므로 신뢰도에 의문이 제기될 수 있음

(6) 문항내적합치도

① 개념
　　ⓛ 단일의 신뢰도 계수를 계산할 수 없는 반분법의 문제점을 고려하여 가능한 모든 반분신뢰도를 구한 다음 그 평균값을 신뢰도로 추정하는 방법
　　ⓒ 한 검사에 포함된 문항들이 동질성이 있는지를 측정하고자 할 때 사용하며 '동질성 계수'라고도 함
　　ⓔ 한 검사 내의 각 문항들을 독립된 별개의 검사로 간주하고 문항들 간 일관성이나 합치성의 상관계수를 구함

SEMI-NOTE

크론바흐 알파계수
크론바흐 알파계수가 크다는 것의 의미는 검사 문항들이 동질적이라는 뜻임

채점자에게 많은 재량권이 있는 검사
에세이 검사, 행동관찰, 투사적 검사 등

측정오차
검사의 신뢰성을 높이기 위해서는 측정오차를 줄여야 함

---

② 주요 추정 방법

크론바흐 알파계수 (Cronbach's α)	• 문항이 세 개 이상의 보기로 구성된 검사에 사용하며 논문형, 평정형 등 이분법적으로 채점되지 않는 경우에 사용할 수 있음 • 0~1의 값을 가지며 값이 클수록 신뢰도가 높음
쿠더 – 리차드슨 계수	• 응답문항이 '네', '아니요' 등 두 가지일 경우 사용함 • 문항 간 정답과 오답의 일관성을 종합적으로 추정

③ 주요 단점(한계점)
  ㉠ 문항의 난이도가 일정하지 않다면 신뢰도는 약해짐
  ㉡ 단일 요인이 아닌 여러 요인을 검사하는 도구라면 일관성 부족으로 인한 오차인지, 검사 내용의 이질성으로 인한 오차인지 분간하기 어려움

(7) 채점자 간 신뢰도

① 개념
  ㉠ 채점자의 채점을 어느 정도 믿을 수 있는지와 일관성이 있는지를 나타낸 상관계수
  ㉡ 채점자에게 많은 재량권이 있는 검사의 경우에는 채점자에 따라 동일한 수검자에 대하여도 점수가 다르게 나타날 수 있음 → 채점자 간 신뢰도 낮음
  ㉢ 사지선다형 등 표준화된 절차가 있는 경우에는 채점자 간 신뢰도가 높음

② 채점자 오류 유형

관용의 오류	채점자가 일반적으로 후한 점수를 주는 경향
논리적 오류	특정 행동의 특성에 대해 판단한 것이 관련 있어 보이는 다른 특성의 평정에 영향을 미치는 경우
중앙집중경향의 오류	아주 높거나 아주 낮은 점수를 피하고 대체로 중간 점수를 주는 경향
후광효과의 오류	수검자에 대한 인상이 채점이나 평정에 영향을 미치는 경우

실력UP 측정오차를 줄이는 방법

• 표준화된 측정도구를 이용함(검사와 채점과정 모두 표준화함)
• 측정자의 태도와 측정 방식의 일관성을 유지함
• 신뢰도에 나쁜 영향을 끼치는 문항을 제거함
• 문항수를 늘림

2. 타당도 ⭐빈출개념

(1) 개요

① 타당도의 개념
  ㉠ 측정하고자 하는 개념이 실제로 측정되었는지, 얼마나 정확하게 측정되고 있는지의 정도를 의미함 → 측정의 정확성을 의미
  ㉡ 검사 점수를 이용하여 그 검사가 측정하려는 속성에 대해 추론하는 것이 타당한 일인지를 결정해주는 것

② 신뢰도와 타당도
  ㉠ 타당도가 있으면 반드시 신뢰도가 있으며, 타당성 있는 측정은 항상 신뢰도가 있음
  ㉡ 타당도가 낮다고 하여 신뢰도도 낮은 것은 아님(타당도가 낮아도 신뢰도는 높을 수 있음)
  ㉢ 타당도가 높으면 신뢰도도 높음
  ㉣ 신뢰도가 낮으면 타당도도 낮음
  ㉤ 신뢰도가 높다고 하여 반드시 타당도가 높은 것은 아님

실력UP 신뢰도와 타당도

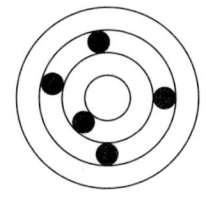 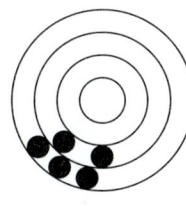 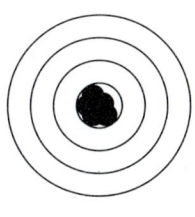

(가)　　　　　(나)　　　　　(다)

- (가) : 과녁에 꽂힌 점들이 분산되어 있어 일관성이 있지도 않으며 중앙에서 벗어나 정확하지도 않음 → 신뢰도도 낮고 타당도도 낮음
- (나) : 점들이 과녁의 같은 장소에 일관되게 꽂혀져 있으므로 일관성은 높으나 중앙에서 많이 벗어났으므로 정확성은 떨어짐 → 신뢰도는 높으나 타당도는 낮음
- (다) : 모든 점들이 과녁의 정중앙에 꽂혀져 있으므로 정확성도 높고 일관성도 높음 → 신뢰도와 타당도가 모두 높음

(2) 내용타당도

① 검사의 문항들이 그 검사가 측정하고자 하는 내용 영역을 얼마나 잘 반영하고 있는지를 의미
② 논리적 사고에 입각한 논리적인 분석과정으로 판단하는 주관적 타당도
③ 본질적으로 해당 분야 전문가의 판단에 의존함
④ 객관적인 자료에 근거하지 않으므로 타당도 계수를 산출하기 어려움
⑤ 성취도검사의 타당도를 평가하는 방법으로 많이 사용됨

SEMI-NOTE

타당도의 문제
운전면허 필기시험 문항 중 대학수학능력을 측정하는 문항이 섞여있을 때와 같은 경우는 타당도에 문제가 있는 경우에 해당됨

신뢰도와 타당도의 관계
타당도는 신뢰도의 충분조건이며, 신뢰도는 타당도를 높이기 위한 필요조건임
- 신뢰도가 높다고 해서 타당도도 반드시 높다고 할 수는 없지만, 타당도가 높기 위해서는 반드시 신뢰도가 높아야 함
- 신뢰도가 낮으면 타당도 역시 낮지만, 신뢰도가 높다고 반드시 타당도가 높은 것은 아님

신뢰도vs타당도
신뢰도는 일관성을, 타당도는 정확성을 의미함

내용타당도의 예시
어떤 과목의 시험에서 지엽적인 문제 또는 중요하지 않은 문제가 나왔다는 학생들의 주장에 대해 이 문제가 그 과목의 전반에 걸쳐 일반적으로 배운 내용을 대표하는 정도를 평가하려는 것

(3) 안면타당도(액면타당도)

① 내용타당도와 마찬가지로 검사의 문항들이 측정하고자하는 내용대로 실제로 측정하고 있는가 하는 것을 의미
② 내용타당도는 전문가의 판단에 의존하지만 안면타당도는 일반인의 일반적인 상식에 준하여 분석함
③ 실제로 무엇을 측정하느냐의 문제라기보다는 검사를 받는 사람들에게 그 검사가 타당한 것처럼 보이는가, 즉 검사문항이 잰다고 하는 것을 제대로 재는 것처럼 보이는지의 문제임

(4) 준거타당도

① 개념
  ㉠ 어떤 심리 검사가 특정 준거에 근거해 어느 정도 관련성이 있는지를 확인하는 것
  ㉡ 이미 전문가가 만들어 놓은 신뢰도와 타당도가 검증된 측정도구에 의한 측정 결과를 준거로 활용함
  ㉢ 검사와 준거 간의 상관관계를 분석해서 타당도를 확인함
  ㉣ '준거관련타당도', '기준타당도'라고도 함

② 예언타당도(예측타당도)
  ㉠ 검사의 점수를 가지고 다른 준거점수들을 얼마나 잘 예측해 낼 수 있는가 하는 정도를 의미
  ㉡ 미래행동에 대한 예측으로 새로 개발한 검사점수와 미래에 그 사람이 실제로 수행을 할 때의 수행수준 간의 상관 정도에 의해 결정됨
  ㉢ 타당도 중에서 수치로 나타낼 수 있음

③ 동시타당도(공인타당도)
  ㉠ 기존에 타당성을 인정받고 있는 검사와 새로 만든 검사 간의 상관관계에 의해 결정됨
  ㉡ 새로 개발되는 검사가 기존의 검사와 상관관계가 높다면 새로 개발되는 검사가 높은 타당도를 갖는다고 결론지을 수 있음

실력up 준거타당도와 직업상담

- 준거타당도는 내담자의 직업선택에 있어 명확한 근거를 가진 정보를 제공함
- 준거타당도를 바탕으로 해당 직업에서의 성공이나 성과 등을 예측할 수 있음
- 선발, 배치, 평가, 훈련 등의 인사 과정에서 효율성과 공정성을 높일 수 있음
- 준거타당도의 크기에 영향을 미치는 요인
  – 표집오차 : 표본이 모집단을 제대로 대표하지 못하는 경우, 표집오차는 커지고 타당도 계수는 낮아짐 → 표본의 크기가 작아지면 표집오차가 급격히 증가함
  – 범위제한 : 준거타당도 계산을 위해 얻은 자료들이 검사점수와 준거점수의 전체 범위를 포괄하지 않고 일부 범위만을 포괄하는 경우, 상관계수의 크기가 실제 상관계수보다 작게 나타남
  – 준거측정치의 신뢰도 : 준거측정치의 신뢰도가 낮으면 검사의 준거타당도도 낮아짐
  – 준거측정치의 타당도 : 준거결핍과 준거오염과 같은 준거왜곡이 준거측정치의 타당도에 영향을 미침

SEMI-NOTE

준거타당도
- 타당도의 정도 : 기존 검사와 새로 개발한 검사 간 통계적 상관에 의해 결정됨
- 분석방법 : 기대표를 작성함

예언타당도의 예시
적성검사에서 높은 점수를 받은 사람들일수록 입사 후 업무수행이 우수한 것으로 나타났다면, 이는 예언타당도가 높다고 할 수 있음

동시타당도의 예시
자체적으로 만든 입사자 영어시험과 TOEFL, TEPS 등과 같은 공인된 시험을 같이 시행한 후 상호 비교하여 공인시험 점수가 높은 사람이 입사자시험 점수 역시 높게 나오면 자체적으로 만든 영어시험의 동시타당도가 높다고 할 수 있음

준거왜곡
준거결핍과 준거오염을 포함하는 개념
- 준거결핍 : 준거측정도구가 개념준거 내용을 충분히 반영하지 못하는 경우
- 준거오염 : 준거측정도구가 개념준거와 관련 없는 내용을 포함하고 있는 경우

(5) 구성타당도

① 개념
  ㉠ 검사가 추상적 개념인자들을 제대로 측정하고 있는 정도를 나타냄
  ㉡ 적성, 흥미, 동기, 성격 등 객관적 관찰이 어려운 추상적인 개념을 얼마나 잘 측정하는지를 나타냄
  ㉢ 추상적 구성개념들을 관찰 가능한 행동 표본들로 구성한 것으로서 행동 표본들이 실제 그 검사로 측정하고자 하는 구성개념을 잘 반영하였는가 하는 것
  ㉣ 계량적 방법에 의해 검증되며 과학적이고 객관적임
  ㉤ '구인타당도', '개념타당도'라고도 함

② 수렴타당도(집중타당도)
  ㉠ 어떤 검사가 측정하고자 하는 개념과 관계있는 문항들의 상관관계를 보는 것
  ㉡ 검사의 결과가 이론적으로 관련이 있는 속성과 높은 상관이 있는지를 측정
  ㉢ 상관계수가 높을수록 타당도가 높음

③ 변별타당도(판별타당도)
  ㉠ 어떤 검사가 측정하고자 하는 개념과 관계없는 문항들의 상관관계를 보는 것
  ㉡ 검사의 결과가 이론적으로 관련이 없는 속성과 낮은 상관이 있는지를 측정
  ㉢ 상관계수가 낮을수록 타당도가 높음

④ 요인분석법
  ㉠ 검사문항이나 변인들 간의 상관관계를 분석해서 상관이 높은 문항이나 변인들을 묶어주는 통계적 방법
  ㉡ 검사의 구성타당도를 알아보기 위해 많이 사용함

한눈에 쏙~

신뢰도: 한 현상을 동일한 도구로 반복 측정하였을 때 일관성 혹은 안정성 있는 측정결과가 나오는가를 의미
- 검사-재검사 신뢰도(안정성 계수)
- 동형검사 신뢰도(동등성 계수)
- 반분신뢰도(내적합치도 계수)
- 문항내적합치도(동질성 계수)
- 채점자 간 신뢰도

타당도: 측정 도구가 측정하고자 하는 본질, 개념, 속성 등을 얼마나 정확하게 잘 측정하는가 하는 정도로, 타당도가 높을수록 검사가 사용목적에 맞게 사용되고 있음을 의미
- 내용타당도
- 안면타당도
- 준거타당도
  - 예언타당도
  - 동시타당도
- 구성타당도
  - 수렴타당도
  - 변별타당도
  - 요인분석법

SEMI-NOTE

수렴타당도의 예시
지능지수와 학교성적 간의 상관관계가 높다면, 수렴타당도가 높다고 할 수 있음

변별타당도의 예시
지능지수와 몸무게 간의 상관계수가 낮다면 변별타당도가 높다고 할 수 있음

타당도 마무리

내용 타당도	전문가에 의해 측정. 내용을 얼마나 잘 반영하고 있느냐
안면 타당도	일반인에 의해 측정. 검사가 얼마나 타당해 보이느냐
예언 타당도	검사점수를 가지고 다른 점수를 얼마나 예측할 수 있느냐
동시 타당도	새로운 검사 도구가 기존에 타당성을 인정받은 검사와 얼마나 상관이 있느냐
수렴 타당도	관계있는 변인들과 얼마나 높은 상관관계가 있는지의 정도
변별 타당도	관계없는 변인들과 얼마나 낮은 상관관계가 있는지의 정도
요인 분석법	서로 상관이 높은 문항들을 묶는 통계적 방법

| SEMI-NOTE |

04절 심리검사의 개발과 활용

1. 심리검사의 개발

(1) 심리검사의 개발과정

① 검사의 사용목적 파악 → 구성개념의 영역 규정 → 범주별 중요도 결정 → 표본 문항의 작성(문항개발 및 문항검토) → 사전검사 실시 → 검사 실시 → 자료분석 및 신뢰도와 타당도 평가 → 규준개발

② 대표적인 심리검사 : 객관적 검사와 투사적 검사로 나뉨

(2) 심리검사의 선택 시 유의사항

① 검사의 목적을 분명히 하고 일치성을 확인해야 함
② 검사의 문제점, 유용성, 적절성 등을 확인하고 사용여부를 결정해야 함
③ 검사를 선택할 때 내담자를 포함해야 함
④ 신뢰도와 타당도, 적합성, 비용, 시간 등을 모두 고려하여야 함

(3) 심리검사의 결과 해석 및 통보 시 유의사항

① 해석에 대한 내담자의 반응을 고려해야 함
② 내담자에게 결과를 이야기할 때 가능한 이해하기 쉬운 언어를 사용해야 함
③ 내담자의 방어를 최소화하기 위해 중립적이고 무비판적인 자세를 견지해야 함
④ 상담자의 주관적 판단은 배제하고 검사점수에 대하여 중립적인 입장을 취해야 함
⑤ 검사점수를 직접적으로 말해주기보다는 내담자의 진점수의 범위를 말해주는 것이 좋음
⑥ 상담자가 일방적으로 해석하기보다 내담자 스스로 생각해서 자신의 진로를 결정하도록 도와주어야 함
⑦ 객관적이고 표준화된 자료를 활용하여 설명해야 함
⑧ 검사가 측정하는 것이 무엇인지, 측정하지 않는 것이 무엇인지 명확히 제시해야 함
⑨ 기계적으로 전달하지 않으며 해석과 설명을 함께 전달해야 함
⑩ 내담자가 도출된 결론을 오해하지 않도록 주의해야 함
⑪ 검사결과의 통보에 따른 정서적 반응까지 고려해야 함

심리검사

심리검사에 대한 자세한 설명은 05장 (직업심리검사)의 01절(심리검사의 이해)에 나와 있으니 참고 → p.134

심리검사의 실시

검사의 구체적 절차와 구두 지시사항을 충분히 숙지하고 검사도구를 미리 준비해야 하며 소음이나 방해가 없는 곳에서 검사를 실시하고 피검자가 검사에 성실히 임하도록 해야 함

윤리적 문제와 관련한 유의사항

- 목적과 절차를 충분히 설명해야 함
- 새로운 기법을 개발하고 표준화할 때 기존의 과학적 절차를 충분히 따라야 함
- 신뢰도, 타당도에 관한 모든 제한점을 지적해야 함
- 평가 결과가 시대에 뒤떨어질 수 있음을 인정해야 함
- 적절한 훈련이나 교습, 감독을 받지 않은 사람들이 심리검사 기법을 자유롭게 이용하지 않도록 해야 함

2. 문항분석

(1) 문항의 난이도

① 개념 : 문항의 쉽고 어려운 정도를 나타냄
② 난이도 지수
  ㉠ 전체 응답자 중 특정 문항을 맞힌 사람들의 비율로, P로 나타냄
  ㉡ $P = \dfrac{R}{N} \times 100$ (N : 총 사례 수, R : 정답자 수)
③ P는 0.00~1.00 사이의 값을 가지며 지수가 높을수록 쉬운 문항임 → 1.00은 모든 피검자가 답을 맞히기 쉬운 문항임
④ 문항이 어려울수록 검사점수의 변량이 낮아져 검사의 신뢰도가 낮아짐
⑤ P = 0.50일 때 검사 점수의 분산도가 최대가 됨
⑥ 문항의 난이도는 0.50이 바람직하나 각 문항들의 난이도를 모두 0.50으로 만들기는 어려울뿐더러 0.50으로 만들 필요는 없음 → 평균값이 0.50이 되도록 검사를 구성하면 좋음
⑦ 정답이 있는 사지선다형의 문항분석에서 주로 사용됨

(2) 문항 변별도

① 개념 : 그 검사에서 높은 점수를 얻은 피검자와 낮은 점수를 얻은 피검자를 식별 또는 구별해 줄 수 있는 변별력을 의미함
② 변별도 지수 : 상위점수집단과 하위점수집단 각각에서 문항을 맞춘 사람들의 백분율 차이 값으로, D로 나타냄
③ D는 –1.00~1.00 사이의 값을 가짐
④ 문항 변별도가 높으면 검사의 신뢰도를 향상시킬 수 있음
⑤ 문항 변별도가 높다는 것은 높은 점수를 맞은 사람과 낮은 점수를 맞은 사람을 잘 구분 한다는 의미임
⑥ 좋은 점수를 얻은 피검자가 답을 대부분 답을 맞히고, 낮은 점수를 얻은 피검자는 대부분 답을 틀릴 경우, 그 문항은 변별도가 높다고 볼 수 있음

(3) 문항 추측도와 오답의 능률도(매력도)

① **문항 추측도** : 문제를 해결할 능력이나 지식이 전혀 없는 상태에서 답을 맞힐 확률
② **오답의 능률도(매력도)** : 피검자가 각문항의 답지(정답지와 오답지)에 어떻게 반응을 하는지 분석하는 것으로, 오답지를 정답으로 선택할 가능성을 말함

SEMI-NOTE

문항분석
- 각 문항의 응답을 분석하여 문항의 난이도, 변별도, 곤란도 등에 대한 자료를 얻는 것
- 검사개발에서 문항분석을 통해 검사의 길이를 줄이고 검사의 신뢰도와 타당도를 향상시킬 수 있음

SEMI-NOTE

지능검사의 발달
- 비네 – 시몽(Binet – Simon) 검사 : 최초의 지능검사로, 정상 아동과 지체 아동을 구별하는 방법을 토대로 정신박약아를 선별해내는 도구로 사용
- 스탠포드 – 비네(Stanford – Binet) 검사 : 비네 – 시몽 검사를 발전시킨 검사로, 비율지능(Ratio IQ)을 도입하여 아동의 지적지체를 탐지하고 성인의 정신박약 등을 확인하는 도구로 사용
- 성인용 지능검사 : 제1차 세계대전을 계기로 급속도로 발전하였으며 집단용 언어적 검사인 군대용 α식(언어 사용)과 비언어적 검사인 군대용 β식(기호, 도형, 숫자 등 사용), 작업검사식 등이 있음

지능획득요소
- 선택적 부호화 : 새로운 장면에 적절한 주의를 기울이는 능력(주의집중)
- 선택적 결합 : 서로 관련 없는 요소들을 연관시켜 새로운 것을 창조해 내는 능력
- 선택적 비교 : 이미 있는 것을 새로운 각도에서 보고, 이로부터 새로운 것을 유추해 낼 수 있는 능력

05절 주요 심리검사

1. 지능검사

(1) 지능에 대한 이론

① 카텔(Cattell)의 이론
  ㉠ 성인기에 지능이 쇠퇴한다는 과거의 관점을 수정한 이론
  ㉡ 유동적 지능과 결정적 지능으로 구분함

유동적 지능	결정적 지능
• 유전적, 선천적으로 주어진 능력(지능) • 청소년기(14~15세)까지 발달하다가 이후 퇴보함 • 특정한 문화나 학교의 학습 등과는 관련이 적음 • 즉각적인 적응력과 융통성을 활용하여 문제를 해결하는 능력 ㉠ 속도, 기계적 암기, 지각속도, 수리능력, 추론능력 등	• 환경, 경험, 훈련, 문화적 영향에 의해 발달하는 능력(지능) • 나이가 들수록 더욱 발달함 • 문화적·교육적 경험에 의해 계속 발달하며 환경에 따라 40세 이후에도 발달 가능함 • 학업성취력의 기초가 됨 ㉠ 언어이해능력, 문제해결능력, 논리적 추리력, 상식 등

② 스피어만(Spearman)의 2요인 이론
  ㉠ 요인분석을 사용하여 지능의 구조를 일반요인과 특수요인으로 구분함
  ㉡ 일반요인과 특수요인
    • 일반요인 : 개인이 공통적으로 가지고 있는 능력으로 모든 지적 활동에 포함되어 있는 단일한 능력(㉠ 기억력, 암기력 등)
    • 특수요인 : 어떤 특정한 분야에 대한 구체적인 능력(㉠ 수리능력, 공간적 능력, 기계적 능력, 음악적 재능 등)

③ 스턴버그(Sternberg)의 삼원지능 이론
  ㉠ 전통적 지능개념에 개인, 행동, 상황적 요소를 모두 포함한 실제적 지능이론
  ㉡ 성공한 사람은 학습능력뿐만 아니라 환경을 선택·변형하는 능력이 뛰어나다는 사실에 주목하여 성공지능(SI)의 개념을 제시
  ㉢ 성공지능은 분석적 능력·창의적 능력·실제적 능력으로 구성되며 성공지능 이론은 삼원지능 이론을 토대로 발전하였음

요소하위이론	메타요소, 수행요소, 지능습득요소 → 분석적 능력
경험하위이론	선택적 부호화, 선택적 결합, 선택적 비교 → 창의적 능력
맥락하위이론	기존 환경에 적응하기, 기존 환경을 변형하기, 새로운 환경을 선택하기 → 실적 능력

④ 가드너(Gardner)의 다중지능 이론
  ㉠ 지적 능력은 서로 독립적이며 상이한 여러 가지 능력으로 구성됨
  ㉡ 문화와 상황에 따라 다른 지능이 요구됨

ⓒ 지능이 높으면 모든 영역에서 우수하다고 보는 종래의 지능이론을 비판함
ⓔ 전통적 지능검사는 언어능력과 논리·수학능력만을 지나치게 강조한다고 비판함
ⓜ 지능은 문화의존적이며 상황의존적이고, 문제해결을 위해 서로 상호작용함
ⓗ 지능은 교육 및 훈련을 통해 촉진 가능하며 잠재적 지능의 실현정도는 환경에 의존함
ⓢ 지능의 발달속도는 종류에 따라 다르며 한 종류의 지능발달에 과도하게 집중하는 경우 다른 지능발달이 늦어짐

실력UP 지능의 9가지 유형[가드너(Gardner)]

언어지능	• 단어의 의미와 소리에 대한 민감성 • 문장구성의 숙련 • 언어 사용방법의 통달 예) 시인, 연설가, 교사
논리-수학 지능	• 대상과 상징·용법 • 용법 간의 관계 이해(분류 및 범주화, 패턴 이해, 체계적 추리) • 문제 이해능력 예) 수학자, 과학자
공간지능	• 공간적 정보의 정확한 지각 능력 • 자신의 지각변형능력 • 시각경험의 재생능력 • 균형·구성에 대한 민감성 • 유사한 양식을 감식하는 능력 예) 예술가, 조각가, 기술자, 건축가
신체운동 지능	• 감정이나 의도를 표현하기 위해 신체를 숙련하게 사용 • 사물을 능숙하게 다루는 능력 예) 무용가, 공예인, 운동선수, 배우
음악지능	• 음과 음절에 대한 민감성 • 음과 음절을 리듬이나 구조로 결합하는 방법 이해 • 음악의 정서적 측면 이해 예) 작곡가, 연주가, 성악가
대인관계 지능	• 타인의 기분과 기질, 동기, 의도를 파악하는 능력 • 타인에 대한 지식에 따라 행동할 수 있는 잠재능력 예) 정치가, 종교인, 사업가, 행정가
자기이해 지능	• 자신의 내적과정과 특성에 대한 이해, 통찰, 통제 능력 예) 소설가, 임상가, 종교인
자연탐구 지능	• 동식물이나 주변 사물을 관찰하여 공통점과 차이점을 분석하는 능력 예) 생물학자, 지리학자, 탐험가, 사냥꾼
실존지능	• 인간의 존재이유, 삶과 죽음, 희로애락, 인간의 본성 및 가치에 대한 철학적·종교적 사고 능력 예) 종교인, 철학자

SEMI-NOTE

지능지수와 지능검사에 대한 바른 이해

• 지능검사는 타고난 지능만을 측정하는 것이 아님
• 지능지수는 발달과정에서 변함(5세까지 변화 정도가 심하며, 그 후에도 변화가능)
• 지능검사는 잠재능력이 아닌, 특정 시점에서의 개인의 인지적 기능에 대한 측정임
• 어떠한 단일 검사로 개인의 지적능력 전체에 대한 정보를 알 수는 없음
• 완전한 신뢰도를 갖춘 지능검사는 없으며, 검사점수는 능력에 대한 추정치에 불과함
• 지능지수가 절대적인 것이 아니므로, 지수가 높다고 모든 교과목이나 학교 활동에서 우수하리라고 기대할 수는 없음

감성지능(EI)

• 감정을 정확히 지각하고 인식하며 표현하는 능력, 감정을 생성하거나 이용하여 사고를 촉진시키는 능력, 감정과 감정지식을 이해하는 능력, 감성발달과 지적 발달을 촉진시키기 위하여 감정을 조절하는 능력
• 가드너(Gardner)의 다중지능이론에 기초(대인관계지능과 자기이해지능)
• 최근 지능지수(IQ)에 상대되는 개념으로 사용되는 감성지수(EQ)도 이와 관련된 개념

SEMI-NOTE

수렴적 사고와 확산적 사고
- 수렴적 사고 : 어떤 문제에 대해 정해져 있는 대답을 찾아내는 능력
- 확산적 사고 : 문제에 대해 가능한 다양한 해답·해결책을 찾아내는 능력(창의력과 유사)

비네 검사
- 학습부진아 판별도구로 아동의 기억력·상상력·집중력·이해력 등의 정신능력을 측정하는 검사
- 연령별로 성취학생과 비성취학생을 구분하기 위한 검사를 구성하여 정신연령을 측정함

언어성 검사
기본지식, 공통성문제, 이해문제, 어휘문제는 결정성 지능과 관련 있음

⑤ 서스톤(Thurstone)의 다요인 이론
  ㉠ 지능이란 다양한 정보를 전달하는 능력임
  ㉡ 기본정신능력 : 언어이해(V), 지각속도(P), 추리·논리(R), 수·수리(N), 기억(M), 단어유창성(W), 공간시각화(S)
⑥ 길포드(Guilford)의 지능구조 모델
  ㉠ 지능이란 다양한 방법으로 상이한 정보를 처리하는 능력의 체계적 집합체임
  ㉡ 내용차원 5가지와 조작차원 6가지와 산출차원 6가지, 총 $5 \times 6 \times 6 = 180$가지의 다른 종류의 지능 요인(지적 능력)을 형성함
    • 내용차원 : 시각, 청각, 상징, 의미, 행동 → 사고의 대상
    • 조작차원 : 평가, 기억저장, 기억파지, 인지, 수렴적 사고, 확산적 사고 → 사고하는 방식
    • 산출차원 : 단위, 분류, 관계, 체계, 전환, 함축 → 사고의 방식과 대상의 결과

(2) 스탠포드 - 비네 지능검사(Stanford - Binet Intelligence Scale)
① 비네 검사를 토대로 스탠포드 대학의 터만(Terman) 교수가 고안한 언어 중심의 개인지능검사
② 지능지수(IQ)라는 개념을 처음으로 도입한 심리검사 → 비율 지능지수(Ratio IQ)를 도입
③ 연령의 증가에 따라 정신연령의 범위가 증가해 정신연령의 변산도(퍼진 정도)도 증가하게 되므로 다른 연령의 아동과 비교가 곤란함

(3) 한국판 웩슬러 성인용 지능검사(K - WAIS ; Korean Wechsler Adult Intelligence Scale)
① 개념
  ㉠ 인지적 검사로 인지적 능력수준과 인지기능의 특성을 파악할 수 있음
  ㉡ 반응 양식이나 검사행동 양식으로 개인의 독특한 심리 특성을 파악할 수 있음
  ㉢ 신뢰도와 타당도가 높은 편임
  ㉣ 평균 100, 표준편차 15를 적용함
  ㉤ 편차 IQ(Deviation IQ)라는 개념을 도입하였음
  ㉥ 내담자의 직무능력을 언어성 능력과 동작성 능력으로 구분하여 분석하며 11개의 하위검사로 구성되어 있음

언어성 검사	동작성 검사
• 조직화된 경험과 지식에 바탕을 둠 • 기본지식, 숫자외우기, 산수문제, 공통성문제, 이해문제, 어휘문제	• 비교적 덜 조직화되어 있으면서 보다 즉각적인 문제해결능력을 요구 • 빠진 곳 찾기, 차례 맞추기, 토막 짜기, 모양 맞추기, 바꿔 쓰기

실력UP 비율 지능지수 VS 편차 지능지수

- 비율 지능지수(Ratio IQ)
  - 실제 연령에 비해 정신연령이 얼마나 높은지 판단
  - 공식 : $\dfrac{\text{정신연령}}{\text{생활연령}} \times 100$
- 편차 지능지수(Deviation IQ)
  - 같은 연령대에서 어느 위치에 있는지를 판단
  - 웩슬러 지능검사에 쓰임

② 웩슬러 지능검사의 실시
  ㉠ 웩슬러는 지능을 개인이 목적 달성을 위해 행동하고 합리적으로 사고하고 환경을 효율적으로 처리하는 전체적인 능력이라고 하였음
  ㉡ 웩슬러 지능검사의 목적
   - 개인의 전반적인 지적 능력을 평가
   - 개인의 인지적 특성을 파악
   - 임상적 진단을 명료화
   - 기질적 뇌손상의 유무 또는 뇌손상으로 인한 인지적 손상을 파악
   - 합리적 치료목표 수립
  ㉢ 주의사항
   - 검사의 표준 절차를 잘 지켜야 함
   - 피검자의 최대 능력이 발휘될 수 있는 분위기와 조용하고 환기가 잘 되는 환경을 조성해 주어야 함
   - 피검자에게 정답 여부를 가르쳐주지 않아야 함
   - 특별한 이유가 없는 한 검사를 한 번에 끝내는 것이 좋으며 노인, 뇌손상 환자 등의 경우에는 소검사 단위로 나누어 시행할 수 있음

실력UP 한국판 웩슬러 성인용 지능검사 4판(K - WAIS - IV)

- 기존 1992년에 번안된 원판과는 구성이 다름
- 언어이해, 지각추론, 작업기억, 처리속도 등 4요인 구조와 전체 지능지수에 대한 측정이 이루어짐
- 보충 소검사 실시가 필요한 경우
  - 핵심 소검사에서 얻은 점수가 실시 오류에 의한 경우
  - 최근에 해당 검사를 받은 적 있는 경우
  - 신체적 한계 혹은 감각 결함의 문제로 대체 검사가 필요한 경우
  - 적절하지 못한 반응 태도로 인한 경우

SEMI-NOTE

웩슬러 지능검사의 절차
- **의뢰** : 검사의 실시 목적과 검사 결과의 용도를 파악함
- **면담 및 행동 관찰** : 일종의 수행과제이므로 다양한 비지능적 요인을 관찰할 수 있음
- **검사 실시**
  - 일반적 지침을 제공하고 내담자와 라포형성을 해야함
  - 검사도구와 기록지 등을 사전준비 해두고 검사를 소개한 후 시행함
- **채점** : 요강에 따라 채점함
- **해석**
  - 실시 및 채점이 적절하게 이루어졌다는 가정 하에 해석을 실시함
  - 양적 분석과 질적 분석을 적절히 통합하여 해석해야 하며 앞선 면담에서의 정보를 활용하면 더욱 풍부한 해석이 가능해짐

SEMI-NOTE

K – WAIS – IV의 지수척도
- **언어이해** : 언어를 활용한 이해능력, 처리능력, 학습능력 등을 측정
- **지각추론** : 언어를 사용하지 않고 시각적 자극을 통하여 주의·집중력, 시공간 능력, 비언어적 능력 등을 측정
- **작업기억** : 청각적 자극을 통하여 주의·집중력, 청각적 기억, 단기기억, 암기 전략 등을 측정
- **처리속도** : 시각·지각적 변별·추론 능력, 조직화 능력 등을 측정

- 15개의 소검사와 10개의 핵심 소검사, 5개의 보충 소검사로 이루어져 있음

구분		소검사	
		핵심 소검사	보충 소검사
일반능력 지수	언어이해	• 공통성 • 어휘 • 상식	이해
	지각추론	• 토막짜기 • 행렬추론 • 퍼즐	• 무게비교 • 빠진 곳 찾기
인지효능 지수	작업기억	• 숫자 • 산수	순서화
	처리속도	• 동형찾기 • 기호쓰기	지우기

2. 성격검사

(1) 성격 5요인 검사(Big – 5)

① 골드버그(Goldberg)에 의해 기존의 성격 5요인이 새롭게 발전되었음
② 코스타(Costa)와 맥크레이(McCrae)는 성격 5요인을 기반으로 NEO인성검사를 개발하였음
③ 이상자(異常者)의 진단, 학교에서의 부적응, 문제아의 발견, 진로 자료, 사원 채용과 배치 등에서 널리 이용됨
④ 성격 5요인 검사의 5가지 차원

외향성	• 타인과의 상호작용을 원하고 타인의 관심을 끌고자 하는 정도 • 점수가 높은 사람은 사교적, 활동적이며 자기주장이 강함
호감성	• 타인과 편안하고 조화로운 관계를 유지하는 정도 • 점수가 높은 사람은 이타적이고 타인과 공감을 잘 하며 상대방을 잘 도와줌
성실성	• 사회적 규칙, 규범, 원칙 등을 기꺼이 지키려는 정도 • 점수가 높은 사람은 강한 목표 의지를 가지며 신뢰적이고 꼼꼼하고 정확함
정서적 불안정성	• 정서적으로 얼마나 안정되어 있으며 세상을 얼마나 잘 통제할 수 있는지 정도 • 점수가 높은 사람은 불안, 좌절, 공포, 스트레스 정도가 높음
경험에 대한 개방성	• 세계에 대한 관심 및 호기심, 다양한 경험에 대한 추구 및 포용성의 정도 • 점수가 높은 사람은 다양한 경험을 좋아하고 새로운 가치관을 잘 받아들임

(2) 마이어스 - 브릭스 성격유형검사(MBTI : Myers - Briggs Type Indicator)

① 융(Jung)의 분석심리학에 의한 심리유형론을 토대로 자기보고식의 강제선택검사
② 내담자가 선호하는 작업역할, 기능, 환경을 찾아내는 데 유용함
③ 4가지 양극차원(선호지표)
  ㉠ 외향형(E) – 내향형(I) : 에너지의 방향(세상에 대한 일반적인 태도)
  ㉡ 감각형(S) – 직관형(N) : 정보수집, 인식기능
  ㉢ 사고형(T) – 감정형(F) : 의사결정, 판단기능
  ㉣ 판단형(J) – 인식형(P) : 생활양식, 행동양식
④ 16가지 성격 유형

ISTJ	ISFJ	INFJ	INTJ
• 책임감 강함 • 현실적, 보수적 • 사실에 근거하여 사고함	• 차분하고 헌신적 • 인내심이 강함 • 타인의 감정에 주의를 기울임	• 높은 통찰력 • 공동체의 이익을 중시함 • 영감이 샘솟음	• 의지가 강함 • 독립적 • 분석력이 뛰어남

ISTP	ISFP	INFP	INTP
• 과묵함 • 분석적, 대담함 • 적응력 강함	• 온화함, 겸손함 • 겸손함, 융통성 있음 • 삶의 여유를 즐김	• 성실함, 개방적 • 이해심 많음 • 내적 신념이 강함	• 지적 호기심 높음 • 잠재력과 가능성을 중시함

ESTP	ESFP	ENFP	ENTP
• 관용적 • 타협을 잘 함 • 현실문제해결에 능숙	• 호기심이 많음 • 개방적, 에너지 넘침 • 구체적 사실을 중시함	• 상상력이 풍부함 • 순발력이 좋음 • 활발하며 타인과 어울리기 좋아함	• 박학다식 • 독창적 • 새로운 도전을 함

ESTJ	ESFJ	ENFJ	ENTJ
• 체계적으로 일함 • 규칙 준수 • 사실적 목표설정에 능함	• 사람에 관심이 많음 • 친절함, 세심함 • 동정심이 많음	• 사교적 • 타인의 의견을 존중 • 청중을 압도하는 리더기질	• 철저한 준비를 함 • 활동적, 단호함 • 통솔력이 있음

실력UP 융의 심리유형론

구분		기능 유형			
		인식기능		판단기능	
		감각	직관	사고	감정
태도 유형	내향성	내향적 감각형	내향적 직관형	내향적 사고형	내향적 감정형
	외향성	외향적 감각형	외향적 직관형	외향적 사고형	외향적 감정형

SEMI-NOTE

MBTI ★ 빈출개념

MBTI에 대한 자세한 설명은 02장(직업상담 기법)의 04절(내담자 사정)에 나와 있으니 참고 → p.64

SEMI-NOTE

MMPI 자격 및 조건
- 검사자 자격
  - 교육과 훈련을 받은 전문가에 의해 실시되어야 함
  - 매뉴얼과 해석 절차를 숙지해야 함
- 수검자 조건
  - 최소 초등학교 6학년 수준 이상의 독해력 필요
  - 검사 수행을 방해하는 신체적·정서적 문제가 없어야 함
- 채점과 해석
  - 검사결과만으로 진단적 평가를 내려서는 안 됨
  - 면담 및 다른 검사를 통해 얻은 정보를 통합해야 함

(3) 미네소타 다면적 인성검사(MMPI ; Minnesota Multiphasic Personality Inventory)

① 정신건강에 문제가 있는 사람을 측정하고 구별하기 위해 사용하는 자기보고식 검사
② 정신과적 진단분류를 위한 검사이지만 성격특성에 관한 유추도 어느 정도 가능함
③ 실제 환자들의 반응을 토대로 경험적 제작방법에 의해 만들어졌음
④ T점수가 70점 이상이면 임상적으로 유의미한 증상을 가진 것으로 해석함
⑤ 검사태도를 측정하는 4가지 타당도 척도와 비정상행동을 측정하는 10가지 임상 척도로 구성됨

타당도 척도	? 척도 (무응답 척도 ; Cannot saty)	무반응문항과 '예', '아니요' 모두 대답한 문항을 합하여 태도 측정
	L 척도 (부인 척도 ; Lie)	좋게 보이기 위한 고의적, 부정적 시도 측정
	F 척도 (비전형 척도 ; Infrequency)	비전형적인 방식으로 응답하는 일반적인 생각이나 경험과 다른 정보 측정
	K 척도 (교정 척도 ; Correction)	정신적인 장애를 지니면서도 정상적인 프로파일을 보이는 사람 식별
임상 척도	척도1 (건강염려증)	신체에 대해 과도한 불안이나 집착 같은 신경증적인 걱정이 있는지를 측정
	척도2 (우울증)	행복감, 흥미 상실, 절망감, 자기패배적 사고 등의 우울증상을 측정
	척도3 (히스테리)	부정적 감정을 잘 표현하지 못하고 부인하며 심인성 감각장애 등을 보이는지 측정
	척도4 (반사회성)	반사회적인 성격을 지닌 환자를 진단하는 척도
	척도5 (남성성 – 여성성)	남성성과 여성성의 정도를 측정
	척도6 (편집증)	편집증적 상태, 피해의식, 의심, 지나친 예민성 등을 측정
	척도7 (강박증)	강박적 사고, 두려움, 불안 등을 측정
	척도8 (정신분열증)	조현병 환자를 감별하고 정신적 혼란의 정도를 측정
	척도9 (경조증)	과잉활동, 정서적 흥분성 같은 경조증 증상을 측정
	척도10 (내향성)	내향성 – 외향성 차원과 관련된 특징들을 측정

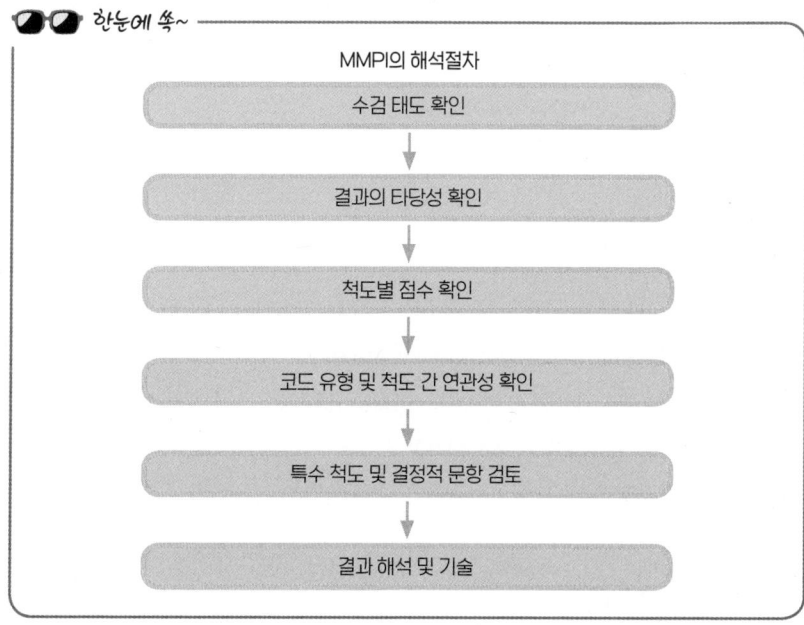

SEMI-NOTE

MMPI – 2
- MMPI에 대한 여러 문제점을 개선하여 기본 형식은 유지하되, 시대의 변화에 맞게 기존 문항을 변경·삭제하고 새로운 문항을 추가하여 출시함
- 새로 추가된 타당도 척도
  - VRIN : 무선반응 비일관성
  - TRIN : 고정반응 비일관성
  - F(B) : 비전형 – 후반부
  - F(P) : 비전형 – 정신병리
  - FBS : 증상 타당도
  - S : 과장된 자기제시

(4) 16성격요인 검사(16PF ; 16 Personality Factor Questionnaire)

① 카텔(Cattell)이 개발한 성격검사로, 일반인의 성격이해에 적합함
② 요인분석 방법을 통해 16가지 성격특성을 측정할 수 있음
③ 성격특징을 기술하는 형용사를 바탕으로 요인분석함

(5) 캘리포니아 성격 검사(CPI ; California Psychological Inventory)

① 고프(Gough)에 의하여 개발된 검사로, MMPI에서 사용한 논리성에 기초하여 정상인(보통 사람)을 준거집단으로 제작된 검사 중 가장 대표적인 검사
② 고등학생과 대학생을 대상으로 검사를 실시할 목적으로 만들었음
③ MMPI와 동일한 문항이 있음
④ 4개의 척도군과 20개의 하위척도로 구성됨
⑤ '예', '아니요' 식의 문항으로 구성됨

(6) 기질 및 성격검사(TCI ; Temperament and Character Inventory)

① 클로닝거(Cloninger)의 심리생물학적 인성모델을 바탕으로 개발됨
② 만 3세에서 성인까지 측정할 수 있음
③ 기질 유형을 이해하고 성격장애를 진단·예측하며 성격장애의 발생과정을 설명함

16PF의 16가지 요인
- 온정성(Warmth)
- 추리력(Reasoning)
- 정서안정성(Emotional Stability)
- 지배성(Dominance)
- 쾌활성(Liveliness)
- 규칙준수성(Rule – Consciousness)
- 대담성(Social Boldness)
- 민감성(Sensitivity)
- 불신감(Vigilance)
- 추상성(Abstractedness)
- 개인주의(Privateness)
- 걱정(Apprehension)
- 변화개방성(Openness to Change)
- 독립심(Self – Reliance)
- 완벽주의(Perfectionism)
- 긴장감(Tension)

④ 4개의 기질과 3개의 성격으로 구성됨

기질 차원	• 자극추구(NS) • 위험회피(HA) • 보상 의존성(RD) • 인내력(P)
성격 차원	• 자율성(SD) • 협동성(C) • 자기초월(ST)

(7) PAI(Personality Assessment Inventory)

① 모리(Morey)가 개발한 성격검사로, 환자나 내담자의 다양한 정신병리를 측정함
② 환자와 정상인 모두의 성격을 평가할 수 있음
③ 4개의 타당성 척도, 11개의 임상 척도, 5개의 치료고려 척도, 2개의 대인관계 척도로 구성됨

타당성 척도	• 비일관성(ICN) • 저빈도(INF) • 부정적 인상(NIM) • 긍정적 인상(PIM)
임상 척도	• 신체적 호소(SOM) • 불안(ANX) • 불안관련장애(ARD) • 우울(DEP) • 조증(MAN) • 망상(PAR) • 정신분열병(SCZ) • 경계선적 특징(BOR) • 반사회적 특징(ANT) • 음주문제(AC) • 약물사용(DRG)
치료고려 척도	• 공격성(AGG) • 자살관념(SUI) • 스트레스(STR) • 비지지(NON) • 치료거부(RXR)
대인관계 척도	• 지배성(DOM) • 온정성(WRM)

(8) NEO - PI(NEO Personality Inventory - Revised)

① 5요인모델을 기본으로 개발된 검사
② 정상인의 성격을 측정하기 위해 개발되었고, 성격뿐 아니라 정신건강, 학업성취, 심리치료의 경과 예측 등에도 사용됨
③ 5개의 요인과 각 요인별로 6개의 하위요인이 있으며 그 하위요인별로 8개의 문항으로 구성됨

요인	하위요인
신경증 (N ; Neuroticism)	불안, 적대감, 우울, 자의식, 충동성, 심약성
외향성 (E ; Extraversion)	온정, 사교성, 주장성, 활동성, 자극 추구성, 긍정적 정서
개방성 (O ; Openness to experience)	상상, 심미성, 감정의 개방성, 행동의 개방성, 사고의 개방성, 가치의 개방성
우호성 (A ; Agreeableness)	신뢰성, 솔직성, 이타성, 순응성, 겸손, 동정
성실성 (C ; Conscientiousness)	유능성, 질서정연성, 충실성, 성취에 대한 갈망, 자기규제성, 신중성

3. 적성검사

(1) 직업적성검사의 의의

① 개인이 맡은 특정 직무를 성공적으로 수행할 수 있는지를 측정함
② 어떤 직업에서 얼마만큼 성공할 수 있을지 예측할 수 있음
③ 적성이란 개인에게 요구되는 특수한 능력이나 잠재력을 의미하며 지능과 구분됨

(2) 일반적성검사(GATB ; General Aptitude Test Battery)

① 미국에서 개발한 검사를 토대로 표준화한 것으로서 여러 특수검사를 포함하고 있음
② 15개의 하위검사를 통해 9가지 분야의 적성을 측정할 수 있음
③ 15개의 하위검사 중 11개는 지필검사이고 4개는 기구를 사용하는 수행검사임
④ 현재 세계적으로 가장 널리 쓰이는 일반적성검사임

> **GATB**
> 일반적성검사 혹은 직업적성검사라고 함

(3) GATB에서 검출되는 9개의 적성

지능(G)	• 일반적인 학습능력 및 원리이해 능력, 추리, 판단하는 능력 • 설명이나 지도내용, 원리를 이해하는 능력
형태지각(P)	실물이나 도해 또는 표에 나타나는 것을 세부까지 바르게 지각하는 능력
사무지각(Q)	문자나 인쇄물, 전표 등의 세부를 식별하는 능력
공간적성(S)	공간상의 형태를 이해하고 평면과 물체의 관계를 이해하는 능력
언어능력(V)	언어의 뜻과 함께 그와 관련된 개념을 이해하고 사용하는 능력
운동반응(K)	눈과 손 또는 눈과 손가락을 함께 사용하여 빠르고 정확하게 운동할 수 있는 능력
수리능력(N)	신속하고 정확하게 계산하는 능력
손의 재치(M)	손을 마음대로 정교하게 조절하는 능력
손가락 재치(F)	• 손가락을 정교하고 신속하게 움직이는 능력 • 작은 물건을 신속·정확하게 다루는 능력

(4) GATB의 구성 요소

하위검사	적성	측정방식
기구대조검사	형태지각(P)	지필검사
형태대조검사		
명칭비교검사	사무지각(Q)	
타점속도검사	운동반응(K)	
표식검사		
종선기입검사		
평면도판단검사	공간적성(S)	
입체공간검사	공간적성(S), 지능(G)	
어휘검사	언어능력(V), 지능(G)	
산수추리검사	수리능력(N), 지능(G)	
계수검사	수리능력(N)	
환치검사	손의 재치(M)	수행검사
회전검사		
조립검사	손가락 재치(F)	
분해검사		

4. 흥미검사

(1) 흥미검사의 의의
① 흥미는 어떤 대상에 마음이 끌리는 정서나 감정의 상태를 의미함
② 직업관련 흥미검사는 홀랜드의 개인 – 환경 간 모형을 토대로 함
③ 흥미검사는 특정 직업 활동에 대한 선호를 측정하기 위함임

(2) Strong 진로탐색검사
① 진로성숙도검사와 직업흥미검사로 구성되어 있음

진로성숙도검사	진로정체감, 가족일치도, 진로준비도, 진로합리성, 정보습득률 등 파악
직업흥미검사	직업, 활동, 과목, 여가활동, 능력, 성격 등에 대한 문항을 통해 흥미 유형을 포괄적으로 파악

② Strong 직업흥미검사
  ㉠ 미국의 스트롱 흥미검사의 한국판
  ㉡ 개인의 흥미영역 세분화에 초점을 둠
  ㉢ 구체적인 직업탐색 및 경력개발 등에 활용할 수 있도록 만들어짐
  ㉣ 검사의 구성 및 척도

일반직업분류 (GOT)	• 홀랜드의 6가지 유형(RIASEC)으로 구성됨 • 수검자의 포괄적인 흥미 패턴을 측정하고 정보를 제공함
기본흥미척도 (BIS)	• 일반직업분류를 세분화한 것으로 6가지의 흥미 유형이 총 25개의 세부항목으로 구분됨 • 특정활동, 주제에 대한 개인의 흥미활동
개인특성척도 (PSS)	• 4개의 척도로 일상생활 및 직업 환경과 관련된 광범위한 특성들에 대한 개인의 선호를 측정함 • 4개의 척도 : 업무유형, 학습유형, 리더십유형, 모험심유형

(3) 직업선호도검사(VPI ; Vocational Preference Inventory)
① 홀랜드의 모형을 기초로 개발된 검사로서 직업 활동에 대한 선호도를 측정함
② 개인에게 적합한 직업선정이 목표임
③ 검사결과에 반영되지 않은 자신의 능력, 적성, 가치관 등을 함께 고려하여 진로를 결정해야 함
④ 워크넷 제공 직업선호도검사는 L형과 S형으로 구분됨
  ㉠ L(Long)형 : 직업흥미검사, 성격검사, 생활사검사로 구성됨

직업흥미검사	홀랜드 모형을 기초로 현실형, 탐구형, 예술형, 사회형, 진취형, 관습형으로 분류하여 개인이 적합한 직업을 선정할 수 있도록 도움
성격검사	일상생활 속에서의 개인의 성향을 측정하는 것으로서 5가지 요인(외향성, 호감성, 성실성, 정서적 불안정성, 경험에 대한 개방성)으로 분류함

SEMI-NOTE

직업흥미검사의 주요 종류
• 스트롱(Strong) 방식 : 기존 직업인들의 직업선호도와 개인의 직업선호도의 일치 정도를 판단
• 쿠더(Kuder) 방식 : 특정 직업군에서 나타나는 동질적 내용의 활동들을 토대로 개인의 직업선호도를 판단
• 홀랜드(Holland) 방식 : 사람들의 성격과 직업 활동의 유형을 분석

홀랜드의 6가지 유형(RIASEC)
• 현실형(R) : 기계를 만지거나 조작하는 것을 좋아하며, 몸을 움직이는 활동을 선호
• 탐구형(I) : 정확하고 분석적이며, 지적 호기심이 많고 체계적인 활동을 선호
• 예술형(A) : 변화와 다양성을 좋아하고 자유롭고 창의적 활동을 선호
• 사회형(S) : 다른 사람들과 어울리는 것을 좋아하고, 다른 사람들을 도와주는 활동을 선호
• 진취형(E) : 지도력과 통솔력이 있으며, 말을 잘하고 다른 사람들을 관리하는 활동을 선호
• 관습형(C) : 계획에 따라 일하기 좋아하며, 계산적인 능력을 발휘하는 활동을 선호

SEMI-NOTE

생활사검사	직업선택 시 고려될 수 있는 개인의 과거나 현재의 생활특성을 검사하는 것으로서 개인의 생활특성을 9가지 요인(대인관계지향, 독립심, 가족친화, 야망, 학업성취, 예술성, 운동선호, 종교성, 직무만족)으로 분류함

  ⓒ S(Short)형 : 직업흥미검사로만 구성되며 가장 많이 활용되는 홀랜드의 흥미이론을 기초로 함

실력up 워크넷 제공 직업심리검사

구분	심리검사명	실시가능
청소년 심리검사	• 청소년 직업흥미검사 • 고등학생 적성검사 • 직업가치관 검사 • 청소년 진로발달검사 • 초등학생 진로인식검사 • 청소년 인성검사	인터넷, 지필
	대학 전공(학과) 흥미검사	인터넷
성인용 심리검사	• 직업선호도검사 L형 • 직업선호도검사 S형 • 구직준비도검사 • 창업적성검사 • 직업가치관검사 • 영업직무 기본역량검사 • IT직무 기본역량검사 • 대학생 진로준비도검사 • 성인용 직업적성검사	인터넷, 지필
	• 준고령자 직업선호도검사 • 이주민 취업준비도검사 • 중장년 직업역량검사	인터넷

5. 진로성숙검사

(1) 진로성숙검사의 의의

① 진로성숙이란 자기주도적 진로탐색에서 요구되는 능력과 태도, 행동 등을 의미함
② 자아의 이해, 일과 직업세계의 이해를 토대로 함
③ 각 단계마다 수행해야 할 발달과업이 있는데 이러한 발달과업의 인지 및 수행 여부를 파악하고 이를 통해 다음 단계로의 발달을 촉진 및 이해하는 데 중요한 조건으로 간주됨

④ 진로성숙은 자신의 진로계획과 진로선택을 통합·조정해 나아가는 발달단계의 연속임
⑤ 진로성숙검사는 진로선택과 관련된 태도나 능력의 발달정도를 측정하는 검사임

(2) 진로성숙도검사(CMI ; Career Maturity Inventory)

① 진로탐색 및 선택에 있어 태도와 능력이 얼마나 발달하였는지를 측정하는 표준화된 진로발달 검사도구
② 크릿츠(Crites)가 개발하였으며 객관적으로 점수화되고 표준화된 진로발달검사임
③ 태도척도와 능력척도로 구성됨

㉠ 태도척도

결정성	선호하는 진로의 방향에 대한 확신의 정도 예) 나는 선호하는 진로를 자주 바꾸고 있다.
참여도	진로선택 과정에 능동적으로 참여하는 정도 예) 나는 졸업할 때까지는 진로선택 문제에 별로 신경을 쓰지 않겠다.
독립성	진로선택을 독립적으로 할 수 있는 정도 예) 나는 부모님이 정해 주시는 직업을 선택하겠다.
지향성 (성향)	진로결정에 필요한 사전 이해와 준비의 정도 예) 일하는 것이 무엇인지에 대해 생각한 바가 거의 없다.
타협성	진로선택 시 욕구와 현실에 타협하는 정도 예) 나는 하고 싶기는 하나 할 수 없는 일을 생각하느라 시간을 보내곤 한다.

㉡ 능력척도

자기평가	자신의 흥미, 성격 등을 명확히 이해하는 능력
직업정보	자신의 관심 분야의 직업세계에 대한 정보의 획득 및 분석 능력
목표선정	자신의 정보와 직업세계의 연결을 통한 합리적인 직업목표의 선정 능력
계획	자신의 직업목표를 달성하기 위한 실제적 계획 능력
문제해결	진로선택이나 의사결정과정에서 겪는 다양한 문제들을 해결하는 능력

(3) 진로발달검사(CDI ; Career Development Inventory)

① 수퍼(Super)의 진로발달의 이론적 모델에 근거하였음
② 진로발달 및 직업성숙도, 진로결정을 위한 준비도, 경력관련 의사결정에 대한 참여 준비도 등을 측정
③ 8개의 하위척도로 구성되어 있음
   ㉠ CP(Career Planning) : 진로계획
   ㉡ CE(Career Exploration) : 진로탐색
   ㉢ DM(Decision Making) : 의사결정
   ㉣ WW(Word of Work Information) : 일의 세계에 대한 정보
   ㉤ PO(Knowledge of Preferred Occupational group) : 선호직업군에 대한 지식

SEMI-NOTE

하위척도의 조합
- CP, CE, DM, WW, PO의 5개 항목은 진로발달 특수영역을 측정하기 위해 만들어졌고, 나머지 CDA, CDK, COT는 5개 하위척도 중 같은 특성을 측정하는 척도의 조합으로 만들어졌음
- CDA → CP + CE
- CDK → DM + WW
- COT → CP + CE + DM + WW

SEMI-NOTE

ⓑ CDA(Career Development Attitude) : 진로발달태도
ⓢ CDK(Career Development Knowledge and skills) : 진로발달 지식과 기술
ⓞ COT(Career Orientation Total) : 총체적 진로성향

6. 경력진단검사

(1) 경력진단의 의의
① 경력개발상의 문제를 측정함
② 경력진단은 포괄적 의미를 갖기 때문에 진로성숙도검사, 진로발달검사 등도 넓은 의미에서는 경력진단검사에 포함된다고 볼 수 있음

(2) 주요 경력진단검사
① 진로결정척도(CDS ; Career Decision Scale)
  ㉠ 오시포(Osipow)가 개발한 것
  ㉡ 개인의 진로결정에 장애가 되는 요인 파악, 교육 및 진로 미결정의 선행요인을 알아냄
② 진로발달검사(CDI ; Career Development Inventory)
  ㉠ 수퍼(Super)의 진로발달이론에 기초한 것
  ㉡ 진로발달 및 진로성숙도, 진로결정을 위한 준비도, 교육 및 진로 계획수립의 도움 등을 측정함
③ 진로신념검사(CBI ; Career Beliefs Inventory)
  ㉠ 크롬볼츠(Krumbolts)가 개발한 것
  ㉡ 진로결정과정에서의 비합리적 · 비논리적인 신념을 확인함
  ㉢ 내담자로 하여금 자아인식 및 세계관에 대한 문제를 확인하게 함
④ 자기직업상황(MVS ; My Vocational Situation)
  ㉠ 홀랜드(Holland) 등이 개발한 것
  ㉡ 직업적 정체성 형성 여부, 직업선택에 필요한 정보 및 환경, 개인적 장애 등을 측정함
⑤ 진로성숙도검사(CMI ; Career Maturity Inventory)
  ㉠ 크릿츠(Crites)의 진로발달모델에 기초한 것으로 <u>태도척도</u>와 <u>능력척도</u>로 구성됨
  ㉡ 진로선택과정에 대한 피검자의 태도와 진로결정에 영향을 미치는 성향적 반응 경향성을 측정함

기타 여러 가지 심리검사 ★ 빈출개념

- 진로사고검사(CTI ; Career Thoughts Inventory)
  - 진로결정 및 문제해결에 대한 의사결정 과정에서 개인이 정보를 처리하는 방법을 파악하기 위한 검사
  - 진로결정에 장애가 되는 부정적 사고를 측정하여 긍정적인 사고로 전환하도록 도움
  - 의사결정혼란, 수행불안, 외적갈등의 3가지 하위요인으로 구성됨
- 진로전환검사(CTI ; Career Transitions Inventory)
  - 해프너(M. Heppner) 등에 의해 개발된 검사로 자기중심적인지 관계중심적인지를 측정하는 검사
  - 준비도, 자신감, 지지, 통제, 독립 – 상호의존성의 5가지 요인으로 구성됨
- 진로태도 및 전략검사(CASI ; Career Attitudes and Strategies Inventory)
  - 일반적인 태도나 신념뿐 아니라 직업, 가족, 동료 등에게 대처하기 위한 전략을 포함한 업무 상황에 대한 포괄적인 검사
  - 직업 만족도, 대인 관계 남용, 직장 참여, 가족 헌신, 기술 개발, 위험 감수 유형, 우세한 유형, 지리적 장벽, 진로에 대한 걱정 등을 측정
- 성인진로욕구검사(ACCI ; Adult Career Concerns Inventory)
  - 발달적 진로과업과 단계를 평가하기 위한 검사
  - 수퍼(Super)의 진로발달단계에 따른 4개의 상위척도(탐색기, 확립기, 유지기, 쇠퇴기)와 각각 3개씩 총 12개의 하위단계로 구성되어 있음

SEMI-NOTE

9급공무원

직업상담 · 심리학개론

나두공

06장 직무분석 및 경력개발과 직업전환

01절 직무분석

02절 경력개발

03절 직업전환과 직업지도 및 진로지도

06장 직무분석 및 경력개발과 직업전환

SEMI-NOTE

직무분석의 목적
- 어떤 직무가 이루어지며 작업 조건은 어떠한지를 알 수 있음
- 직무수행에 필요한 지식, 기술, 능력, 책임 등의 정보를 활용하기 위함
- 직무 정보를 체계화하여 관련 정보를 활용하기 위함

직무분석의 용도
- 모집공고와 인사선발
- 경력개발 및 진로상담
- 교육 및 훈련
- 직무의 재설계 및 작업 환경 개선
- 배치, 승진 등 인사관리
- 직무수행평가 및 인사결정(인사고과)
- 직무평가의 기초자료
- 적정인원 선정 및 인력수급계획 수립
- 직무분류

01절 직무분석

1. 직무분석의 개념

(1) 직무분석의 의의

① 직무 관련 정보를 수집·분석하여 조직적·과학적으로 체계화하고 필요한 직무정보를 제공함
② 직무를 구성하고 있는 내용과 직무를 수행하기 위해 요구되는 조건을 밝히는 절차
③ 테일러(Taylor)의 시간연구와 길브레스(Gilbreth)의 동작연구에서 시작되었음
④ 제1차 세계대전 중 미군의 인사분류위원회에서 직무분석의 용어를 가장 먼저 사용함
⑤ 다양한 목적으로 활용할 수 있으며, 특히 직업정보로 활용하는 데 기초적인 자료를 제공함
⑥ 작업방법, 작업공정의 개선, 직업소개 등 다양한 목적으로 활용됨
⑦ 인사관리 및 노무관리를 원활히 수행해 나가기 위해 필요한 정보를 획득하는 데 유용함

(2) 직무분석의 용어

① 작업요소(요소작업)
  ㉠ 직무와 연관된 동작, 움직임, 정신적 과정 등 작업활동 중 더 이상 나뉠 수 없는 최소 단위의 작업
  ㉡ 가장 세밀한 수준에 위치함
② 직무
  ㉠ 한 사람이 수행하는 임무나 작업
  ㉡ 주어진 업무와 과업이 매우 높은 유사성을 갖는 것을 말함
③ 직위(Position)
  ㉠ 작업자 한 사람, 한 사람에게 임무·일·책임이 분명하게 존재하여 작업이 수행될 경우 그 한 사람, 한 사람의 작업을 의미함
  ㉡ 직무상의 지위를 의미함
  ㉢ 어떤 조직이건 작업자의 수만큼 직위가 존재함
④ 과업(Task) : 어떤 목적을 달성하기 위해 하는 신체적·정신적 노력으로서의 구체적이고 명확한 작업활동

(3) 직무분석 자료분석의 원칙

① 여러 가지 목적으로 활용될 수 있어야 함
② 가장 최신의 정보를 반영해야 함

③ 사실 그대로를 반영해야 함
④ 정보를 마음대로 가공해서는 안 됨
⑤ 논리적으로 체계화되어야 함

(4) 직무분석의 단계와 유형

① 직무분석 3단계
  ㉠ 1단계 – 직업분석 : 직업이 요구하는 연령, 성별, 교육, 신체적 특질 등을 명시한 직업명세서를 작성함
  ㉡ 2단계 – 직무분석 : 직무를 구성하고 있는 내용과 직무를 수행하기 위해 요구되는 조건을 기술하기 위해 직무명세서를 작성함 → 직무명세서를 토대로 작업명세서를 작성함
  ㉢ 3단계 – 작업분석 : 작업의 공정과 방법을 개선하거나 표준화하는 것이 목적으로, 작업요소별 동작이나 시간 등을 분석하여 불필요한 동작을 제거함

② 직무분석의 절차

단계	내용
1단계 행정적 단계, 준비단계	• 어떤 직무를 분석할 것인지 결정함 • 직무분석을 왜 하는지 결정함 • 조직원들에게 직무분석의 필요성을 인식시킴 • 직무분석에서 수집할 정보의 종류와 범위를 명시함 • 실제로 담당할 사람들의 역할과 책임을 할당함
2단계 직무분석 설계단계	• 직무에 관한 자료를 얻을 출처와 인원수를 결정함 • 자료수집 방법을 결정함(예 관찰법, 면접법, 설문지법 등) • 설문지법 사용 시 설문지를 직접 만들 것인지 혹은 구입해서 쓸 것인지를 결정함 • 직무분석 방법을 결정함
3단계 자료수집과 분석단계	• 직무분석의 목적에 따라 어떤 정보를 수집할 것인지 분명히 함 • 직무분석의 목적과 관련된 직무요인의 특성을 찾음 • 직무정보 출처로부터 실제 자료들을 수집함 • 수집된 정보의 타당성 여부를 현직자나 상사이 재검토함 • 직무와 관련하여 수집된 정보를 분석하고 종합함
4단계 결과정리 단계	• 직무기술서를 작성함 • 작업자 명세서를 작성함 • 작업자의 직무수행평가에 사용할 평가요인 및 수행기준을 결정함 • 직무평가에 사용할 보상요인을 결정함 • 유사한 직무들을 묶어서 직무군으로 분류함
5단계 직무분석 결과의 배포단계	• 직무분석 결과를 조직 내 실제로 사용할 관련 부서들에 배포함 • 관련 부서들은 그 결과를 모집, 채용, 배치, 교육, 고과, 인력수급계획 등에 활용함
6단계 통제단계, 최신의 정보로 수정하는 단계	• 시간의 흐름에 따른 직무상의 변화를 반영하여 직무정보를 최신화함 • 조직 내 직무기술서 및 작업자명세서의 사용자로부터 피드백을 받음 • 이러한 통제단계는 다른 모든 단계에 영향을 미칠 수 있음

SEMI-NOTE

직무기술서와 직무명세서

• 직무기술서 : 분석대상이 되는 직무에서 어떤 과제가 이루어지는지 또는 작업조건이 어떠한지 기술한 것으로 직무의 명칭, 조직 내 위치, 임금, 직무정의, 직무 목적, 직무 요약, 직무 환경 등이 포함됨

• 직무명세서 : 직무를 수행하는 사람에게 요구되는 인간적 요건이 무엇인지 제시한 것으로 적성, 지식, 능력, 성격, 가치, 태도 경험 등이 포함됨

③ 직무분석의 유형

작업자중심 직무분석	• 직무를 수행하는 데 요구되는 지식, 기술, 능력 등 작업자의 재능에 초점을 둠 • 직무 자체의 내용보다 직무요건 중 특히 인적 요건을 중점적으로 다루는 직무명세서를 작성하는 데 중요한 정보를 제공함 • 직무에 관계없이 표준화된 분석도구를 만들기가 비교적 용이함 • 직무들에서 요구되는 인간 특성의 유사 정도를 양적으로 비교하는 것이 가능함 • 직책(직위)분석설문지를 통해 직무분석을 실시할 수 있음
과제중심 직무분석	• 직무에서 수행하는 과제나 활동이 어떠한 것들인지 파악하는 데 초점을 둠 • 직무 자체의 내용을 중점적으로 다루는 직무기술서를 작성하는 데 중요한 정보를 제공함 • 직무에서 이루어지는 과제나 활동들이 직무마다 다르기 때문에 분석하고자 하는 직무 각각에 대해 표준화된 분석도구를 만들기 어려움

실력up 능력요구척도와 기능적 직무분석

- **능력요구척도(직무능력조사표)**
  - 작업자중심 직무분석의 대표적인 예
  - 52가지 능력 요인들에 대한 행동 중심 평가척도로 구성됨
  - 인지능력 중에서 지각속도, 공간지향, 시각화는 기계적 능력과도 연관됨
- **기능적 직무분석**
  - 과제중심 직무분석의 대표적인 예
  - 직무정보를 모든 직무에 존재하는 자료(Date), 사람(People), 사물(Things) 차원으로 분석함
  - 작업자의 직무활동을 정확하게 정의하고 측정하기 위한 비표준화된 분석도구임

2. 직무분석의 방법

(1) 최초분석법

① 중요사건기법(결정적 사건법)
  ㉠ 직무적성과 관련된 효과적인 행동과 비효과적인 행동의 사례를 수집하고 직무성과에 효과적인 수행요건을 추출하여 분류하는 방법
  ㉡ 직무수행에 중요한 역할을 한 사건을 중심으로 구체적 행동을 범주별로 분류하고 분석함

장점	단점
• 직무행동과 직무성과 간 관계를 직접적으로 파악할 수 있음 • 직무를 성공적으로 수행하는 데 중요한 역할을 하는 행동들을 밝힐 수 있음	• 일상적인 수행과 관련된 지식, 기술, 능력이 배제될 수 있음 • 과거의 결정적 사건들에 대해 왜곡하여 기술할 가능성이 있음 • 직무분석가의 주관이 개입될 수 있음

SEMI-NOTE

직책분석설문지(PAQ)
- 작업자중심 직무분석의 대표적인 예
- 표준화된 분석도구로 직무수행에 요구되는 지식, 기술, 능력 등 인간적 요건을 밝히는 데 초점을 둠
- 각 직무마다 어느 정도 수준의 인간적인 요건이 요구되는지 양적으로 알려줌
- 194개의 문항으로 구성되며 187개의 작업자 활동과 관련된 항목과 7개의 임금 관련 항목이 있음
- '정보입력, 정신과정, 작업결과, 타인들과의 관계, 직무맥락, 직무요건'의 6가지 주요 범주가 있음

최초분석법의 개요
- 직접 작업현장을 방문해 분석하는 것으로 참고문헌이나 자료가 적거나 그 분야에 많은 경험과 지식을 갖춘 사람이 거의 없을 때 실시함
- 시간과 노력이 많이 소요됨
- 직무내용이 단순하고 반복작업인 경우 적합함

② 관찰법
  ㉠ 직무분석가가 직접 사업장을 방문하여 직무활동을 관찰하고 그 결과를 기술함
  ㉡ 비교적 단순하고 반복적인 직무를 분석하는 데 적합함

장점	단점
• 직접 목격하면서 실제적인 내용을 파악하기 때문에 정확한 결과를 얻을 수 있음 • 직무분석가가 그 직업에 대한 풍부한 경험을 가지고 있을 시 예리한 통찰력으로 많은 자료를 수집할 수 있음 • 작업자의 설명을 들으면서 분석할 수 있으므로 보다 실질적이고 정확한 결과를 얻을 수 있음	• 정신적인 활동이 주를 이루는 직무에는 적합하지 않음 • 많은 시간이 소요되는 직무에 적용하기 어려움 • 직무분석가의 주관이 개입될 수 있음

③ 설문지법(질문지법)
  ㉠ 설문지를 배부하여 직무의 내용과 특징을 기술하도록 함
  ㉡ 직무수행에 요구되는 지식, 기술, 능력 등이 얼마나 자주 사용되는지 또는 얼마나 중요한지 등을 평가함

장점	단점
• 모든 직무에 적용이 가능함 • 비교적 저렴하고 면접법과 달리 수량화된 정보를 얻을 수 있음 • 많은 사람들로부터 짧은 시간 내에 분석이 필요한 경우 유용함	• 설문지 작성을 위해 직무에 대한 어느 정도 사전지식이 요구됨 • 응답자의 응답 태도 및 낮은 회수율이 문제될 수 있음

④ 녹화법
  ㉠ 녹화된 작업장면을 보며 분석하는 방법
  ㉡ 반복 단순 직무이면서 소음, 진동, 분진 등으로 인해 작업환경을 장시간 관찰하기 어려울 경우에 사용함

장점	단점
• 쾌적한 환경에서 충분한 시간을 가지고 분석할 수 있음 • 중요한 장면을 반복하여 보거나 정지하여서 철저히 분석할 수 있음	• 녹화를 위한 장비와 촬영전문가가 필요함 • 직무분석가가 분석대상의 직업에 대한 전문적 지식을 갖추어야 함

⑤ **면접법** : 특정 직무에 대해 숙련된 기술과 지식을 가지고 있는 작업자를 방문하여 면담을 통해 직무수행 활동이나 직무수행에 필요한 기술을 파악·분석함

장점	단점
• 보다 완전하고 정확한 직무자료를 얻을 수 있음 • 직무수행자의 정신적 활동까지 파악할 수 있음	• 분석해야 할 직무가 많을 경우 시간과 노력이 다소 소요됨 • 면접에 참여시켜야 하는 인원이 많을 경우 적합하지 않음 • 수량화된 정보를 얻는 데 적합하지 않음

SEMI-NOTE

설문지 선택의 평가준거
신뢰성, 타당성, 만능성, 표준성, 실용성

직무분석을 위한 면접 시 유의사항
• 면접대상자들의 상사를 통하여 대상자들에게 면접을 한다는 사실과 일정을 알려주도록 해야 함
• 면접대상자들에게 면접의 목적을 명확히 알려주어야 함
• 노사 간의 불만이나 갈등에 관한 주제에 어느 한쪽의 편을 들지 않아야 함
• 작업자가 방금 한 이야기를 요약하거나 질문을 반복함으로써 작업자와의 대화가 끊기지 않도록 해야 함
• 예, 아니요로만 대답하는 폐쇄형 질문보다는 개방형 질문을 사용해야 함

SEMI-NOTE

⑥ **체험법** : 직무분석가 자신이 직접 직무활동에 참여하여 체험함으로써 직무자료를 얻음

장점	단점
• 의식의 흐름, 감각적인 내용 등 직무의 내부구조에 이르기까지 분석이 가능함 • 직접 체험을 통해 생생한 자료를 얻을 수 있음	• 상당한 기간 동안 체험이 어렵고 실제 종사하고 있는 담장자의 심리상태에 도달하기 힘듦 • 일시적 체험이기 때문에 전반으로 확대 해석하는 것에는 한계가 있음 • 주관적 체험이 근거가 되므로 정확성과 객관성이 떨어짐

⑦ **작업일지법** : 작업자가 매일 작성하는 작업일지를 통해 직무에 대한 정보를 수집하는 방법

장점	단점
• 직무에 대한 포괄적인 정보를 얻을 수 있음 • 전반적인 업무의 흐름을 알 수 있음	• 작업일지에 작업자의 의도적인 왜곡이 들어가 있을 수도 있음 • 문장력에 대한 개인차가 있을 수 있음

(2) 비교확인법

① 분석된 자료를 참고로 하여 현재의 직무상태를 비교 및 확인하는 방법
② 대상 직무에 대한 참고문헌이 충분하고 일반적으로 널리 알려진 경우 유용함
③ 수행작업이 다양하고 범위가 넓어 단시간 관찰을 통한 분석이 어려운 경우 적합한 방법임
④ 한 가지 비교만으로는 직무분석을 완전히 수행할 수 없으며 다른 방법과 상호 보완하는 것이 바람직함

(3) 데이컴법(DACUM ; Developing A Currirulum)

① 그룹토의법의 한 종류로 교과과정을 개발할 때 주로 사용하는 방법
② 교육훈련을 목적으로 교육목표와 교육내용을 비교적 단시간 내에 추출하는 데 효과적임
③ 8~12명의 분석협조자로 구성된 데이컴 위원회가 사전에 준비한 쾌적한 장소에 모여 2박 3일 정도의 집중적인 워크숍으로 데이컴 차트를 완성함으로써 작업을 마침
④ 데이컴 분석가가 진행을 맡으며 진행 과정에서 서기나 옵저버의 의견은 반영되지 않음
⑤ 소집단의 브레인스토밍 기법을 활용함

브레인스토밍법
• 소규모의 전문가 집단이 자유로운 토의를 통해 직무분석을 함
• 진행이 빠르고 비용이 적게 듦
• 참가자의 지식 수준에 따라 분석 내용이 좌우될 수 있음

3. 직무평가

(1) 직무평가의 의의
① 직무의 내용과 성질을 고려하여 직무들 간 상대적 가치를 결정하는 것
② 각 직무에 대해 공정하고 적절한 임금수준을 결정하기 위한 것
③ 직무의 상대적 가치를 결정하므로 직무분석과는 달리 직무에 대한 가치판단이 개입될 수 있음
④ 직무평가 방법들 간의 차이는 조직 성공 기여도, 노력 정도, 작업 조건 등 주로 비교과정에 어떠한 준거를 사용하는지에 달려 있음

(2) 직무평가의 방법
① 질적 평가방법

서열법	• 가장 오래되고 간단한 방법으로 전체적 관점에서 각 직무를 비교하여 순위를 정함 • 지식, 숙련도, 책임 등을 고려하였을 때 중요하고 가치가 있는 직무일수록 상위권에, 상대적으로 단순한 직무일수록 하위권에 배정함 • 신속하고 간편하나 직무의 수가 많고 복잡할 경우 실효성이 없음 • 직무의 어떤 요소가 특별히 가치 있는지 보편적인 지침이 없음
분류법	• 서열법에서 발전된 방식으로 기준에 따라 사전에 만들어 놓은 등급에 각 직무를 맞추어 넣음 • 직무내용이 표준화되어 있지 않은 직무의 경우에도 평가가 용이함 • 상세분석이 불가능하고 분류기준이 명확하지 않을 수 있음

② 양적 평가방법

점수법	• 직무를 구성요소로 분해하고 요소별로 중요도에 따라 점수를 부여하여 점수를 계산함 • 고려되는 요인은 숙련도, 정신적·육체적 노력의 정도, 책임, 작업조건 등임 • 직무의 상대적 가치를 객관적으로 비교 가능하나 적합한 평가요소의 선정이 어렵고 시간과 비용이 많이 소요됨
요인 비교법	• 핵심이 되는 몇 개의 대표직무를 정해 요소별로 직무평가를 한 후, 다른 직무들을 대표직무의 평가요소와 비교하여 상대적 가치를 결정함 • 유사직무 간 비교가 용이하며 기업의 특수직무에 적합하도록 설계 가능함 • 대표직무에 대한 평가의 정확성이 떨어질 경우 전체 직무평가에 영향을 미침 • 측정 척도의 구성이 어렵고 비용이 많이 소요됨

02절 경력개발

1. 경력개발의 개요

(1) 경력개발의 개념
① 자신의 진로를 결정하고 실행에 옮기는 것을 돕기 위해 평가, 상담, 계획수립 및 훈련 등을 실시하는 것을 의미함
② 조직의 욕구와 개인의 욕구가 일치될 수 있도록 개인이 경력을 개발해야 함
③ 인사이동의 동기부여가 되며 생산성 증대 효과를 거둘 수 있음
④ 기본개념
  ㉠ **경력계획** : 목표를 설정하고 이를 달성하기 위해 구체적으로 경로를 선택하는 것
  ㉡ **경력경로** : 경력을 쌓으며 수행한 직무의 배열
  ㉢ **경력개발제도** : 조직의 인재육성을 위해 입사부터 퇴직까지의 경력경로를 개인과 조직이 함께 설계하고 관리하는 제도, 시스템
  ㉣ **경력관리** : 경력목표를 달성할 수 있도록 관리하는 인사관리제도

(2) 경력개발의 목적
① 개인적 측면
  ㉠ 개인의 능력개발·자기개발을 통해 심리적 만족과 경력욕구를 충족할 수 있음
  ㉡ 성취동기를 유발하며 직업에 대한 안정감을 통해 미래를 설계하고 자신의 경쟁력을 향상시킬 수 있음
② 조직적 측면(기업적 측면)
  ㉠ 인적자원의 효율적인 확보 및 활용이 가능함
  ㉡ 조직의 효율성을 높여 기업경쟁력을 향상시킬 수 있음

(3) 홀(Hall)의 경력개발 4단계

탐색기 (진입단계)	25세 이전	자아개념을 정립하고 진로의 방향을 결정하며 그 직업을 위한 교육 및 훈련을 받음
확립기 (경력 초기단계)	25~45세	선택한 분야에 정착하고 기술을 습득하며 적응하려 노력함
유지기 (경력 중기단계)	45~65세	생산의 시기로, 전문성과 업무상 확고한 지위를 유지하려 하며 여러 생애역할들이 균형을 이룸
쇠퇴기 (경력 후기단계)	65세 이후	은퇴를 준비하며 직업생활을 통합하고자 함

SEMI-NOTE

경력
일과 관련된 경험, 즉 조직에서 축적한 개인 특유의 경험, 직위 등 이력서에 나타난 직무들의 집합을 의미함

경력개발 단계
- 초기단계
  - 조직에 적응하도록 방향을 설정, 지위와 책임을 깨닫고 만족스런 수행을 증명, 개인적인 목적과 승진기회의 관점에서 경력개발 탐색, 승진 또는 지위변경 계획 실행 등
  - 인턴십, 경력워크숍, 사전직무안내, 후견인 프로그램, 종업원 오리엔테이션 등 필요
- 중기단계
  - 직업적응이 이루어짐, 일의 세계에서 개인역할로 초점이 옮겨감, 직무능력 전문성에 중점을 둠, 경력목표의 점검 등
  - 직무순환제, 경력상담, 전문훈련 프로그램 등 필요
- 후기단계
  - 은퇴시기를 예측, 효과적 계획 수립, 개인의 일 역할 감소를 수용
  - 은퇴 전 프로그램, 유연성 있는 작업계획(파트타임, 변형근무제, 직무순환 등) 등이 필요

실력UP 여러 가지 경력개발 단계

- 홀(Hall) : 탐색기 → 확립기 → 유지기 → 쇠퇴기
- 수퍼(Super) : 성장기 → 탐색기 → 확립기 → 유지기 → 쇠퇴기
- 밀러와 폼(Miler&Form) : 작업시기준비 → 최초의 작업시기 → 시작 → 안정 → 퇴직 단계
- 샤인(Schein) : 성장 → 탐색단계 → 작업세계로의 입사 → 기초훈련 → 경력초기 → 중기경력 → 중기경력의 위기 → 경력말기 → 쇠퇴 → 퇴직단계

2. 경력개발 프로그램

(1) 경력개발 프로그램을 위한 조사연구

① 요구분석, 니즈평가
　㉠ 현 시점에서 어떤 훈련이 필요한지에 대해 조사함 → 누구를 대상으로 어떤 프로그램을 만들 것인지 우선적으로 알아보는 것
　㉡ 가장 중요한 문제점이 무엇인지 파악할 수 있으며 가장 먼저 고려되는 과정

② 파일럿 연구
　㉠ 특정 경력개발 프로그램을 대규모로 적용하기 전에 소규모 집단에 시범적으로 실시하는 것
　㉡ 프로그램에 대한 피드백을 받을 수 있으며 개발된 경력개발 프로그램을 본격적으로 정착시키는 데 활용할 수 있음

(2) 경력개발 프로그램의 유형

① 자기평가도구
　㉠ 대부분 조직들이 경력개발 프로그램을 실시하고자 할 때 최초로 시행하며 자신의 역할, 흥미, 태도 등을 묻는 질문지를 활용함
　㉡ 경력워크숍과 경력연습책자

경력 워크숍	• 신입사원을 대상으로 부서 배치 후 6개월 이내에 자신의 미래의 모습을 목표로 정하고 목표 달성을 위한 계획을 작성하여 제출하게 함 • 자율적으로 경력목표를 달성할 수 있도록 지원함
경력 연습책자	• 개인의 자기평가도구 중 하나 • 자신의 장단점을 파악하고 목표를 명확히 하여 구체적인 계획을 세우는 과제들로 구성된 책자

② 개인상담
　㉠ 자신의 경력목표를 설정하고 목표달성 방법과 가능성을 명확히 함
　㉡ 종업원의 흥미, 목표, 현재 직무활동, 경력목표 등에 상담 내용 초점을 둠

③ 정보제공
  ㉠ 조직의 각종 경력정보를 쉽고 자세하게 알려줄 수 있는 방법
  ㉡ 사내공모제도와 경력자원기관, 기술목록

사내 공모제도	• 신규사업 진출, 결원충원 등을 위해 사내에서 인재를 모집하는 제도 • 기존의 서열을 무시하고 의욕있고 능력있는 인재를 발굴한다는 점에서 직무생산성과 직원의 사기를 향상시킬 수 있음
경력 자원기관	• 근로자의 경력개발을 위한 다양한 자료를 비치하고 있는 소규모의 도서관 형태 • 직무기술서, 교육훈련 프로그램 안내서, 퇴직계획관련 안내서 등이 비치되어 있음
기술목록	• 근로자의 기술, 능력, 경험, 교육 등에 관한 정보를 자세하게 기술한 자료 • 컴퓨터를 이용하여 쉽게 찾을 수 있음

④ 종업원평가
  ㉠ 과거에는 조직에서 평가 프로그램이 인사관리에만 주로 사용되었으나, 종업원의 성장과 개발 잠재력을 평가함으로써 경력개발에 유용한 정보를 제시할 수 있다는 인식이 늘어나고 있음
  ㉡ 평가기관제도와 조기발탁제

평가기관 제도	• 조직구성원의 경력개발을 위해 전문가로부터 개인의 종합적인 평가를 받음 • 기업의 새로운 인재를 선발하기 위해 직원들의 관리능력을 평가함 • 일반적으로 2~3일에 걸쳐 지필검사, 면접, 리더 없는 집단토의, 경영게임 등 다양한 형태의 연습을 실습을 통해 한 뒤 복수의 전문가들에게 종합적인 평가를 받음 • 미국의 AT&T사에서 처음 운영하였음
조기 발탁제	• 우수한 직원들을 조기에 승진시키는 능력중심의 인사관리제도 • 잠재력이 높은 종업원을 초기에 발견하고 특별한 경력경험을 제공함

⑤ 종업원개발
  ㉠ 종업원의 자기개발과 만족을 위한 프로그램
  ㉡ 후견인 프로그램(멘토십 시스템)과 직무순환제, 훈련프로그램

후견인 프로그램 (멘토십 시스템)	• 신입사원이 쉽게 조직에 적응하도록 상사가 후견인이 되어 도와주는 시스템 • 경력을 쌓는 데 도움이 될뿐더러 조언을 통해 심적으로 안정감을 얻을 수도 있음 • 경우에 따라 동료 간에서도 가능함
직무 순환제	• 다양한 직무를 경험하게 함으로써 여러 분야의 능력을 개발시킬 수 있음 • 조직의 유연성을 높이고 융복합적이고 다기능적인 전문가를 육성하기 위해 순환보직을 제도화하는 기업이 늘고 있음 • 직무유형별로 체계적으로 시행하여야 함
훈련 프로그램	• 경력개발을 위한 다양한 훈련 프로그램 • 훈련을 실시할 때 어떤 훈련이 필요한지에 대한 니즈평가를 가장 먼저 고려해야 함

SEMI-NOTE

직무의 확대, 확충, 재분류
- **직무확대** : 직무의 다양성을 위하여 직무를 양적으로 확대하는 것을 의미함
- **직무확충** : 단조롭고 낮은 수준의 직무수행자에게 자율성, 독립성 등의 재량권을 부여하여 직무를 질적으로 확대하는 것을 의미함
- **직무재분류** : 조직진단 및 직무분석을 통해 직무의 종류와 중요도에 따라 단위직무를 재분류 하는 것을 의미함

> **실력 UP 다양한 경력개발 프로그램**
>
> - **개별적 경력개발 방법**
>   - 최고경영자 프로그램(AMP) : 유망한 중간관리자를 후보로 선발하여 사내 프로그램 참가, 리더십, 문제해결방법, 동기부여방법 등 관리기법을 습득하게 함
>   - 경영자개발 위원회 : 부서의 장, 부사장, 사장으로 구성하여 종업원들 간 이동을 감독하고 매년 각 근로자들의 강점과 약점을 검토함
>   - 계획적 경력경로화 : 경력 없는 사람을 대상으로 일정기간(9~12개월)마다 타 부서로 이동시켜 여러 가지 경험을 쌓게 한 후 한 단계 높은 직무를 맡김 → 새로운 경력경로를 제시함
>   - 중간경력 쇄신 : 중간경력관리자들의 최신기술습득을 위한 프로그램으로 특별 세미나 등이 있음
>   - 예비퇴직상담 : 퇴직준비자에게 퇴직 관련 세미나를 퇴직 1년 전 참석시키는 프로그램으로 연금, 사회보장제도, 여가활동 등으로 구성됨
> - **조직단위 경력개발 방법**
>   - 직무중심의 경력개발제도 : 경력개발에 가장 큰 영향을 미치는 것은 직무이며 다른 직무는 다른 숙련의 개발을 필요로 함
>   - 인적평가센터제도 : 인사고과·심리테스트의 결점을 보완하여 인간의 능력·적성을 종합적·객관적으로 발견하고 육성하기 위한 제도이며 일정기간 합숙하여 여러 가지 연습, 면접, 시험, 토의 등을 함
>   - 직능자격제도 : 직무를 수행할 수 있는 능력에 따라 등급을 부여하고 그 자격을 획득한 자에 대응하여 지위를 부여하는 제도
>   - 생애·경력개발제도 : 경력개발은 근로자의 일에 대한 경험뿐 아니라 근로자 인생의 모든 측면을 포함함

3. 다운사이징 시대의 경력개발

(1) 다운사이징(Downsizing)의 개념

① 조직의 축소화를 의미하는 것으로서 불경기로 인해 기업의 규모를 축소하거나 감원하는 구조조정
② 단기전략이 아닌 장기경영전략으로 흑자를 내기 위해 의도적으로 기구를 축소·단순화하거나 폐쇄함

(2) 다운사이징 시대의 경력개발 방향

① 장기고용이 어렵고 고용기간이 점차 짧아지기 때문에 다른 부서나 분야로의 수평이동에 중점을 두어야 함
② 융통성을 갖춘 인력이 필요하며 변화되는 환경에 적응하기 위해 끊임없이 학습하고 대처능력을 가져야 하며 변화하는 직무를 해낼 수 있어야 함
③ 기술, 제품, 개인의 숙련주기가 짧아져 경력개발은 단기, 연속 학습단계로 이어짐
④ 조직구조의 수평화로 개인의 자율권 신장과 능력개발에 초점을 두어야 함
⑤ 일시적인 경력개발이 아니라 계속적인 평생학습이 요구됨
⑥ 새로운 직무를 수행하는 데 관련된 재교육이 요구됨
⑦ 불가피하게 퇴직한 사람들을 위한 퇴직자 관리 프로그램이 필요함

SEMI-NOTE

다운사이징 시대의 종업원 경력개발 프로그램

직무를 통해서 다양한 능력을 본인 스스로 학습할 수 있도록 많은 프로젝트에 참여시켜야 함

03절 직업전환과 직업지도 및 진로지도

1. 직업전환

(1) 직업전환의 의의
① 실업이나 기타 이유 등으로 인해 다른 직업으로 전환하는 것을 의미
② 전체 노동인구 중 젊은 층의 비율이 높은 경우, 경제구조가 완전고용 상태일 경우, 단순직 근로자의 비율이 높은 경우, 여성근로자의 비율이 높은 경우 직업전환이 촉진될 수 있음

(2) 실업자의 직업전환 상담
① 직업상담에서 실업자에게 생애훈련적 사고를 갖도록 조언하고 촉구하며 참여하도록 권고해야 함
② 조직에서 청년기, 중년기, 정년 전 등 직업경력의 전환점에서 적절한 훈련 내지 조언을 실시하는 경력개발계획을 추진해야 함
③ 청년기 실업자는 직업전환이 많은 편이므로 경력, 학력, 관심사항 등 일반적인 평가방법에 의존해도 큰 무리가 없음
④ 실업자는 나이가 많을수록 직업전환이 불리하므로 청년기에서 성인기로 갈수록 직업전환을 고려하지 않는 경향이 있음

(3) 직업전환 상담 시 고려사항
① 직업을 전환하려는 내담자의 변화에 대한 인지능력을 우선적으로 탐색해야 함
② 내담자가 전환할 직업에 대한 기술과 능력, 나이와 건강, 직업전환에 대한 동기화 여부 등을 일차적으로 고려해야 함
③ 실직에 대한 충격완화, 직업상담 및 적응을 위한 프로그램, 직업정보의 제공, 은퇴 후의 진로 계획을 돕는 것이 병행되어야 함

실력up 진로전환 과정의 단계 ★빈출개념

1단계 입직 단계	• 신입사원일 때 주로 겪음 • 일의 요령 배우기, 일과 문화에 대한 기대, 명시적 또는 암묵적 규준, 주변인의 느낌
2단계 승진 단계	• 승진정체 또는 고속승진 상황에 놓여있음 • 외로움과 경쟁, 지루함, 요구에 부응하기 위한 경쟁
3단계 퇴사 단계	• 강제 인원삭감으로 인한 해고, 은퇴, 명예퇴직 등 • 떠나기와 애도하기, 노력하기, 목표 상실과 재형성, 양가감정의 표현
4단계 재취업을 위한 노력 단계	• 실업상태에 놓여 재취업을 하려 함 • 좌절과 절망, 소외감

SEMI-NOTE

직업전환
내담자의 성격이 직업의 요구와 달라 생기는 직업적응문제가 생긴다면 직업 전환을 고려하는 것이 바람직함

진로전환
• 굿맨(Goodman)과 슐로스버그(Schlossberg), 앤더슨(Anderson)이 제시한 모델임
• 4S : 진로전환에 영향을 주는 네 가지 요소
 - 자아(Self)
 - 지원(Support)
 - 상황(Situation)
 - 전략(Strategies)

2. 직업지도(Vocational Guidance)와 진로지도(Career Guidance)

(1) 직업지도

① 개념
  ㉠ **직업지도** : 직업적 문제에 초점을 맞추어 직업 선택부터 준비, 직업생활 유지까지 전문적인 도움을 주는 것을 의미함
  ㉡ **직업지도 프로그램** : 직업탐색, 직업준비, 직업적응·전환 및 퇴직 등을 도와주기 위해 특별히 구조화된 조직적인 상담체제를 의미함

② 주요 직업지도 프로그램

자신에 대한 탐구 프로그램	• 진로미결정자 또는 우유부단한 내담자에게 유용함 • 자신에 대한 탐구, 타인이 판단하는 자신의 모습, 자신의 능력 평가, 과거 위인의 생애와 자신의 생애 비교 등으로 구성됨
직업세계 이해 프로그램	개인의 일 경험, 선호하는 일, 자격 및 면허조건, 직업세계의 탐색, 작업환경 및 근로조건 등 직업세계에 대해 유용하고 다양한 정보를 제공함
직장 스트레스 대처 프로그램	• 전직을 예방하기 위해 퇴직의사 보유자에게 실시함 • 직무에서 오는 스트레스를 해결하기 위한 적절한 기술을 찾고 건강한 삶을 유지하기 위한 태도를 기르게 함
실업충격 완화 프로그램	• 실업으로 인한 정신적 충격을 완화하기 위해 실시함 • 스트레스 해소를 위한 여러 방법을 제시하고 실업에의 대처능력을 함양시키고 긍정적인 태도를 갖게 함
직업 적응 프로그램	• 변화되는 직무에 적응하기 위한 태도 변화를 이해시킴 • 직장 동료와의 인간관계를 원활하게 하고 직무몰입을 통해 경쟁력을 높여줌
조기퇴직 프로그램	• 정년 전에 조기퇴직하는 사람들을 대상으로 함 • 불안감을 해소시켜주며 퇴직 이후의 삶을 계획해 나갈 수 있도록 도움
은퇴 후 경력계획 프로그램	은퇴 후의 새로운 진로경로 개척을 위한 계획을 세우고 실천될 수 있도록 수정·보완함
생애계획 프로그램	생애주기에 따른 생애계획을 세우고 이를 수정·보완하여 보다 발전적인 생애계획이 이루어지도록 도움
취업알선 프로그램	취업에 관한 정보를 제공하고 취업자리를 알선해주며 취업준비를 위한 기술을 쌓도록 도움

(2) 진로지도

① 개념
  ㉠ 직업, 취미, 결혼, 여가활동 등 광범위한 인간 생애에 관련된 문제를 지도함
  ㉡ **진로계획 수립 도구** : 진로일기, 진로수첩, 진로서류철 등

SEMI-NOTE

직업지도 프로그램 선정 시 고려사항
• 비용이 적게 드는 경제성을 지녀야 함
• 실시가 용이해야 함
• 활용하고자 하는 목적에 부합해야 함
• 효과를 평가할 수 있어야 함

주요 실업 관련 프로그램
• 실업충격 완화 프로그램
• 실업스트레스 대처 프로그램
• 취업동기 증진 프로그램
• 구직활동 증진 프로그램
• 직업전환 프로그램
• 직업복귀 프로그램

SEMI-NOTE

진로계획 수립 도구
- 진로일기
  - 생애주기를 파악하여 인생의 목표를 설정함
  - 미래에 대해 계획적이고 구체적으로 일기를 씀
- 진로수첩
  - 진로와 관련된 정보와 자료를 명확하게 조직하여 작성한 소책자
  - 자기 평가를 통해 자신감과 자기인식을 증진시키고, 일 관련 태도 및 흥미에 대한 지식을 증진시킴
  - 다양한 경험들이 어떻게 직무관련 태도나 기술로 전환될 수 있는지에 대해 이해를 발전시킴
- 진로서류철
  - 자신에 대한 자료를 서류화하여 보관하는 것
  - 적성과 흥미, 가치관, 경력사항, 자격증, 학교 성적표, 졸업장, 상장, 수료증 등을 기록하고 보관함

② 진로교육 실시를 위한 지도단계

1단계 진로인식	• 6~12세경의 초등학교 수준 • 일의 세계와 일의 소중함에 대한 인식 • 일과 사회에 대한 기초적인 가치관 형성
2단계 진로탐색	• 12~15세경의 중학교 수준 • 자신의 능력과 적성에 대해 이해 • 잠정적인 장래의 직업계획 수립
3단계 진로준비	• 15~22세의 고등학교 · 대학교 수준 • 흥미와 소질, 취미와 적성을 정확히 파악 • 진로계획 수립 및 실천
4단계 취업	• 대략 18세 또는 22세 이후의 고등학교 · 대학교 졸업 후의 수준 • 성공적인 직업수행을 위해 노력 • 직업을 통해 자아실현

③ 진로지도 단계

자기이해를 돕는 단계	• 직업과 관련된 여러 검사를 실시하여 자기이해를 도움 • 자기분석법, 자기점검 등을 통해 자신에 대해 탐구함
직업세계 이해를 돕는 단계	• 직업세계에 대한 정보를 수집하고 분석함 • 여러 직업인과 면담하고 직업생활을 관찰하여 직업세계를 이해함
미래사회 이해를 돕는 단계	• 미래사회의 특징을 탐구하여 파악함 • 미래 유망직업, 향후 국가 발전 계획 등을 탐색함
진로계획 수립단계	• 미래에 대한 종합적이고 구체적인 진로계획을 수립함 • 의사결정법, 진로일기, 진로수첩, 진로서류철 등이 있음